AF571168

La difficile cohabitation
États-nations / Europe

Intelligence stratégique et géostratégie
Collection dirigée par Viviane du Castel

La collection « Intelligence stratégique et géostratégie » vise à mieux comprendre les évolutions du monde découlant de la nouvelle donne géopolitique en construction. Le recours à l'intelligence stratégique et à la géostratégie sont des incontournables du décryptage du monde.

Les éditions L'Harmattan ont souhaité éclairer les lecteurs sur les changements géostratégiques en créant cette collection « Intelligence stratégique et géostratégie ». Celle-ci se donne pour objectif de présenter des analyses et des mises en relation d'événements internationaux, ainsi que des projections de la géographie et des composantes intrinsèques des Etats, face à un contexte spécifique, dans une perspective stratégique.

Henri PRÉVOT, *Moins de* CO_2 *pour pas trop cher. Propositions pour une politique de l'énergie*, 2012.
Thierry Jacques LAURENT, *Camus et de Gaulle*, 2012.
Jacques DA-ROCHA, *Gao, je t'aime*, 2012.
Paul OHANA, *Mon Père au cœur du Judaïsme marocain*, 2012.
Henri PROCHOR, *Israël-Palestine : vers une paix historique. Le scénario d'une sortie de crise au Proche-Orient*, 2012.
Isabelle TISSERAND, *La prise en charge du choc en situation de crise*, 2012.
Patrick de FONTBRESSIN, *France-Dépassement, L'heure de la citoyenneté volontaire*, 2011.
Fabienne COSTADAU, *La mer de Barents, Un nouvel enjeu géostratégique*, 2011.
Jean BIGOT, *Où va le Kenya ? Un grand d'Afrique entre tensions et développement*, 2011.

Jeanne RIVA

La difficile cohabitation États-nations / Europe

L'Harmattan

5-7, rue de l'École-Polytechnique ; 75005 Paris

http://www.librairieharmattan.com
diffusion.harmattan@wanadoo.fr
harmattan1@wanadoo.fr

ISBN : 978-2-336-29207-6
EAN : 9782336292076

Sommaire

Introduction

Selon Bernard Poche[1] l'Europe est multiculturelle, la « totalité des États s'est constituée en regroupant, à des échelles très variées, des éléments hérités de systèmes d'autorités très anciens, en tout cas pré-modernes, que ces États ont fédéré sans le plus souvent se préoccuper de les unifier sur le mode de l'organisation sociale et des formes culturelles ». Il s'explique ainsi les échecs d'homogénéisation des pays scandinaves, des Pays-Bas, de la Belgique, de l'Espagne et, dans une moindre mesure, de l'Angleterre et de l'Italie. L'exception française fait ainsi de ce pays le seul État homogène en Europe « qui ose se prétendre doté d'une culture unifiée et unitaire », mais là aussi, Bernard Poche conteste cette proposition. Il définit l'Europe comme étant la juxtaposition d'États, une confédération de structures culturelles localisées qui se sont souvent constitués comme des biens de famille qui finalement rend compte de l'hétérogénéité de l'Europe.

Le moteur de la construction européenne : un remède contre la guerre
De nombreux hommes politiques n'envisageaient la construction européenne que sous une forme de type fédéral ou, du moins, supranational, comme ce fut le cas lors du discours de Victor Hugo en qualité de président du premier Congrès de la paix prononcé le 21 août 1849 parlant des « États-Unis d'Europe ». Dès le XVIIe siècle, Grotius[2] défend la thèse selon laquelle le droit est antérieur et supérieur à l'État, en particulier le droit de la paix, une « loi naturelle qui, elle, ne connaît pas de frontières »[3]. Cette idée de gouvernement supranational à l'échelle européenne et mondiale afin de limiter l'autorité de l'État pour garantir la paix fait écho chaque siècle : au XVIIe siècle des projets de coopération avec une armée commune et une institution représentant les États se présentèrent, « Le Grand Dessein » de Sully[4], les projets de coopération juridique entre les États d'Europe de Leibniz[5], au XVIIIe siècle, « le Projet pour rendre la paix perpétuelle » de l'abbé Saint Pierre[6], le « Plan d'une paix universelle » de Jérémie Bentham[7]

[1] Bernard Poche, *Eléments pour une phénoménologie des systèmes linguistiques*, Langage et société, 1994.

[2] *Grotius, De Jure belli ac pacis*, 1625.

[3] S. Goyard Fabre, « Européanisme », *Les notions philosophiques*, Encyclopédie philosophique universelle, PUF, 1990.

[4] Sully, ancien ministre du roi français Henri IV, a suggéré dans son *Grand Dessein*, la création d'une « République chrétienne » dirigée par un « Grand Conseil de l'Europe » et comprenant 15 États de force égale et disposant d'une force armée commune.

[5] Une alliance permanente des États représentée par un « Reichstag », par des comices au sein desquels chaque État aurait un droit de séance et de vote, par une armée commune, un budget commun.

[6] Abbé de Saint Pierre, *Projet pour rendre la paix perpétuelle en Europe*, 1713. Il proposait une union permanente entre États souverains avec un Sénat et une armée commune.

ou encore le « Projet de paix perpétuelle » de Emmanuel Kant[8], une société des nations de type fédératif. Ces projets d'unification de pays en faveur de la paix servirent toutefois à la mise en place des grandes organisations internationales du XXe siècle (SDN[9] puis l'ONU[10]) à même de rechercher la paix par l'arbitrage et « un système permanent de sécurité générale » seul capable d'assurer « la paix du monde par la coopération économique et politique des nations» et de grandes organisations européennes aussi.

Le modèle de l'État-nation ne fut pas remis en cause par ces mouvements d'idée. L'État-nation fut même consolidé dans toute l'Europe au XIXe siècle par un mouvement de démocratisation[11]. Toutefois, la première guerre mondiale vint mettre en exergue les limites de ce modèle politique. Le projet « Paneuropa » de Richard Coudenhove-Kalergi[12] illustre un mouvement d'idée d'après guerre consistant à œuvrer en faveur d'une construction européenne à même de garantir la paix et soutenu par Aristide Briand, en qualité de ministre des Affaires étrangères, et proposant la création d'une fédération européenne en 1929[13]. Ce mouvement reprendra force après le deuxième conflit mondial[14], un mouvement « fédéraliste », mais il ne se concrétisera pas sous cette forme, mais dans celle d'une organisation internationale par la création du Conseil de l'Europe[15] en 1949. Il s'agit d'un

---

7 Jérémie Bentham, *Plan d'une paix universelle et perpétuelle*, rédigé en 1789 et publié en 1839. Il suggère la création d'une Diète donnant des avis sur des problèmes d'intérêts communs et ayant un poids de par la pression exercée par l'opinion publique internationale.

8 Emmanuel Kant, *Plan de paix perpétuelle*, 1795. Il préconise l'établissement d'une « Société des Nations » sur la base d'un État de droit international. Il s'agit d'une alliance confédérative entre États souverains, un congrès permanent des États et disposant d'un tribunal arbitral international.

9 SDN – Société des Nations- créée en janvier 1918 sur proposition du président américain Woodrow Wilson aux vainqueurs de la première guerre mondiale et quelques pays neutres puis élargie à d'autres pays dont les vaincus mais dissoute lors du deuxième conflit mondial, pour n'avoir pas pu l'empêcher.

10 ONU – Organisation des Nations Unies- créée lors de la conférence de San Francisco de 1945 par 51 pays. A la différence de la SDN, l'ONU dispose d'une force armée, les casques bleus, d'un droit de veto des 5 membres permanents du Conseil de sécurité, mais, comme pour la SDN, l'ONU dispose aussi d'organismes spécialisés dans la coopération internationale de divers problèmes internationaux d'ordre économique, social, humanitaire,..

11 François Vergniolle de Chantal, *Fédéralisme et antifédéralisme*, PUF, Que sais-je ?, 2005.

12 Richard Coudehove-Kalergi, *Paneuropa*, 1923.

13 Aristide Briand et Gustave Stresemann proposent le 5 septembre 1929 à la tribune de la SDN le *Mémorandum sur l'organisation d'un régime d'Union fédérale européenne* fixant comme but « l'établissement d'un marché commun pour l'élévation au maximum du bien être humain sur l'ensemble des territoires de la communauté européenne ».

14 1948, Congrès de La Haye donnant naissance à un mouvement européen regroupant 750 personnalités réunis sous la présidence de Winston Churchill.

15 Traité de Londres du 5 mai 1949 instituant le Conseil de l'Europe par 10 États (Belgique, Danemark, France, Irlande, Italie, Luxembourg, Norvège, Pays-Bas, Royaume-Uni, Suède) puis élargi jusqu'à 47 pays au total.

compromis entre les partisans d'une « fédération européenne » (illustrée par le projet des résistances européennes de 1944[16]) et ceux d'une coopération interétatique[17].

Les avancées de la construction européenne : Conseil de l'Europe et Union européenne

En 1949 apparait le Conseil de l'Europe avec dix pays fondateurs[18], aujourd'hui, ils sont quarante-sept membres[19]. Le but statutaire de cette organisation est de « sauvegarder et de promouvoir les idéaux et les principes qui sont leur patrimoine commun et de favoriser le progrès économique et social ». Se pose ainsi la pertinence et l'efficacité de leurs actions au regard de la non adhésion par l'ensemble de tous les protocoles de la Convention européenne des droits de l'Homme ainsi que de l'interprétation juridique de valeurs universelles mais dont la portée repose sur des notions distinctes en fonction des schémas de représentation. C'est ainsi le cas du droit à la vie (où se pose le problème de définition de début de vie) ou de liberté d'expression et de pensée (où peut se poser la limite de cette liberté face à l'incitation à la haine, un obstacle à l'entente entre les peuples, argument soulevé par l'Allemagne qui souhaitait interdire la diffusion d'une émission émise du Danemark en turc pouvant favoriser les tensions entre les peuples turcs et kurdes)[20].

Mais le cadre trop inter-étatique du Conseil de l'Europe amenèrent des responsables politiques (Konrad Adenauer, Alcide De Gasperi, Robert Schuman, Paul Henry Spaak) et des hauts fonctionnaires (Jean Monnet) à penser une autre forme de construction européenne, une construction plus « supranationale » visant « à assurer la paix et la prospérité économique en instituant une simple collaboration entre les États membres » et permettant ainsi de générer des « solidarités de fait »[21].

---

[16] Altiero Spinelli et Ernesto Rossi lancent un manifeste fédéraliste pendant la Deuxième Guerre mondiale.

[17] Le but statutaire du Conseil de l'Europe est de réaliser une union plus étroite entre ses membres afin « de sauvegarder et de promouvoir les idéaux et les principes qui sont leur patrimoine commun et de favoriser leur progrès économique et social ».

[18] Belgique, Danemark, France, Irlande, Italie, Luxembourg, Norvège, Pays-Bas, Royaume-Uni, Suède.

[19] Les dix fondateurs plus, par ordre d'adhésion, Grèce, Turquie, Islande, Allemagne, Autriche, Chypre, Suisse, Malte, Portugal, Espagne, Liechtenstein, Saint-Marin, Finlande, Hongrie, Pologne, Bulgarie, Estonie, Lituanie, Slovénie, République tchèque, Slovaquie, Roumanie, Andorre, Lettonie, Albanie, Moldavie, Macédoine, Ukraine, Russie, Croatie, Géorgie, Arménie, Azerbaïdjan, Bosnie-Herzégovine, Serbie, Monaco, Monténégro.

[20] CJUE, 22/09/2011, Mespotamia Broadcast, 244 et 245/10.

[21] François Vergniolle de Chantal, *Fédéralisme et antifédéralisme*, PUF, Que sais-je ?, 2005.

Le discours de Robert Schuman du 9 mai 1950 annonce la création de la Communauté du charbon et de l'acier (CECA) scellant la paix franco-allemande en s'appuyant sur une organisation supranationale, traité signé en 1951. En 1957 est signé le traité de Rome instituant la Communauté européenne de l'énergie atomique (Euratom) ainsi que la Communauté économique européenne (CEE). Il s'agit d'accords économiques et pourtant, Jean François Deniau, en rédigeant le préambule du traité de Rome, a donné à cette union d'États une dimension politique (citation à trois reprises du mot peuples, « déterminés à établir les fondements d'une union sans cesse plus étroite entre les peuples européens »), sociale (utilisation du terme emploi) et humaniste (utilisation des mots liberté, paix et idéal, « résolus à affermir, par la constitution de cet ensemble de ressources, les sauvegardes de la paix, de la liberté, et appelant les autres peuples de l'Europe qui partagent leur idéal à s'associer à leur effort »).

De six pays fondateurs[22] on dénombre aujourd'hui vingt-sept États membres de l'Union européenne[23] et d'autres candidats officiels et potentiels viendront grossir ce chiffre à l'avenir. Si les volets énergie et défense[24] ont été envisagés dès le début de cette construction communautaire, les avancées ont été timides par rapport à la mise en place du marché unique, la politique commerciale commune et la politique agricole commune (PAC).

Certaines politiques européennes ont fait l'objet de sous-regroupements comme pour l'accord Schengen (convention en vue d'assurer la suppression totale des contrôles aux frontières) signé en 1990 entre l'Allemagne, la France et les pays du Benelux mais aujourd'hui élargit à l'ensemble des pays membres de l'UE excepté le Royaume-Uni et l'Irlande, la Bulgarie et la Roumanie. L'Union monétaire initiée par le traité de Maastricht en 1992 comprend une zone monétaire de dix sept pays sur les vingt sept car trois d'entre eux ne veulent pas y entrer, ils bénéficient de clauses d'exception (Royaume-Uni, Danemark et Suède), les sept autres ne remplissent pas encore les critères de convergence. Des accords de coopération renforcée entre certains pays membres de l'UE sont aujourd'hui conclus sur des sujets touchant le droit de la famille et la protection des droits intellectuels mais, aussi, des accords hors cadre communautaire coexistent aussi bien dans le domaine industriel (Airbus) et la recherche (projet international ITER[25]) que dans les domaines culturels (jumelages, projets éducatifs entre deux pays,..)

---

[22] Allemagne, Belgique, France, Italie, Luxembourg, Pays-Bas.

[23] Les six fondateurs plus, par ordre d'adhésion, Danemark, Irlande, Royaume-Uni (1972) ; Grèce (1981) ; Espagne et Portugal (1986) ; Autriche, Finlande, Suède (1995) ; Chypre, Estonie, Hongrie, Lettonie, Lituanie, Malte, Pologne, Slovénie, Slovaquie, République tchèque (2004) ; Bulgarie et Roumanie (2007).

[24] La Communauté européenne de défense ne put voir le jour en raison du refus du Parlement français de ratifier ce traité en 1954.

[25]« International Thermonuclear Experimental Reactor » Réacteur thermonucléaire expérimental international.

ou de coopération juridique (rapprochement des législations franco-allemandes en droit matrimonial).

Le refus du Parlement français à ratifier le traité instituant la Communauté européenne de défense (CED) conduisirent la même année, en 1954, les États européens à créer l'Union de l'Europe occidentale (UEO) chargée de réfléchir sur les questions de sécurité et de défense, mais sans moyen d'action laissé à la charge de l'OTAN[26] et sans doute amené à disparaître un jour compte tenu de la progression de la politique européenne de sécurité et de défense (PESD) de l'UE mise en place depuis le traité d'Amsterdam en 1999 (fermeture à Paris en 2011 du site où se déroulaient les Assemblées inter- parlementaires sur les questions défense de l'UEO). Aussi, né dans le contexte de la guerre froide en 1975, l'Organisation pour la sécurité et la coopération en Europe (OSCE) s'est vu redéfinir et approfondir ses missions en 1990 et élargir ses membres aux pays issus de l'ex-Union soviétique pour atteindre cinquante six pays membres. Son utilité s'est traduite, par exemple, dans la signature d'un accord de désarmement prévoyant une réduction de 10% de leurs armements conventionnels et de leurs troupes entre trente pays dont les États-Unis et la Russie en 1999.

Pourquoi remettre en cause le principe de territorialité ?

Un dépassement du cadre territorial en droit, permettrait de faire émerger des projets fédéraux et de régler certains problèmes juridiques. Cette remise en cause du principe de territorialité est née de cinq constats relatifs aux problèmes soulevés par la limitation des libertés attachées au marché unique ou l'usage détourné de ces libertés (concurrence fiscale, sociale et juridique) mais aussi par la portée et l'exercice de différents droits partagés entre règlementation européenne et nationale (droit des citoyens) et concernant aussi des droits nationaux (droit des collectivités territoriales).

En premier lieu, les frontières sont modulables. En 1949 par exemple, l'Allemagne fut divisée en RDA- République démocratique allemande à l'Est et RFA- République fédérale allemande à l'Ouest pour être réunifié en 1989[27]. Si on prend une échelle beaucoup plus large, l'histoire de l'Europe depuis l'Antiquité correspond à une redéfinition permanente des frontières, avec toutefois une plus grande stabilité depuis l'instauration des États-nations. Les guerres napoléoniennes ont conduit le Danemark à céder la Norvège à la Suède en 1814. Le Danemark perdit aussi le Schleswig et l'Holstein au profit de la Prusse en 1864 dont une partie du Schleswig lui fut rendu en 1920, l'autre partie demeurant un Land allemand.

---

[26] Traité de l'Atlantique Nord avec les États-Unis et le Canada.

[27] 1989/ 1990 Révolution pacifique : 1989 chute du mur de Berlin, 1990 chute de la dictature du parti socialiste unifié d'Allemagne (SED).

Mais, plus généralement, les frontières étatiques ne coïncident pas toujours avec les frontières naturelles. On peut ainsi constater une plus grande proximité d'intérêts économiques et culturels entre régions limitrophes de deux États distincts avec des régions éloignées d'une même nation. Si on prend l'exemple de la proximité géographique et culturelle des régions françaises limitrophes à ses voisins européens, on constate souvent qu'elles disposent du même climat et paysage géographique, d'une pratique de la même langue et de courants d'échange économiques et sociaux intenses. C'est le cas entre la région française Nord Pas de Calais avec la région belge de Wallonie ; la région italienne ligurienne avec la région française Provence Alpes Côte d'Azur ; la région espagnole de Catalogne et le département français des Pyrénées-Orientales ; les pays basques français et espagnols ; la région française Alsace-Lorraine avec le *land* allemand du Bade Wurtemberg. Hors, le principe territorial entrave la libre coopération des collectivités locales internes et externes aux États membres. Si les libertés du marché unique ont bien entendu favorisées les échanges intracommunautaires, elles n'ont pas pour autant permis aux collectivités territoriales de s'organiser ensemble mais de rester dans une logique nationale.

En deuxième lieu, avec le phénomène de mondialisation, on assiste à une très forte cohabitation de personnes d'origines très variées dans tous les pays membres de l'Union, de même qu'ailleurs. D'après Catherine Wihtol de Wenden[28], l'Europe concentre 30 millions à 35 millions d'étrangers actuellement. Ces derniers représentent 7% des 499,7 millions d'habitants, mais sans compter les populations ayant la nationalité de l'un des vingt sept pays membres de l'Union européenne mais étant aussi issues d'une origine étrangère. Ce principe de territorialité, souvent, restreint les droits des personnes, par exemple, à ne pas bénéficier d'une double nationalité. Avec la croissance de la mixité des familles, une absence d'harmonisation au niveau du droit matrimonial est un obstacle à l'unification du marché unique. Aussi, les motifs migratoires ne concernent plus exclusivement les travailleurs hommes, mais aussi les femmes, les jeunes, les retraités, les intellectuels et ainsi les difficultés liées à la liberté de circulation et de séjour portent sur l'absence d'harmonisation en droit du travail et en droit social mais aussi en droit civique (non possibilité de participer aux élections nationales par exemple pour un étranger).

En troisième lieu, la concurrence fiscale, sociale et juridique favorise des comportements opportunistes. On constate ainsi de nombreuses délocalisations d'entreprises dans les États au sein desquels les prélèvements sociaux et fiscaux sont plus avantageux mais aussi où les salaires sont les

---

[28] Catherine Wihtol de Weblen, *Atlas des mondialisations*, Le Monde 2010-2011.

plus bas (défavorisant ainsi les autres États comme la France). Parmi les affaires litigieuses, le cas de l'entreprise autrichienne Kralowetz basée au Luxembourg est un bon exemple. Elle faisait travailler non seulement des chauffeurs routiers issus généralement d'Europe centrale et orientale les rémunérant un euro pour cent kilomètres mais, en plus, les obligeait à s'endetter auprès d'elle en leur faisant signer un contrat de location du camion[29].
Aussi, la libre circulation des capitaux a favorisé une relative évasion fiscale en faveur des paradis fiscaux. Au regard des critères de définition du paradis fiscal de l'OCDE[30] il s'agit de lieux au sein desquels les impôts sont insignifiants, où il existe une absence de transparence sur le régime fiscal et une absence d'échanges de renseignements fiscaux avec d'autres États, en Europe et ailleurs. D'après la liste de l'OCDE, apparaissent notamment dans la catégorie gris foncé Andorre, Gibraltar, le Liechtenstein, Monaco, les îles vierges anglaises et gris clair l'Autriche, la Belgique, le Luxembourg et la Suisse. Le respect des principes de territorialités en droit international contribue à maintenir des pratiques d'évasion fiscale et de manque de transparence dans l'origine des affaires de corruption et d'enrichissement d'origine criminelle. Aussi, cette mobilité du capital a ainsi contraint les États à alléger la fiscalité sur les capitaux et, de façon indirecte, a contribuer à augmenter les autres prélèvements obligatoires notamment sur les facteurs de production les moins mobiles (le travail), contribuant ainsi à appauvrir les classes moyennes et pauvres et, les générations futures (surendettement public).

En quatrième lieu, les marchés financiers ne répondent plus à aucune gouvernance étatique, inversement, se sont eux qui forcent les États à agir, comme on le voit dans l'ensemble des crises financières. Aussi, le recensement des crises financières est un phénomène qui s'accélère et se propage aux économies liées entre elles. Au XVIIe siècle, apparaît la « tulipomanie » aux Pays-Bas, au siècle suivant, deux crises en 1720 et 1797 en Angleterre. Au XIXe siècle, on recense onze crises financières dont celle de 1890 à la banque Baring. Au XXe siècle, dix sept crises financières apparaissent dont celle du crack boursier de 1929 aux États-Unis. En dix ans au XXIe siècle, déjà quatre crises financières dont celle d'aujourd'hui[31]. Si l'économie est cyclique avec des périodes d'expansion et de dépression, aucune théorie ne justifie le caractère cyclique des crises financières qui

---

29 Daniel Vaughan-Whitehead, *L'Europe à 25 Un défi social*, Paris, La Documentation française, 2005.
30 OCDE- Organisation de coopération de développement économique.
31 Crise des subprimes américains pendant l'été 2007.

pourraient être évitées puisqu'elles répondent à des logiques de spéculation et non à des phénomènes réels[32] et inévitables.

En dernier lieu, le cadre de la mondialisation et des nouvelles technologies d'information et de communication ont favorisé une multiplication des flux d'échanges qui remettent en question les modes traditionnels de sécurité au regard, par exemple, du terrorisme, car elles ne tiennent pas compte des frontières nationales. Il s'agit de repenser, afin de s'en prémunir, les conflits idéologiques qui ne s'exercent plus entre nations mais au sein des nations lorsqu'ils favorisent la mésentente entre les peuples aussi.

Le concept de déterritorialisation rend compte des conséquences de la suppression des frontières dans le cadre du marché unique européen et au-delà de l'ensemble des avancées de l'Union européenne. Emmanuelle Dardenne et Laurence Weerts[33] nous rappellent le contenu symbolique de la frontière lié à l'identité et ainsi à l'appartenance à une communauté politique. « La mise en cause du territoire conduit à créer des réseaux distincts dotés d'autorité qui à leur tour participent de l'affaiblissement de la souveraineté des États ». Ce double ou cette triple identité en Europe (régionale, nationale et européenne) permet de mettre en perspective les diversités culturelles mais, dans le même temps, pose des problèmes au niveau des droits et des devoirs des citoyens.
Se pose alors le problème juridique de partage des compétences entre l'Union européenne et les États-nations. Si l'on prend l'exemple des droits attachés à la citoyenneté européenne, ceux-ci dépendent toutefois, pour s'exercer, de la politique d'attribution de la nationalité par les États membres de l'Union européenne. Lorsque la jurisprudence de la Cour de justice de l'Union européenne (CJUE) est favorable, par exemple, a une extension des droits découlant de la citoyenneté européenne et ainsi des droits attachés à la libre circulation et au regroupement familial, alors, certains États peuvent être tentés de durcir leur réglementation nationale (restriction du bénéfice automatique de l'attribution de la nationalité des personnes nées dans un pays membre donné) s'ils veulent contrôler les flux migratoires en toute souveraineté. Ainsi, toute avancée en droit européen n'est pas nécessairement corrélée à un renforcement des droits des personnes qui vivent dans l'Union européenne.

---

[32] Les cycles courts de Juglar ou longs de Kondratiev correspondent à des périodes d'expansion et de récession que l'économiste Schumpeter explique par des cycles d'innovation notamment.
[33] Paul Magnette et Eric Remacle, *Le nouveau modèle européen*, volume 2 les politiques internes et externes, Bruxelles, IEE, 2000.

Au regard des voies empruntées par les sociétés européennes et du nouveau cadre supranational qui se dessine, les préférences révélées des populations et des politiques qui les dirigent nous éclairciront sur les dimensions possibles de cette construction politique de l'Union européenne.

Différences de visions identitaires et de légitimité de régulation publique

Massimo Cacciari[34] analyse les aspects philosophiques et politiques du « problème de la relation entre un et multiple » en quête de « l'harmonie des contraires ». Pour asseoir une harmonie en Europe, il faut reconnaître les différences afin que celles-ci ne soient plus l'objet de divisions et ainsi les dépasser. Dans un contexte mondial de recomposition des relations entre acteurs politiques, économiques, sociaux et juridiques, quel sera le schéma politique le plus propice qui permettra à l'Union européenne de vivre en « harmonie » ? Au sein même des États membres de l'Union européenne, des tensions subsistent entre communautés culturelles distinctes ou, plus généralement, entre groupes sociaux. Un groupe social peut aussi bien opérer un regroupement selon des catégories socio- professionnelles ou générationnelles tandis que les communautés culturelles font référence, en particulier, à des appartenances linguistiques ou religieuses ou territoriales. Lorsque « un groupe linguistique minoritaire est concentré sur une partie déterminée du territoire, qu'il pratique une même religion, appartient à une même classe sociale et s'identifie à un parti politique qui le représente, tous les ingrédients d'une confrontation sont réunis »[35]. Peu d'États échappent à ce type de conflits comme en Allemagne (Allemagne de l'Ouest et de l'Est), en Belgique (Wallons et Flamands), en Espagne (Basques), en France (Corses), en Italie (Mezzogiorno), au Royaume-Uni (Irlande du Nord), en Roumanie (Roms) ou encore dans les pays baltes (minorités russophones),.... Si, il est ainsi déjà difficile d'instaurer une harmonie dans une même nation face aux revendications autonomistes territoriales ou de la part de groupes culturels minoritaires, comment imaginer une réorganisation politique entre nations sans soulever de nouvelles tensions ? Au-delà de ces tensions liées à l'histoire de la constitution des nations, il existe de nouvelles sources de conflits souvent liées à la pauvreté et au multiculturalisme. La croissance des flux migratoires a accentué une diversification des populations immigrées au sein de chaque nation et, de ce fait, a certes produit un enrichissement local mais aussi de nouvelles sources de tensions. Aussi, en parallèle, de nouvelles formes de coopérations apparaissent et dépassent les clivages territoriaux. Le

---

[34] Massimo Cacciari, "Géo-philosophie de l'Europe", *Déclinaisons de l'Europe*, Paris, Éditions de l'Éclat, 1996.

[35] Yves Méni, Yves Surel, *Politique comparée. Les démocraties Allemagne, États-Unis, France, Grande-Bretagne, Italie*, Paris, Montchrestien, Domat politique, 2009, p.35.

groupe des Sept[36] puissances les plus importantes (sur le plan économique) a cédé le pas au groupe des Vingt[37]. Les organisations internationales issues de l'après Deuxième Guerre mondiale instaurent des règles de droit international qui s'imposent à toutes les nations du monde (ONU – Organisation des Nations-Unies). Enfin, la lutte contre la criminalité (drogue, évasion fiscale, terrorisme,..) nécessite des moyens mis en commun à l'échelle régionale (entre nations) et internationale. Et au-delà de la coopération policière, les juges mettent en œuvre aussi une jurisprudence en faveur de droits universels comme les droits de l'Homme. Les groupes de pression (lobby) auprès des organismes internationaux, européens et nationaux, en particulier les grandes organisations non gouvernementales (ONG), les firmes multinationales (FMN) et les fonds d'investissement (*Hedge Funds*, fonds de pension, fonds souverains,..), sont des acteurs dans le monde qui ne répondent pas à des logiques étatiques nationales mais pourtant influencent les règles juridiques et les équilibres économiques (à travers le partage des richesses, l'emploi, la croissance, la valorisation des actifs, la gouvernance étatique..).
Ainsi, une redéfinition de différentes formes de régulation s'exerce à une échelle régionale et supranationale mais aussi à une échelle locale. On constate en Europe et ailleurs différentes formes de décentralisation allant de l'autonomie régionale à différentes formes de coopérations locales transnationales jusqu'à l'expansion des budgets participatifs, entendus comme une gestion à l'échelle d'une ville de budgets publics par des citoyens non élus.

Dans ce contexte, apparaissent ainsi des paradoxes entre d'un côté une européanisation et une internationalisation du droit et de l'autre des attachements identitaires à la nation, à une ou plusieurs communautés culturelles, et, pour certains, à plusieurs nations. Au sein du nouvel ordre juridique européen, si le principe de primauté du droit européen est posé, le respect de l'État de droit l'est aussi. De nouvelles formes de clivages politiques apparaissent ainsi entre les partisans du respect de la souveraineté nationale et ceux d'un fédéralisme européen. Le professeur Machelon[38] a opéré une distinction entre la souveraineté et l'État de droit en ces termes : la souveraineté pouvant être considérée comme le « caractère suprême d'une puissance qui n'est soumise à aucune autre », l'État de droit correspondant à une « limitation de l'État par le droit ». Il a souligné le fait que « l'État de droit est susceptible de degrés ; la souveraineté en aucune façon ».

---

[36] Allemagne, Canada, États-Unis, France, Italie, Japon, Royaume-Uni.

[37] G7+ Afrique du Sud, Arabie Saoudite, Argentine, Australie, Brésil, Chine, Corée du Sud, Inde, Indonésie, Mexique, Russie, Turquie + Union européenne.

[38] Jean-Pierre Machelon, "Souveraineté et État de droit », *Les évolutions de la souveraineté*, Montchrestien, collection grands colloques, 2006.

Chapitre 1- L'État-nation à la recherche de son identité

L'historien Alphonse Dupront situe l'Europe comme une « continuité laïcisante de l'ancienne chrétienté médiévale » (héritière de l'empire romain d'Occident) et explique la difficulté des coopérations par la présence de « complexes des égoïsmes nationaux, les stéréotypes plus ou moins actifs, les systèmes juridiques, les structures administratives... »[39]. Les identités en Europe correspondent à des valeurs communes construites sur la base de dimensions temporelles (histoire), spatiales (territoires), sociétales (groupes familiaux, professionnels,...), politiques (règles de droit, espaces publics, éducation,...), économiques (partage des richesses et enrichissement, travail) et culturelles (langues, religion, art). Ainsi, l'histoire européenne à travers les empires (empire romain, empire carolingien, empire napoléonien,..) mais aussi les guerres et les incessantes modifications des frontières, coexiste avec une histoire des nations européennes et ainsi une prise de conscience progressive d'appartenance à des valeurs communes et distinctes auxquelles se rattachent des notions d'identification. L'UNESCO[40] définit la culture comme étant «l'ensemble des traits distinctifs, spirituels et matériels, intellectuels et affectifs, qui caractérisent une société ou un groupe social. Elle englobe, outre les arts et les lettres, les modes de vie, les droits fondamentaux de l'être humain, les systèmes de valeurs, les traditions et les croyances ». Du fait qu'en Europe coexistent une culture commune et des cultures particulières, il existe des fondements unificateurs pour une construction politique européenne plus avancée. Si les particularismes identitaires culturels nationaux sont plus forts que les identifications communes, alors, une évolution vers un système fédéral ne peut être envisagée.

---

[39] Alphonse Dupront, « Identité », *Europes de l'Antiquité au XXe siècle Anthologie critique et commentée*, Paris, Robert Laffont, 2000, p. 830-832.

[40] UNESCO- Organisation des Nations Unies pour l'éducation, la science et la culture.

Section 1- Ancrage historique des États-nations

Si l'ensemble des États membres de l'Union européenne appartiennent à des régimes démocratiques de type parlementaire, de nombreuses différences les séparent. En premier lieu, la plupart des États d'Europe ont instauré les bases d'une démocratie au XIXe siècle lors des mouvements sociaux parfois nommés « printemps européen » (France, Belgique, Pays-Bas, pays scandinaves,...) (dès le XVIIe siècle en Angleterre) mais une grande partie des États européens ont aussi connu une longue interruption dans l'évolution de ces régimes par des périodes de totalitarisme notamment au XXe siècle (Allemagne, Autriche, Espagne, Italie, Grèce et les pays d'Europe centrale et orientale -PECO). Certains États se sont séparés de la royauté pour asseoir leur démocratie tandis que d'autres ont aménagé des monarchies parlementaires.

L'ensemble des pays membres de l'Union européenne a adopté un régime parlementaire qui se caractérise par cinq éléments : sur le plan de la responsabilité du gouvernement devant le parlement[41] mais aussi d'une certaine autonomie de l'exécutif vis-à-vis du parlement (généralement par le droit de dissolution du parlement par l'exécutif), du partage de l'initiative des lois entre les organes exécutifs et législatifs[42], les ministres peuvent entrer au sein des assemblées parlementaires pour y défendre leurs idées et enfin, l'irresponsabilité politique du chef de l'État (il ne peut être renversé par le parlement[43]).

A-Les monarchies parlementaires : Danemark, Luxembourg, Pays-Bas, Royaume-Uni, Suède

Toutes les monarchies européennes s'inscrivent dans des régimes parlementaires, mais le Danemark, le Luxembourg, les Pays-Bas, le Royaume-Uni et la Suède ont aménagé leur régime démocratique sans effectuer une rupture totale avec le système ancien des monarchies absolues à la différence de l'Espagne et de la Belgique qui ainsi seront traités dans d'autres regroupements (respectivement les États à forte autonomie régionale et les fédérations).

1-Choix du régime politique

Le Royaume-Uni étant le pays au sein duquel la première révolution industrielle a eu lieu, il se trouve qu'il s'agit aussi du premier pays dans

[41] Gilles Toulemonde, *Institutions politiques comparées*, Ellipses, 2006.

[42] Plusieurs monarchies accordent toutefois l'initiative législative au roi notamment en Belgique, au Danemark, aux Pays-Bas, au Luxembourg.

[43] Sauf faits répréhensibles pénalement.

lequel s'est instauré progressivement un régime parlementaire. En Angleterre, la révolte des nobles face aux excès du roi Jean l'a conduit à signer la Grande Charte[44] en 1215, une loi écrite comportant les droits et les libertés du souverain, des nobles et des roturiers ainsi que les limites des prérogatives royales en matière d'impôts et de privilèges financiers. Pour asseoir la souveraineté du Parlement[45] anglais né au XVIe siècle et voir confier les prérogatives de l'exécutif à un gouvernement, il faut attendre toutefois la révolution anglaise[46] de 1641 et surtout la Glorieuse révolution de 1688, avec le « *Bill of Rights* », et en 1701, l'« *Act of Settlement* ». Naît ainsi la souveraineté du pouvoir législatif en la personne du parlement (Chambre des communes et Chambre des Lords) et, concernant le pouvoir du gouvernement, il faut attendre le ministère Walpole[47] du XVIIIe siècle pour voir cet exécutif préférer s'appuyer sur les communes plutôt que sur le monarque pour asseoir son autorité. Un autre grand principe anglais est le libéralisme juridique, « *Rule of Law* », « la garantie accordée aux droits des individus sous l'empire de la Constitution anglaise »[48]. L'administration est ainsi soumise au *Common law* (pouvoir des juges dans leur jurisprudence) dans sa forme modifiée par les lois parlementaires. La mise en place de ce régime parlementaire dans une monarchie fut voulue par les populations locales mais aussi inspirée et imaginée par de grands penseurs tels que Thomas Hobbes[49] sur les problèmes politiques de légitimité expliquant qu'il faut tenir compte de la nature triple des hommes (il est un corps naturel, membre d'un corps politique et membre d'un corps mystique) source de conflits auxquels seul l'État souverain peut y mettre un terme, et John Locke[50] faisant les éloges de la Glorieuse Révolution de 1688 par une critique de la monarchie absolue et une apologie d'une monarchie modérée fondée sur l'idée de la nécessaire subordination des actes des gouvernants au consentement populaire. John Locke préconise ainsi la séparation des pouvoirs entre le législatif, l'exécutif et le confédéral (entendu comme le pouvoir diplomatique)[51].

Aussi, la construction du Royaume-Uni en une même entité fut certes orchestrée par l'Angleterre, mais en donnant une certaine autonomie politique et culturelle aux autres entités. En 1707, se constitue la Grande-

---

44 Magna Carta signée par le roi Jean en 1215 à Runnymead.

45 A l'origine la Chambre des communes représentait les Anglais auprès du roi.

46 Guerre civile qui s'achève lors de l'exécution du roi Charles Ier en 1649.

47 Ministère Walpole 1721-1741.

48 Éric Carpano et Emmanuelle Mazuyer, *Les grands systèmes juridiques étrangers*, Paris, Gualino Lextenso éditions, 2009.

49 Thomas Hobbes, *le Leviathan*, 1651.

50 John Locke, *Deux traités du gouvernement civil*, 1690.

51 Jean Louis Quermonne, *Les régimes politiques occidentaux*, Paris, Seuil, Essais, 2006, p.130.

Bretagne[52] en réunissant l'Angleterre, le Pays de Galle et l'Ecosse. L'Irlande du Nord est occupée par les anglais dès le IVe siècle avant notre ère, mais c'est la dictature de Cromwell en 1649 qui soumet cette région sous domination anglaise jusqu'à la fusion en 1801 du Royaume britannique avec le Royaume d'Irlande pour constituer ainsi le Royaume-Uni (avec toutefois émancipation de la République d'Irlande après la Première guerre mondiale). En 1397, l'*Union de Kalmar* a uni sous un même roi le Danemark, la Norvège et la Suède afin notamment de mieux maîtriser le commerce en mer Baltique face aux Allemands mais ne durera pas en raison des contraintes imposées par le Danemark aux autres pays scandinaves.
Le Danemark a connu une démocratisation en 1849 avec l'instauration d'une première constitution libérale, mais avec un gouvernement totalement indépendant du parlement jusqu'en 1901, date à laquelle la gauche parvint à imposer un système parlementaire. Si l'instauration du régime démocratique fut tardive, il n'en demeure pas moins que ce même pays est un des premiers à avoir instauré le droit de vote des femmes dès 1915.
Les Pays-Bas modernes apparaissent en 1814-1815 avec le Congrès de Vienne après avoir supporté les dominations successives de grandes puissances (notamment espagnole et française) mais ils se séparent des provinces du Sud formant alors le royaume de Belgique en 1830. Une monarchie constitutionnelle s'installe avec un parlement bicaméral, la première chambre initialement créée à la demande des provinces du Sud et composée de sénateurs désignés par le roi demeura malgré la scission de 1830 pour devenir le lieu de la représentation des provinces. Mais il faut attendre, comme pour beaucoup de ses voisins européens, « le printemps des démocraties » en 1848 pour connaître une limitation des prérogatives royales en faveur de la responsabilité ministérielle devant le parlement dont la deuxième chambre bénéficie alors des élections directes (limitées toutefois à une élite économique et intellectuelle) et 1917 pour connaître le suffrage universel masculin et la représentation proportionnelle lors de la « pacificatie »[53]. Le modèle consociatif[54] néerlandais de 1917 à 1967 inspira la Belgique et l'Autriche. Il s'agit d'un modèle démocratique réunissant différents segments de société selon un clivage socio-économique (socialistes et libéraux) ou philosophique et religieux (protestants, catholiques, laïcs) afin de mettre en place des décisions consensuelles par les

---

[52] Acts of Union adoptés par les Parlements anglais et écossais en 1707 formant la Grande-Bretagne. Et en 1801 le Parlement britannique se transforme en Parlement du Royaume-Uni de la Grande-Bretagne et de l'Irlande du Nord à la suite de la fusion du Royaume britannique et du Royaume d'Irlande.

[53] En 1917 les principaux partis néerlandais s'accordent sur une solution au conflit religieux par un subventionnement public des écoles religieuses en plus des règles institutionnelles démocratiques évoquées.

[54] Arend Lijphart, *Verzuiling pacificatie en kentering in de Nederlandse politiek*, Amsterdam, J.H. De Bussy, 1968.

élites. Au tournant des XXe et XXIe siècles, l'arrivée des nouveaux partis engendra une « forte dispersion de la représentation parlementaire » variant de neuf à quatorze partis depuis 1970[55]. Du fait de la démocratie « consociative », le référendum n'est pas prévu comme mode d'expression de la souveraineté populaire malgré les débats suscités depuis les années 80 (tentatives de 2002-2004 pour introduire un référendum pour toute révision constitutionnelle) mais qui aboutira au référendum toutefois de 2005 sur le projet de traité de constitution de l'Union européenne.

La souveraineté correspond aux domaines régaliens (justice, sécurité intérieure et extérieure) et à des droits attachés (en matière de fiscalité, de monnaie) initialement, sous l'Ancien régime, aux droits du monarque. Aussi, dans ces monarchies, si le monarque n'est plus le titulaire de ces droits, « le processus d'identification entre souveraineté et État n'a jamais été mis en cause »[56].

2-Particularités juridiques et territoriales du Royaume-Uni et du Danemark

Une des particularités de l'Angleterre est son système juridique qui place la jurisprudence en haut de la hiérarchie avec pour doctrine « La règle du précédent, qui oblige les juges à s'en tenir aux règles posées par leurs prédécesseurs, constitue la clé de voute du système jurisprudentiel »[57]. Toutefois, il existe des limites[58] à cette règle et d'autres sources juridiques telles les règles constitutionnelles écrites et non écrites, la loi et les droits international et européen qui, avec leur expansion, entrent en concurrence avec la common law. L'adhésion du Royaume-Uni à l'Union européenne a entraîné en 1972 l'*European communities Act* permettant l'application du droit communautaire et la primauté de ce droit sur les lois antérieures à la loi de 1972.

Ces pays ont également construit des relations étroites avec des pays n'appartenant pas à l'Union européenne et se situant sur différentes zones géographiques. Le Royaume-Uni est à l'origine du *Commonwealth*[59], le Danemark est juridiquement rattaché au Groenland et aux îles Féroé (qui ne font pas partie de l'UE). Le *Commonwealth* est aujourd'hui une association

[55] Jean-Michel de Waele et Paul Magnette, *Les démocraties européennes*, Armand Colin, Sciences politiques, 2010, p.302.

[56] Marie-Claire Ponthoreau, *Droit(s) constitutionnel(s) comparé(s)*, Economica, Corpus droit public, 2010, p.329.

[57] Éric Carpano et Emmanuelle Mazuyer, *Les grands systèmes juridiques étrangers*, Paris, Gualino Lextenso éditions, 2009.

[58] Par exemple, le juge n'est lié que si une décision antérieure se rapporte à des faits analogues.

[59] En 1949, la conférence du Commonwealth des nations britanniques accepte d'avoir pour membre des États républicains qui acceptent que le souverain britannique en soit le chef mais sans pour autant en accepter l'allégeance.

bénévole composée de cinquante quatre États répondant au respect de principes énoncés en 1971 dans une déclaration de principe[60] en faveur d'une coopération en faveur de la paix mondiale, la conscience sociale, l'égalité raciale et le développement économique puis dans la déclaration de Harare en 1991 et portant sur la non-discrimination, la démocratie, la primauté du droit pour ne citer quelques uns des grands principes énoncés. Ses origines remontent au XIXe siècle[61] avec l'autonomie relative des anciennes colonies britanniques en 1867 avec la mise en place de la confédération (avec le Canada) puis avec l'instauration de conférences impériales en 1911 (dont celle de 1926 déclarant l'égalité en statut des membres). Le *Commonwealth* s'étend du continent américain (Canada) au continent d'Asie (Bangladesh, Inde, Pakistan) à la zone Pacifique (Australie, Nouvelle Zélande) au continent africain (Afrique du Sud, Nigeria) et les différentes îles et petits États sous ancienne influence britannique ou de l'un des membres du *Commonwealth.*

3-Contre-pouvoirs de l'opposition

En Grande-Bretagne, le principal contre-pouvoir est celui de l'opposition. En 1937, l'opposition est institutionnalisée par une reconnaissance légale du chef de l'opposition, de sa rémunération[62] par le Trésor britannique et de ses pouvoirs en matière notamment de questions orales soumises au Premier ministre au parlement[63]. En 1975, un système de financement public des partis d'opposition représentés au parlement pondéré suivant le nombre de voix et de sièges obtenus a été institué par la chambre des communes.
Dans les autres monarchies, les contre-pouvoirs sont plutôt exercés par les cours constitutionnelles et les autorités locales.

Il faut distinguer parmi les monarchies de ce groupe celles ayant souhaité conserver leur autonomie monétaire et correspondant à une intégration tardive dans le processus communautaire des deux autres. Le Luxembourg et les Pays-Bas font partie des six pays fondateurs de la CEE et de la CECA dans les années 50, ils comptent également parmi les premiers pays à être entrés dans la troisième phase de l'Union économique et monétaire en 2000. Tandis que le Royaume-Uni et le Danemark ont intégré l'Union européenne en 1973 et la Suède en 1995. De plus, ces trois monarchies bénéficient de clause d'exemption[64] ne les contraignant pas à adopter l'Euro comme monnaie commune si elles ne le souhaitent pas. Il faut également souligner

---

[60] 49 États s'engagent dans ce processus.

[61] 1839 Rapport Durham

[62] Son traitement est égal à 77% de celui du Premier ministre.

[63] Jean Louis Quermonne, *Les régimes politiques occidentaux*, Paris, Seuil, Essais, 2006, p.139

[64] Clause dérogatoire à entrer dans la troisième phase de l'Union économique et monétaire du traité de Maastricht de 1992.

que le Luxembourg et les Pays- Bas font partie de l'Europe continentale tandis que le Danemark, le Royaume-Uni et la Suède font partie de l'Europe septentrionale et se trouve ainsi excentrés. Ces premières distinctions nous amènent à considérer différemment leur proximité avec une évolution politique de type fédérale dans la mesure où les pays cités en Europe septentrionale ne seront probablement pas les pays acceptant une avancée politique contribuant à limiter leur souveraineté.

B-Les fédérations : Allemagne, Autriche, Belgique

Ce qui caractérise un régime fédéral est le principe de superposition d'un État fédéral sur des entités fédérées. Leur parlement est toujours bicaméral puisque la chambre basse est fédérale, la chambre haute représente les entités fédérées. Toutefois, de grandes disparités se rencontrent entre les États fédérés sur le plan des principes d'autonomie et de participation (au fonctionnement de l'État fédéral) en particulier. Le principe d'autonomie des entités fédérées est garanti par l'existence d'organes exécutifs et législatifs propres, une constitution propre, une justice propre, mais limitée d'une part par la capacité du droit fédéral d'imposer un certain nombre de règles et, d'autre part, avec la répartition des compétences. Les constitutions allemandes et autrichiennes, par exemple, imposent le respect des exigences démocratiques et de l'État de droit aux États fédérés, en particulier le respect des droits de l'Homme.

1-Choix du régime politique fédéral dans le respect du principe de subsidiarité

Deux types de motifs ont conduit l'Allemagne, la Belgique et l'Autriche à choisir le modèle fédéral, les autonomies locales et les cohabitations culturelles diversifiées.

Au XVIe siècle, les conflits qui ont affronté les États allemands catholiques et protestants (révolte des chevaliers rhénans 1522-1523 et, lutte de l'empereur et des princes catholiques contre la ligue de Smalkade de princes luthériens 1531-1547, par exemple) les amenèrent à penser une nouvelle forme d'organisation politique, « une structure décentralisée qui offrirait des garanties pour préserver son particularisme », une fédération permettant le partage de pouvoir et non une conception absolutiste du pouvoir monarchique[65]. Avec la paix d'Augsbourg en 1555, l'empereur Charles Quint établit le principe du respect de la religion du prince dans son pays, principe repris dans les traités de Westphalie[66] en 1648 mais qui trouva ses

[65] François Vergniolle de Chantal, *Fédéralisme et antifédéralisme*, PUF, Que sais-je ?, 2005, p.88.

[66] Traités conclus à Münster entre l'empereur germanique, la France et la Suède mettant fin à la guerre de Trente Ans.

limites dans les différentes contestations des peuples ne partageant pas la même religion que celle des princes ou des rois. Le modèle politique de Johannes Althusius[67] dissocie la société en différents groupements (« consociation ») privés et publics, les cités et les États pouvant former des confédérations et, à chaque échelon de la communauté politique se trouvent deux sortes d'organes, ceux représentant les communautés inférieures et ceux représentant du pouvoir supérieur ne disposant que du pouvoir exécutif.
La Belgique a finalement donné sa préférence pour un régime fédéral en 1993 afin de répondre aux revendications autonomistes d'une part des régions flamandes et wallonnes mais aussi, dans le même temps, des communautés linguistiques francophones et néerlandaises. Toutefois, ce régime n'a pas apaisé les conflits entre les deux principales communautés qui se sont cristallisés lors de la difficile formation des gouvernements de 2007 et de 2010-2011.
Les *länder* autrichiens ont revendiqué une autonomie lors de la dislocation de l'empire austro-hongrois dès la fin de la Première Guerre mondiale.
En Allemagne, le choix en 1949 de la structure fédérale est parti d'une association des *länder* leur garantissant finalement, ensemble, une meilleure autonomie[68]. Aussi, les divergences culturelles profondes en Allemagne sont d'ordre religieux[69] et donc plutôt régionales puisque 45% de la population est ainsi majoritairement protestante, depuis l'intégration des *länder* de l'est en 1989, contre 37% de catholiques et 3% de musulmans[70].

2-Contre-pouvoirs des *länder* et des Cours constitutionnelles

Une des particularités communes aux États fédéraux est un contre-pouvoir politique face au pouvoir détenu par l'État fédéral[71]. Les *länder* et les communautés et régions belges disposent d'une assemblée parlementaire et d'un exécutif dans les domaines de compétences attribués par la constitution. Les majorités obtenues dans une assemblée nationale (*Bundestag*) et celles d'une assemblée composée des représentants des gouvernements des *länder* (*Bundesrat*) peuvent différer. Le *Bundesrat* allemand désigne un représentant qui est habilité à siéger au Conseil de l'Union européenne pour les domaines dont les *länder* ont une compétence constitutionnelle[72]. Il peut

[67] Johannes Althusius, *Politica Methodice Digesta*, 1603.
[68] Gilles Toulemonde, *Institutions politiques comparées*, Ellipses, 2006.
[69] Guy Gosselin et Marcel Fillon, *Régimes politiques et sociétés dans le monde*, Laval, PUL, 2007, P.217
[70] La population est d'origine allemande à 91%, turque à 3%, issue de populations de l'ex-Yougoslavie 2%.
[71] Jean Louis Quermonne, *Les régimes politiques occidentaux*, Paris, Seuil, Essais, 2006, p.140-141.
[72] La Loi fédérale allemande a autorisé le *Bundesrat* à procéder ainsi.

ainsi arriver que le représentant allemand au Conseil de l'Union européenne ne soit pas de la même majorité que celle du gouvernement allemand[73].
En Allemagne et en Autriche, il faut également souligner l'importance du contrôle constitutionnel exercé par les Cours constitutionnelles. La première Cour constitutionnelle a vu le jour en Autriche en 1920 et ce modèle s'est étendu en Europe continentale après la Deuxième Guerre mondiale.

C-Les Républiques unitaires, centralisées, semi-présidentielles : Chypre, Finlande, France, Grèce, Irlande, Malte, Portugal et pays d'Europe centrale et orientale

Ce qui caractérise un régime présidentiel, est une répartition des pouvoirs exécutifs, législatifs, judiciaires à trois organes distincts selon le principe de séparation des pouvoirs. Dans les faits, tous les États européens connaissent des régimes parlementaires[74] mais parfois avec une importance accrue des prérogatives présidentielles ou ministérielles. Il faut ainsi distinguer les États appartenant à un régime présidentiel comme à Chypre où le président est à la fois le chef de l'État et le chef de gouvernement, de ceux correspondant à un régime semi-présidentiel comme en France au sein duquel le chef de l'État et le chef du gouvernement partagent ensemble un certain nombre de compétences, mais lorsqu'il n'y a pas de situation de cohabitation (si le président dispose de la majorité parlementaire) le chef de l'État a un pouvoir étendu, et, enfin, de ceux correspondant à un régime parlementaire au sein d'un État unitaire comme dans la plupart des États unitaires. Il est entendu par État unitaire le fait que la plupart des compétences incombent au gouvernement central, les problèmes mineurs et locaux restant de la compétence des organes locaux.

1-Choix du régime politique en faveur de l'État central

Les thèses de Jean Bodin[75], à l'opposé de celles de Johannes Althusius, préconisent un modèle politique unitaire de souveraineté hiérarchique et centralisé. Selon cet auteur, tout partage de souveraineté a pour conséquence des conflits de pouvoir. Le modèle de l'État-nation s'est consolidé avec la mise en place de la démocratie à partir de la fin du XIXe siècle dans toute l'Europe sauf dans les pays dans lesquels la religion réformée était très enracinée comme en Hollande, en Allemagne et en Suisse.

Aujourd'hui, cette centralisation des pouvoirs dans les pays d'Europe centrale et orientale s'explique aussi par la nécessaire transition récente

---

[73] Jean Louis Quermonne, *Les régimes politiques occidentaux*, Paris, Seuil, Essais, 2006, p.142
[74] Responsabilité du gouvernement devant le Parlement.
[75] Jean Bodin, *Les Six Livres de la République*, 1576.

d'une économie planifiée très centralisée à une économie de marché qu'il fallait conduire aussi. Mais certains États situés en Europe de l'Ouest bénéficient aussi d'un régime centralisé. Parmi les principales raisons qui expliquent ce choix institutionnel, il y a des éléments culturels et politiques étroitement liés. Par exemple, l'Irlande s'est construite en opposition à son voisin anglais. En Finlande, pour avoir été rattaché au royaume suédois pendant 600 ans et à l'empire russe de 1809 à 1918, l'indépendance en s'appuyant sur l'unité du pays est aussi une cause de centralisation. En France, les défenseurs de l'unité territoriale ont triomphé de leurs opposants en faveur d'une plus grande décentralisation. La récente indépendance vis-à-vis notamment des Britanniques, mais pas seulement, pour les deux îles méditerranéennes, Chypre et Malte[76] et leur taille réduite explique aussi ce centralisme. Enfin, pour la Grèce et le Portugal, le choix d'un régime centralisé découle de la difficile transition d'un régime autoritaire vers un régime démocratique.

Un des premiers États unitaires, la France, se caractérise ainsi par « celui qui sur son territoire et pour la population qui y vit ne comporte qu'une seule organisation politique et juridique dotée de la plénitude de la souveraineté »[77]. Les tentatives d'unification du pays remontent au VIe siècle avec les Francs[78] qui « ont réalisé à leur profit l'union des territoires situés entre Rhin, Alpes, Méditerranée, Pyrénées et Atlantique » et « ont donné leur nom à la future nation »[79], mais il faut attendre les partages de l'empire de Charlemagne[80] au XIe siècle pour que soit nommée la « Francie occidentale » et le XIIIe siècle pour que le roi des Francs devienne officiellement le roi de France. Le sentiment national français fut un long processus facilité au début par la conversion de Clovis au catholicisme et ainsi l'uniformisation des comportements et des croyances mais aussi forgé lors des guerres sous Louis VI contre l'empereur germanique en 1124 ou encore durant la guerre de Cent Ans, construit avec un processus d'intégration en permettant le mariage mixte entre Mérovingiens et Gallo-Romains de même que les Mérovingiens ouvrirent la carrière militaire aux Gallo-Romains, enfin, sur le plan culturel l'art gothique puis l'art roman. Toutefois, certaines régions de France ne sont pas encore complètement intégrées et se développent en principautés territoriales comme en Bretagne,

[76] Indépendance de Malte en 1964 après plusieurs siècles d'invasions par les phéniciens, les romains, les byzantins, les islamiques, les vénitiens, les espagnols, les français, la colonisation britannique étant la dernière depuis 1800 jusqu'à 1964.
[77] Gilles Toulemonde, *Institutions politiques comparées*, Ellipses, 2006.
[78] Clovis 481-511, victoires sur le « romain » Syagrius, sur les Thuringiens, les Alamans, les Wisigoths.
[79] Jacques Le Goff, « Naissance d'une nation (Ve-XVe siècle) », *France (formation de la France)*, Paris, Encyclopaedia Universalis, 1996.
[80] Charlemagne empereur de 800 à 814.

en Normandie, en Flandre, en Aquitaine, en Bourgogne et en Provence pour les plus importantes. Aux XIe et XIIe siècle de nouvelles catégories socio-professionnelles apparaissent (artisans, marchands, bourgeois) et souhaitent libérer leurs activités du carcan féodal et obtenir des privilèges, des libertés et des garanties économiques et politiques. Des soulèvements populaires nommées « mouvement communal »[81] contraignent les seigneurs avec l'appui du monarque centralisateur à octroyer des chartes collectives d'affranchissement (fin XIIIe siècle le servage a presque totalement disparu) et des diminutions de redevances. Aux XIVe et XVe siècle des révoltes telles que les « ligues féodales » de 1314-1315 correspondent à une augmentation des famines (1315-1316) et les dévastations humaines causées par la peste (1348, 1363, et tout au long du XVe en 1418 à Paris, puis à Châlons en Champagne) et les guerres (1338-1453). Après ces événements, une nouvelle mobilité sociale apparut, ainsi qu'une réorganisation économique et politique des rois de France notamment par l'agrandissement de la France par l'intégration totale de la Bourgogne (1477), de la Provence (1491), de la Bretagne (1491) obtenue par le droit de successions féodales faisant ainsi coïncider la nation et l'État au début du XVIe siècle[82]. Par les guerres et ainsi les traités de paix, la France obtient au XVIIe siècle différents lieux de l'Empire, en Alsace notamment (traité de Westphalie avec l'empereur germanique en 1648 et le traité de Rastadt en 1714), dans le Roussillon (paix des Pyrénées avec l'Espagne en 1640) dans le Nord (traités de Nimègue 1678 avec la Hollande et l'Espagne) et au XVIIIe la Lorraine, et les Dombes (de l'Empire), la Corse (de la République de Gênes).

Sous le règne de la monarchie absolue de Louis XIV, la France est le pays d'Europe le plus peuplé et le plus prospère. L'unité de la France sur le plan territorial est ainsi pratiquement achevée au XIXe siècle et, sur le plan politique, la centralisation administrative commencée sous l'Ancien Régime (et poursuivie sous la Première république jacobine) est portée à son apogée par Napoléon si bien qu' « au milieu du XIXe siècle, la France est l'État le plus centralisé d'Europe »[83]. Ce choix institutionnel connu des opposants issus du courant régionaliste ou incarnés par les Girondins (soutenus par la bourgeoisie provinciale) lors de la révolution de 1789 en faveur d'un régime fédéraliste, ou encore par Proudhon[84] en 1860, le géographe Vidal de la Blache[85] proposait de diviser la France en dix sept régions en 1910. Mais

[81] 1066 première charte des libertés accordée par l'évêque aux bourgeois de Huy, puis à partir de 1077, institution de communes et formations de corporations de métiers.

[82] Yves Durand, « Formation territoriale (1498-1789) », *France (formation de la France)*, Paris, Encyclopaedia Universalis, 1996.

[83] Jean Tulard, « Achèvement de l'unité (1789-1944) », », *France (formation de la France)*, Paris, Encyclopaedia Universalis, 1996.

[84] Pierre Joseph Proudhon, *Du principe fédératif et de la nécessité de reconstituer le parti de la Révolution*, 1860.

[85] Idée développée dans la Revue de Paris du 15/12/1910.

l'affirmation du sentiment national fut consolidée par un programme d'histoire en école primaire en faveur de ces idées[86], le patriotisme national s'est aussi développé en se basant sur la fierté de l'extension de la France outre-mer.
Le principe de séparation des pouvoirs entre le législatif, l'exécutif et le judiciaire est proposé par Montesquieu[87] en 1748 et sera repris par la suite dans toute l'Europe, y compris en France.
Le premier article des constitutions écrites de 1791 et de 1958 rappelle ce trait de caractère en ces termes respectivement « Le royaume est un et indivisible »[88], « la France est une République indivisible, laïque, démocratique et sociale »[89]. En France comme en Irlande, les collectivités locales ont peu d'autonomie. Les règles de droit sont des règles nationales, applicables sur l'ensemble du territoire et les règles de droit locales n'existent que si le droit national les y autorise.
En Grèce, l'effondrement de la dictature des colonels en 1974 fut suivi de l'abolition de la monarchie, de la réintroduction de la constitution de 1952 sans les références au régime, de la mise en place d'une république parlementaire « un exécutif fort et démocratiquement légitime »[90]. En Roumanie, l'article 1 de la Constitution précise que « la Roumanie est un État national souverain et indépendant, unitaire et indivisible ».

Au Moyen Age, en Europe centrale et orientale, se sont constituées des monarchies électives comme en Pologne, en Bohême, mais aussi des entités féodales héréditaires comme le Grand duché de Lituanie (rattaché un temps à la Pologne), le royaume de Hongrie[91]. La construction de régimes parlementaires se situe au XIXe siècle. En Bulgarie, son indépendance de 1878 est suivie de l'instauration d'une monarchie dotée d'une Constitution en 1879. Il est également établi le suffrage universel masculin. La Bulgarie se tourne vers des modèles politiques occidentaux par opposition à l'influence ottomane et orientale. Mais l'histoire de la Bulgarie est semée de troubles politiques avant et après la Première guerre mondiale dont la guerre civile de 1923-1925 suite au coup d'État militaire soutenu par le roi et opposant la gauche communiste et agrarienne à une droite fascisante. C'est la droite qui l'emportera et qui conduira la Bulgarie à entrer dans la Seconde Guerre mondiale comme alliée de l'Allemagne. Le coup d'État de 1944 met en place un gouvernement communiste, jusqu'en 1990. Dès cette date, les

---

[86] Manuels d'histoire d'Ernest Lavisse, livre de lecture *Le tour de France par deux enfants.*
[87] Montesquieu, Charles Louis de Seconda, *Esprit des lois,* 1748.
[88] Constitution du 03/09/1791, article 1.
[89] Constitution du 04/10/1958, article 1.
[90] Jean-Michel de Waele et Paul Magnette, *Les démocraties européennes*, Armand Colin, Sciences politiques, 2010, p.176.
[91] François Lebrun, *L'Europe et le monde XVIe, XVIIe, XVIIIe siècle*, Paris, Armand Collin, 1987.

Bulgares ont su mettre en place une culture du compromis en nommant via le parlement un président représentant les 13 organisations d'opposition (UFD – union des forces démocratiques) et un vice président représentant l'ancien parti communiste (PSB – parti socialiste bulgare).
L'occupation soviétique dans les pays baltes en 1940 fut suivi de la mise en place d'un régime communiste jusqu'aux années 80 puisque les politiques de *Perestroïka* et de *Glasnost* du président russe Mikhail Gorbatchev ont permis à l'ensemble des pays satellites de mettre en place un nouvel environnement politique. En Lettonie et en Lituanie, apparurent les premiers partis d'opposition en 1988 préparant la restauration de l'État letton le 4 mai 1990 et sa constitution de 1922 ainsi que les premières élections libres en 1990 en Lituanie inaugurant l'indépendance du pays et l'adoption d'une nouvelle constitution en 1992 privilégiant un système semi-présidentiel. Pour l'Estonie, sa naissance[92] est toute récente puisqu'elle dut attendre l'éclatement de l'empire russe en 1918, mais ne fut autonome qu'en 1991 car elle fut occupée par l'empire allemand en 1918 puis acquiert son indépendance deux ans plus tard[93] puis occupée et annexée à l'Union soviétique en 1940. Si la première constitution de l'Estonie mettait en place un régime parlementaire, les effets de la crise des années trente laissèrent la place à des revendications vers une nouvelle constitution en 1933 mettant en place un régime présidentiel, mais les estoniens préférèrent revenir au système parlementaire lors de la Constitution de 1992 afin de se prémunir des dangers du pouvoir autoritaire. L'Estonie est toutefois un État unitaire avec un gouvernement central et 250 gouvernements locaux percevant 67% des impôts sur le revenu collectés sur leur territoire ainsi que les impôts sur la propriété, les 15 comtés coordonnant les services régionaux et jouant un rôle important dans la demande de fonds structurels à l'Union européenne mais limité car géré par un gouverneur nommé par le gouvernement central. En Estonie, le régime actuel, moins unitaire que dans les autres pays traités dans cette section, est considéré comme une garantie contre un risque d'autoritarisme, trop poussé dans un système présidentiel, et une garantie contre un risque d'éclatement ethnique et culturel, comme dans un système fédéral.

La Pologne connaît une limitation de la monarchie dès le XIe siècle au profit d'un pouvoir partagé avec la noblesse (correspondant à 10% de la population) jusqu'à son partage entre les puissances dominantes continentales en Europe, la Russie, la Prusse, l'Autriche aux XVIIIe et XIXe siècles. Il lui faudra attendre le traité de Versailles de 1919 pour retrouver sa

[92] Déclaration d'indépendance le 24 février 1918.
[93] 1920 traité de paix de Tartu mettant fin à l'opposition des Allemands au Sud et des Bolchéviques à l'Est face à l'indépendance de l'Estonie.

souveraineté en tant que république[94] et organiser des élections pour lesquelles même les femmes y participaient mais n'avaient bénéficié de cette démocratie que peu de temps[95].

2-Le multiculturalisme s'oppose au centralisme

Une des caractéristiques des pays d'Europe centrale et orientale est le centralisme et le multiculturalisme. L'Union soviétique a encouragé notamment dans les pays baltes l'implantation de russes. En Lettonie, en 1991 la citoyenneté n'a pas été accordée aux minorités russophones, russe, biélorusse, ukrainienne, contrairement à leur souhait[96], mais doivent se conformer aux règles de naturalisation[97]. De plus, les résidents russophones n'ont pas le droit de voter aux élections municipales, contrairement à ce qui se pratique en Estonie, afin de se prémunir d'une potentielle prise de contrôle des partis pro-russes dans de grandes villes comme Riga.

En Bulgarie, autre exemple, l'organisation de l'État est unitaire et laïque. Le nouveau régime constitutionnel pose l'interdiction de partis politiques créés sur une base ethnique, religieuse ou raciale. Cette interdiction résulte du souvenir de la politique du gouvernement communiste de 1984-1985 consistant à modifier les noms turcs pour les « bulgariser »[98] et de la volonté de pacifier les relations entre Bulgares puisque 10% d'entre eux sont d'origine turque[99], ce qui n'empêchera toutefois pas l'émergence d'un parti turc d'exister (MDL). En Roumanie, la minorité hongroise représentée par le parti politique UDMR parvient finalement à une représentation au gouvernement de 1997 faisant oublier les affrontements violents précédents[100]. Il est également concédé à cette minorité la possibilité d'utiliser le hongrois dans les administrations territoriales concentrant au moins 20% de ces populations appartenant aux minorités locales[101]. En Slovénie, les minorités nationales italienne et hongroise sont représentées par deux députés sur les quatre vingt dix.

Dans l'ex-Tchécoslovaquie, l'incapacité de l'État à intégrer les minorités allemandes, slovaques et hongroises a généré la création d'une fédération qui finalement s'est aussitôt muée en deux États indépendants le premier janvier

[94] La première république date de 1795, mais l'État était sous dominations de ses puissants voisins.

[95] Le coup d'État de 1926 de Pilsudski plongea la Pologne dans un régime autoritaire puis sous la domination bolchévique après les accords de Yalta.

[96] Les russophones ont proposé « l'option zéro », l'attribution automatique de la citoyenneté lettone à toutes personnes résidant en Lettonie en 1991.

[97] Voir politiques nationales d'attribution de la citoyenneté dans le chapitre 1.

[98] Restitution des noms turcs en 1990 par le nouveau gouvernement.

[99] Jean-Michel de Waele et Paul Magnette, *Les démocraties européennes*, Armand Colin, Sciences politiques, 2010, p.69.

[100] En mars 1990, affrontements entre hongrois et roumains à Târgu Mures.

[101] Jean-Michel de Waele et Paul Magnette, *Les démocraties européennes*, Armand Colin, Sciences politiques, 2010, p.352.

1993, les Tchèques comptant près de dix millions d'habitants et les Slovaques près de cinq millions, ces derniers étaient un groupe culturel suffisamment homogène et important en nombre pour justifier cette séparation.
La Pologne est assez homogène sur le plan culturel et linguistique et religieux, les minorités allemandes sont peu nombreuses et disposent de deux sièges à la Chambre basse du Parlement, le *Sejm*. Quant au degré de centralisation en Pologne, il est très atténué par rapport à ses voisins d'Europe centrale et orientale. Ainsi, les grandes régions (16 *voïvodies*) sont à la fois unités d'administration d'État (dirigées par un haut fonctionnaire nommé par le premier ministre) et les collectivités locales (disposant d'un parlement régional, le *Sejmik*, dont les membres sont élus aux élections locales et d'un directoire remplissant les fonctions de gouvernement régional et désigné par le *Sejmik*). Les compétences des *voïvodies* se sont accrues ces dernières années[102] ainsi que celles des échelons intermédiaires et locaux, les départements et les communes, dans les mêmes domaines de compétence. Toutefois, les communes, les *gminas*, bénéficient d'une certaine autonomie financière grâce au patrimoine communal et aux impôts communaux[103].
La présence de communautés culturelles minoritaires est propre à toute l'Europe.
La cohabitation entre plusieurs communautés est un problème non résolu par Chypre à l'heure actuelle puisqu'elle est toujours séparée entre le nord occupé par une république turque, reconnue uniquement par la Turquie, et le reste de l'île, membre de l'Union européenne depuis 2004 (non reconnu par la Turquie)[104]. Les accords de Zurich et de Londres de février 1960 n'ont pas permis aux communautés grecques et turques de négocier la constitution d'une république de Chypre mais ont orchestré leur indépendance vis-à-vis du Royaume-Uni mais aussi vis-à-vis de la Grèce et de la Turquie tout en maintenant leurs intérêts stratégiques[105] mais les préservant de toutes revendications territoriales. Cette constitution a aussi limité le pouvoir du Parlement chypriote sur les questions budgétaires et la politique étrangère.

La faiblesse des contre-pouvoirs caractérise les États unitaires par rapports aux trois autres catégories de régime politique.

---

[102] Les compétences des voïvodies s'étendent de la mise en œuvre des projets d'infrastructure de portée régionale, au fonctionnement des grands hôpitaux, aux établissements culturels et d'enseignement supérieur, en aménagement du territoire.
[103] Jean-Michel de Waele et Paul Magnette, *Les démocraties européennes*, Armand Colin, Sciences politiques, 2010, p.321.
[104] La « ligne verte » est la ligne de division des deux communautés.
[105] Des zones militaires sous souveraineté du Royaume Uni à Chypre rappelées dans les protocoles n°3 et n°10 du Traité d'adhésion de Chypre à l'UE.

D-Les États à forte autonomie régionale : Espagne et Italie
Sont regroupés dans ce paragraphe les États accordant une grande autonomie aux collectivités territoriales mais de façon moins importante que si ils étaient sous régime fédéral. Il s'agit de l'Espagne et de l'Italie.

1-Choix du régime politique : un compromis entre État unitaire et fédération
Les deux grandes puissances historiques que sont l'Italie et l'Espagne n'ont connu une unité que tardivement. En Espagne, il fallut attendre la fin des rivalités notamment entre les royaumes de Castille et d'Aragon[106] dans la deuxième partie du XVe siècle. L'Italie était morcelée notamment en plusieurs cités-États comme Venise, Gênes, Milan, Florence, Rome, Naples qui ont développé une prospérité économique et se sont hissés au rang des centres principaux en matière de renaissance artistique et humaniste[107].
L'Espagne et l'Italie ont choisi ce système politique dans la mesure où les régions ont construit une forte identité culturelle et politique ainsi que pour des raisons historiques, le contrepoids au pouvoir central suite à l'expérience des régimes totalitaires. Dans la période qui suivit la fin de la Deuxième Guerre mondiale en Italie, en réaction à la centralisation sous Mussolini[108], il fallait « affaiblir l'exécutif non seulement par l'affirmation de la primauté parlementaire, mais aussi par la création de contrôles (cour constitutionnelle, référendum) et de contrepoids de nature territoriale »[109]. Toutefois, par crainte de voir des élections législatives en faveur de la gauche, le parti de la démocratie chrétienne obtint l'interdiction à l'assemblée constituante de créer des régions. Le parti communiste, sous l'effet de la régionalisation, aurait pu à cette époque connaître une grande assise politique dans les territoires d'Italie centrale. La menace communiste s'estompant définitivement avec la chute de l'URSS[110], la décentralisation en faveur des régions fut mise en place en 2001, l'Italie a instauré une révision de la constitution de 1948[111] en énumérant les thématiques qui sont exclusivement du ressort du pouvoir législatif de l'État central et celles du ressort d'un pouvoir législatif concurrent entre l'État central et les régions, en supprimant le contrôle central par les commissaires. De plus, elle envisage de plus en plus de continuer la décentralisation et le gouvernement a envisagé une

[106] 1469 mariage entre Isabelle de Castille et Ferdinand d'Arargon qui donnera lieu à l'institutionnalisation par le pape du titre de « rois catholiques » en 1494.
[107] François Lebrun, *L'Europe et le monde XVIe, XVIIe, XVIIIe siècle*, Paris, Armand Colin, 1987.
[108] Désignation des maires par le régime mussolinien.
[109] Yves Mény et Yves Sureil, *Politique comparée, Les démocraties Allemagne, États-Unis, France, Grande-Bretagne, Italie*, Paris, Montchrestien, Domat politique, 2009, p.445.
[110] URSS Union des Républiques Socialistes Soviétiques.
[111] Révision des articles 117 et 118.

réforme fiscale qui donnerait une autonomie financière plus nette aux régions[112].

La formation de l'État-nation espagnol remonte au XVe siècle lors de la réunion des royaumes de Castille et d'Aragon et soulève de façon permanente la question de la distribution territoriale du pouvoir politique puisque les traditions culturelles et politiques régionales ont survécu.
L'Espagne a connu des périodes de troubles ayant ralenti fortement la mise place du régime démocratique. Sous la restauration de la monarchie en 1875 jusqu'en 1923, en 1888, le suffrage universel masculin fut instauré mais les élections furent dénoncées pour leur fraude. Sous la deuxième république de 1931 à 1936, le vote des femmes fut instauré, la Catalogne obtint son autonomie ainsi que le Pays basque et, partiellement la Galice, mais la fragmentation des partis n'a pas permis aux gouvernements en place de durer dans le temps et la guerre civile qui suivit a abouti à la mise en place d'un régime autoritaire sous Francisco Franco jusqu'en 1975, très centralisé et mettant en place un programme d'homogénéisation nationale. La transition de ce régime vers une démocratie fut progressive car le prince Juan Carlos a, dans un premier temps, confié le poste de chef de gouvernement à des élites franquistes, Navarro puis Suarez jusqu'aux premières élections démocratiques depuis la dictature en 1977 qui d'ailleurs le maintiennent au pouvoir pour un second mandat jusqu'en 1981. Mais cette transition permit la légalisation des partis et la mise en place de la monarchie parlementaire en vigueur à ce jour.

L'unité de l'Italie fut réalisée en 1861 puis élargie[113] mais suscita nombre d'oppositions dont celle du pape[114] (jusqu'à la reconnaissance de l'État du Vatican en 1929 par Mussolini). La république italienne de 1948 a suscité des divergences sur ce régime politique notamment au regard du projet de fédération proposé par le parti minoritaire de la Ligue du Nord[115] qui ne fut pas partagé par son allié au gouvernement, *Forza Italia*, ni par les partis d'opposition[116].

---

[112] Jean-Michel de Waele et Paul Magnette, *Les démocraties européennes*, Armand Colin, Sciences politiques, 2010, p.232.
[113] La Vénétie en 1866, Rome en 1870, le Trentin Haut Adige, le Tyrol du Sud, Trieste, l'Istrie en 1918.
[114] Décret papal de 1874 demandant à tous les catholiques de ne pas participer à la vie politique pour finalement amener la création d'un parti catholique, partito popolare, que les autorités de l'Église finirent par reconnaître.
[115] En1991, la Ligue lombarde regroupe en un même parti, Lega Nord, la ligue vénète, l'union piémontaise et une petite ligue alpine.
[116] Bruno Teissier, *Géopolitique de l'Italie*, Éditions complexe, 1996, p.78-80.

Ces deux États ont ainsi souhaité se prémunir du retour d'un nouveau dictateur[117] et ont préféré le régime parlementaire à un régime présidentiel sans pour autant aller jusqu'à une forme fédérale.

2-Poids des chefs de gouvernement et chefs d'État

Le président italien possède des pouvoirs étendus. Par exemple, il nomme le chef de gouvernement et les ministres et il a le pouvoir de dissoudre le parlement, de convoquer des élections et de renvoyer des projets de loi au parlement pour un réexamen, enfin, il peut nommer un tiers des membres de la cour constitutionnelle et certains membres du conseil suprême de la justice,... Alors qu'en Espagne, le monarque a des pouvoirs symboliques, c'est le chef de gouvernement qui a des pouvoirs étendus. Le premier ministre espagnol nomme les vice-présidents et les ministres sans nécessaire approbation du parlement, il organise les référendums, les élections et signe les traités internationaux. Mais sa nomination est soumise aux *Cortes* par le roi. Le parlement est bicaméral mais les *Cortes* ont plus d'importance que le sénat.

3-Surreprésentation des grands partis en Espagne

Toutefois, chaque circonscription possède au minimum 2 députés aux *Cortes*, ce qui donne une surreprésentation des circonscriptions les moins peuplées qui représentent la moitié de la totalité des 52 circonscriptions[118] et ainsi une prépondérance donnée aux grands partis qui obtiennent plus de 80% des sièges au congrès (et jusqu'à 90% en 2008[119]) mais permet aussi d'asseoir une certaine stabilité du gouvernement contrôlé par un parti majoritaire. La constitution de 1978 est un compromis entre les partisans d'un État-nation et ceux d'une Espagne multiculturelle dont les différentes identités régionales aspirent à une grande autonomie.

Plus un État-nation s'est constitué depuis longtemps, plus il aura des difficultés à limiter sa souveraineté nationale et sera ainsi plus éloigné d'un modèle fédéral supranational.

Si on constate une certaine continuité dans l'affirmation de la nation, on remarque également une même volonté dans le temps long de reconnaissance des identités culturelles qu'elles soient d'origine régionale ou linguistique.

---

[117] Dictatures de Franco en Espagne et de Mussolini en Italie.

[118] Sur les 52 circonscriptions espagnoles, 29 d'entre elles élisent moins de 5 députés alors que la moyenne est de 6 à 7 sièges par circonscription.

[119] Sur les 350 sièges, AP-PP représente 154 sièges et PSOE 169.

Section 2- Approches différenciées de la nationalité et de 'l'européanité'

Comment cohabitent au sein de chaque État les personnes d'origine culturelle différente ? Jean-Marc Trigeaud a posé en ces termes la question de la citoyenneté dans son rapport à l'État : « identification du droit à l'État et de l'État à la chose publique ; elle feint de méconnaître que, si le droit s'impose à l'État c'est pour le corriger de mal servir la chose publique, et que, si l'État décerne la qualité de citoyen aux individus qui en dépendent positivement, il n'en promeut pas moins une chose publique qui appartient, non aux citoyens, mais à tous, quelle que soit leur culture ; cette dépendance, négative cette fois, renvoie au devoir de protection, indirect mais élémentaire, que tout 'État de droit' doit s'efforcer de remplir »[120].
Les États favorisant le multiculturalisme se rapprocheront ainsi des scénarii fédéraux, potentiellement. Mais les États qui connaissent des conflits culturels et n'ayant pas encore trouvé le moyen de les pacifier pourraient aussi voir dans une fédération supranationale une issue à ce type de problème, de la même façon que les revendications autonomistes face à des pouvoirs centraux pourraient contribuer à favoriser cette approche politique. Ou, au contraire, les États connaissant de fortes tentations autonomistes souhaitent maintenir une nation forte.

Cette section traite en particulier de l'intégration des étrangers par sa politique de naturalisation. Il pourra être distingué les étrangers ne relevant pas de l'une des nationalités des vingt sept pays membres de l'Union européenne, des étrangers originaires de l'un des pays membres de l'Union européenne. Les critères de naturalisation nous révèlent ainsi les choix en matière de référence identitaire nationale et le respect des identités culturelles étrangères.
L'attribution de la citoyenneté de l'Union demeure de la compétence des États puisque « est citoyen de l'Union toute personne ayant la nationalité d'un État membre »[121]. Toutefois, l'encadrement européen de la définition des droits des citoyens de l'Union peut avoir des effets sur la politique civique des nations notamment lorsqu'il s'agit de rattachement familial dans le contexte de libre circulation des personnes ou le cas de double nationalité, par exemple.

---

[120] Jean-Marc Trigeaud, « Diversité humaine. Démocratie, multiculturalisme et citoyenneté », Lukas K. Sosoe (dir.), Presses universitaires Laval, L'Harmattan, 2002, F. Terré (dir.), *La mondialisation entre illusion et utopie*, Dalloz, Tome 47, Archives de philosophie du droit, Comptes rendus philosophiques et théoriques du droit, 2003, pp.465-473.
[121] Art. 20§1 TFUE.

A-Politiques d'attribution de la nationalité face aux problèmes de double nationalité et d'encadrement européen

La conception germanique de la nationalité est de type communautaire de même appartenance culturelle, linguistique et religieuse. Tandis que la conception française de la nation repose sur « une volonté de vivre ensemble, fondée sur un passé partagé »[122]. « L'identité nationale peut être présentée comme une synthèse qui repose » sur des « éléments objectifs tels que la langue, la religion, la culture, le groupe ethnique » mais aussi sur des « éléments subjectifs et tout particulièrement le sentiment d'appartenance »[123]. Se pose ainsi de nouveaux problèmes identitaires dans un contexte de mondialisation avec des références multiples telles que le sentiment d'appartenir à la fois à une localité, une communauté linguistique, une culture, un continent géographique qui peuvent être multiples et ainsi ne pas se matérialiser en une même nation.

1-L'interdiction de la double nationalité

Chaque État membre de l'Union européenne reste souverain dans la délivrance de la nationalité pour bénéficier par ce biais de la citoyenneté européenne. Aussi, les cas de double nationalité existent. Le droit international apporte ainsi des règles consensuelles sur ce sujet. Mais le caractère de double nationalité est souvent temporaire.

Parmi les cas de double nationalité les plus courants, on trouve celui qui concerne un enfant né dans un pays étranger qui applique le droit du sol et dont les parents sont ressortissants d'un État attribuant la nationalité par filiation, il bénéficie ainsi d'une double nationalité.

Mais la plupart des États membres de l'Union interdisent le cumul de nationalité notamment dans les cas de naturalisation. En effet, c'est le cas de l'Allemagne, de l'Autriche, de la Belgique, de l'Espagne (avec quelques exceptions toutefois), de la France, de l'Estonie et de la Lettonie notamment. Malgré les réformes de 2000 et 2005 et 2007 sur le code de la nationalité allemande en y introduisant un droit du sol, l'accès à la citoyenneté allemande reste conditionné au renoncement de sa nationalité d'origine.

a-L'extraterritorialité de la nationalité

Concernant les nationaux vivant à l'étranger, les pays offrent parfois des possibilités de cumul de nationalité avec une nationalité étrangère mais ils sont rares.

---

[122] Jean Paul Jacqué, *Droit constitutionnel et institutions politiques*, Dalloz, 1994.

[123] Marie-Claire Ponthoreau, *Droit(s) constitutionnel(s) comparé(s)*, Economica, Corpus droit public, 2010, p.333.

Dans les pays dans lesquels le droit du sang est privilégié sur le droit du sol, les possibilités de cumul pour un « peuple » de même origine ethnique ou culturelle existent plus fréquemment. En Autriche dans le cas d'acquisition d'une nationalité étrangère, il peut être fait une demande d'autorisation de maintien de la nationalité.

La Hongrie et la Slovaquie ont accordé un statut spécifique aux personnes de la même origine culturelle vivant dans un autre pays. La Slovaquie a adopté une loi sur les Slovaques expatriés en 1997. La Hongrie adopte en 2001 une loi sur le statut des Hongrois d'autres-frontières qui leur accorde des droits spécifiques en Hongrie et dans leur pays de résidence[124]. Il leur est accordé un certificat de nationalité hongroise par une ONG (Organisation non gouvernementale) présente dans le pays de résidence ce qui leur ouvre des droits s'ils souhaitent venir en Hongrie (exemption de visa, permis de travail accordés dans des conditions plus favorables, couverture sociale gratuite, tarifs de transport préférentiels,..) mais aussi au sein du pays dans lequel ils résident et ont la nationalité (aide éducative pour la scolarisation en langue hongroise). Il faut noter que le traité de Trianon de 1920 a eu pour conséquences la présence de 2,518 millions de Hongrois en Roumanie (1,43 millions), en Slovaquie (521,000), en Serbie Monténégro (345,000), en Ukraine (163000), en Autriche (33000), en Croatie (16000) et en Slovénie (9000)[125]. Mais certains pays et organisations européennes ont sollicité la Hongrie pour qu'elle modifie sa loi. La Roumanie a saisi la Commission de Venise[126] qui a rendu un avis[127] favorable sur la compatibilité du statut avec les règles internationales mais qui a dans le même temps précisé qu'il faut rechercher le consentement de l'État de résidence préalablement à la mise en œuvre de telles dispositions. Depuis, la Hongrie a conclu des accords bilatéraux[128] avec les pays concernés et a aussi amendé[129] sa loi sur ce statut spécifique en 2003 afin d'étendre ces droits éducatifs et culturels à tous les citoyens ayant un lien culturel en relation avec l'héritage culturel hongrois et non plus exclusivement accordés « au peuple hongrois ».

En Pologne, « tout enfant né de parents polonais acquiert la nationalité polonaise quelque puisse être l'endroit de sa naissance et de sa résidence »[130].

---

[124] Loi du 19 juin 2001.

[125] Gilles Mentré, *Hongrie, Lettonie, Estonie : l'Union européenne et la citoyenneté*, in politique étrangère, 69e année, n°1, 2004, pp.137-150.

[126] Organe consultatif pour la démocratie par le droit créé le 10/05/1999 par le Conseil de l'Europe.

[127] Avis rendu le 20 octobre 2001.

[128] Accord entre la Hongrie et la Roumanie du 22/12/2001 sur la modulation de la mise en œuvre de la loi hongroise du 19/06/2001.

[129] Amendement du 23/06/2003.

[130] « La nationalité polonaise », Le magazine international polonais, www.swietapolska.com

b-La territorialité comme critère de nationalité et de non cumul

Certains pays privilégient le droit du sol et les critères de résidence principale pour légitimer le non cumul de nationalité. En Belgique, il est prévu la perte de la nationalité lorsqu'un jeune de parent belge né et résidant à l'étranger n'en fait pas la demande dans le délai prévu par le code de la nationalité. L'article 22 du code de la nationalité belge stipule les conditions de perte « volontaire » de la nationalité belge notamment dans le cas d'acquisition volontaire d'une autre nationalité et lorsqu'un belge né à l'étranger et ayant eu sa résidence principale et continue à l'étranger de dix-huit à vingt-huit ans et n'ayant pas déclaré, avant d'atteindre l'âge de vingt-huit ans, vouloir conserver sa nationalité belge ou encore lorsque l'auteur unique d'un enfant mineur non émancipé perd sa nationalité belge.
En France, l'enfant dont l'un seulement des parents est français et qui naît à l'étranger a la faculté de répudier la qualité de français s'il en fait la demande au moment de sa majorité[131].

La plupart des pays mentionnent dans les cas de perte de la nationalité l'entrée volontaire dans les forces armées d'un autre pays (Autriche) mais aussi dans une organisation internationale dont la nation ne fait pas partie (France) ou encore dans un service public étranger (France).

c-Les cas de double nationalité

Certains pays comme l'Espagne exigent aussi le renoncement à la nationalité d'origine mais fait exception pour les pays d'Amérique du Sud ainsi que pour Andorre, le Portugal, les Philippines et la Guinée Equatoriale.
Parmi les pays permettant la double nationalité, la Grande-Bretagne, la Grèce[132] pour les enfants grecs de naissance qui se voient attribuer postérieurement une nationalité étrangère involontairement.
Aux Pays-Bas, le conjoint naturalisé peut conserver en cumul sa nationalité d'origine[133].

d-La double nationalité et le non accès au droit de libre circulation à ce titre

Le droit européen n'a pas précisé si les droits des citoyens au regard de la libre circulation des personnes concernaient des déplacements physiques ou si ils pouvaient être virtuels comme le cas d'une appartenance à une nationalité d'un État membre qui n'est pas celle de son État de résidence. Dans l'arrêt Mc Carthy[134], la CJUE (Cour de justice de l'Union européenne)

---

[131] Six mois avant sa majorité et douze mois après.

[132] Code de nationalité hellénique promulguée le 20/09/1955, modifié ou complété par la loi 481 de 1968 et le décret 620 de 1970.

[133] « L'acquisition de la nationalité par le mariage », Note de synthèse LC 155, Étude de législation comparée, www.senat.fr, janvier 2006.

[134] Affaire Mc Carthy, 434/09, CJUE 05/05/2011.

ne s'est pas prononcée en faveur d'un droit de libre circulation acquis aux cas de déplacement virtuel de personnes de nationalité différente de celle de son pays de résidence contrairement à l'arrêt Chen. Dans l'arrêt Mc Carthy, la CJUE considère que madame Mc Carthy, citoyenne anglo-irlandaise, se trouve dans la même situation que tous les autres ressortissants britanniques qui ont toujours vécu en Angleterre et n'ont jamais quitté leur pays d'origine et, ainsi, ne fait pas usage de son droit de libre circulation. Tandis que dans l'affaire Chen, cette personne ne possédait pas la nationalité de l'État membre d'accueil dans lequel elle vivait depuis sa naissance, mais seulement celle d'un autre mais exerçait ainsi « son droit de libre circulation en vertu de l'article 21, paragraphe 1, TFUE ».
Il serait dommage que les cas de double nationalité restreignent leurs droits (ici le cas de madame Mc Carthy qui n'a pu faire bénéficier à son conjoint d'un droit de séjour) mais aussi que les États ne soient pas encouragés à favoriser la double nationalité.

2-Les différentes approches de naturalisation

Une fois avoir présenté les conditions de délivrance de la nationalité par la filiation ou par le droit du sol, nous étudierons les cas de naturalisation selon des critères politiques, territoriaux, économiques, culturels, dans le contexte du mariage et des critères particuliers. Ces différences mettront l'accent sur la préférence des États dans les choix migratoires permanents.

a-Citoyenneté automatique par filiation

L'acquisition de la nationalité par filiation est une pratique commune en Europe avec toutefois quelques nuances. Généralement, tout enfant peut bénéficier de la nationalité de l'un des deux parents. Toutefois, en Autriche[135], si l'enfant est né hors mariage au moment de sa naissance, alors il ne peut bénéficier de la nationalité que de sa mère. De même en Hongrie[136], si le père ne reconnaît pas l'enfant il ne bénéficie pas d'une filiation lui accordant la nationalité, seule la mère le peut.
Dans la plupart des pays, avoir un parent citoyen suffit à acquérir la nationalité sans distinction du père ou de la mère toutefois.

b-Naturalisation sous conditions culturelles

Les pays conditionnent la délivrance de la nationalité à une maîtrise minimale de la culture sur le plan fréquemment de la langue et de la connaissance du dit pays. Une connaissance de la langue allemande est une condition préalable à toute naturalisation en Allemagne et en Autriche. Mais pour la Hongrie il s'agit d'une condition dérogatoire puisque toute personne

---

[135] Loi sur la nationalité (*Staatsbürgerschaftsgesetz*) de 1985 (Bulletin fédéral des Lois No.311/1985).
[136] Loi de 1993 sur la nationalité hongroise.

se réclamant de nation culturelle hongroise, de langue et de culture magyare peut obtenir une naturalisation après un an de résidence au lieu de huit. En Lettonie, parmi les critères de naturalisation figure la connaissance de la langue, de la constitution et de l'histoire du pays.
En France, le projet de loi n°542[137] relatif à l'immigration, à l'intégration et à la nationalité a renforcé les critères culturels pour la naturalisation. Seraient ajoutés au Code civil les mots « adhésion aux principes et aux valeurs essentielles de la République ». Un contrôle 'de l'assimilation' serait réalisé par l'administration et serait conditionné aussi par la signature de la Charte des droits et des devoirs des citoyens. Enfin, l'intéressé devrait aussi « justifier d'une connaissance suffisante, selon sa condition, de la langue française, dont le niveau et les modalités sont fixés par décret ». D'autres modifications prévoient aussi de faciliter la délivrance d'une carte de séjour lorsqu'un émigrant a déjà obtenu dans un autre État membre de l'UE une autorisation. La Lettonie exige aussi un serment de loyauté.

Il existe aussi des critères comportementaux comme en Grèce pour qui la bonne moralité est une des conditions de naturalisation, et en Hongrie qui exige l'absence de condamnation et, en Allemagne où l'absence de condamnation pour crimes et délits est une des conditions de naturalisation.

c- Droit du sol et naturalisation

Le critère le plus largement répandu dans les cas de naturalisation demeure celui territorial avec toutefois de larges variations sur la durée de résidence principale des étrangers qui en font la demande. Il faut justifier d'une résidence principale au minimum de dix années consécutives en Autriche[138]. En France, il s'agit du critère principal en accordant sur décret sous condition de résidence habituelle de cinq années, de même qu'en Lettonie. En Grèce, il faut justifier de huit années avant le dépôt d'une demande de naturalisation ou trois ans après. En Hongrie, le candidat doit résider au moins huit années de façon continue et assurer sa résidence habituelle.
En Belgique[139], tout étranger qui y est né et y ayant sa résidence habituelle, ou au moins sept années de résidence peut obtenir un séjour d'une durée illimitée. Tout enfant né en Belgique ou né à l'étranger mais ayant eu sa résidence principale un certain temps (résidence principale entre 14 et 18 ans ou pendant 9 ans) peut faire une demande de naturalisation. Toutefois, il peut être assimilé à la résidence en Belgique, la résidence en pays étranger

[137] Projet de loi n°542 adopté en première lecture le 12 octobre 2010 par l'Assemblée nationale.
[138] En cas de raison impérieuse ce délai peut être réduit à six ans et pour les mineurs à quatre ans.
[139] Code de nationalité belge.

lorsque le déclarant prouve qu'il a conservé des attaches véritables avec la Belgique.

d-Naturalisation par mariage

La naturalisation de l'époux étranger est parfois conditionnée à un certain délai et à certains critères.

L'acquisition de la nationalité par les époux étrangers est automatique en Allemagne, en Italie et au Portugal, leur demande pourra être difficilement refusée si les délais sont respectés (deux ans de mariage et trois ans de séjour pour l'Allemagne, six mois de résidence ou trois ans de mariage pour l'Italie, trois ans de mariage pour le Portugal)[140]. Mais dans la plupart des autres pays européens, si la naturalisation est facilitée par le mariage, elle doit respecter certains critères.

La naturalisation sera effective dans un délai d'un an lorsque l'époux étranger d'un Autrichien ou Autrichienne justifie le domicile principal consécutif en Autriche depuis au moins quatre ans, ce délai est ainsi doublé si le domicile principal ante-mariage n'était que de trois ans, enfin le délai passe à cinq ans notamment lorsque l'autre conjoint n'a possédé la nationalité autrichienne que pendant dix années consécutives.

Depuis la loi du 26 novembre 2003, le mariage n'exerce plus de plein droit un effet sur la nationalité en France[141]. Il est exigé une vie commune de deux années avec une personne française ainsi que la souscription d'une déclaration. Des critères culturels sont également exigés tels que la « pratique suffisante de la langue » pour « être assimilé à la communauté française »[142]. Il en est de même en Pologne sauf que le délai est porté à trois ans et la déclaration de vouloir obtenir la nationalité doit être faite dans les six mois d'obtention du permis de séjour permanent[143].

En Belgique il faut un délai de trois ans de vie commune en Belgique.

Au Royaume-Uni, les conjoints ne sont pas soumis aux tests linguistiques tandis qu'ils sont maintenus au Danemark, en Espagne, aux Pays-Bas par exemple. Mais les délais de séjour sont raccourcis au Danemark ils passent de sept ans à quatre ou six selon les cas, en Espagne de dix à un an, et aux Pays-Bas il n'y a pas de condition de délai de séjour après trois ans de mariage.

Certains États accordent une naturalisation pour des motifs particuliers. En Grèce, un système de naturalisation spéciale est réservé aux personnes qui

[140] « L'acquisition de la nationalité par le mariage », Note de synthèse LC 155, Étude de législation comparée, www.senat.fr, janvier 2006.

[141] Article 21-1 du code civil.

[142] « L'acquisition de la nationalité par le mariage », Note de synthèse LC 155, Étude de législation comparée, www.senat.fr, janvier 2006.

[143] « La nationalité polonaise », Le magazine international polonais, www.swietapolska.com

ont rendu des services exceptionnels à la Grèce tels que des inventions ou des qualités personnelles exceptionnelles.

3-Traitement des étrangers : une approche comparative

Pour Dominique Schnapper[144], la nation est l'expression spontanée d'un peuple historique. Les différences de conception de la citoyenneté sont cristallisées dans la différence de traitement des étrangers, un obstacle incontournable à une véritable coopération politique. Il oppose « l'universalisme rationaliste » français, une politique à l'égard des immigrés consistant à les transformer en citoyen, du moins leurs enfants, au « multiculturalisme » britannique né de l'histoire de la démocratie parlementaire, un droit basé sur le *jus soli* (droit du sol), aux « politiques d'émancipation des minorités » néerlandaises et suédoises issues de la tradition libérale à la notion de « peuple allemand », une entité ethnico-linguistique, un droit basé sur le *jus sanguinis* (droit du sang).
En Grande-Bretagne, le Pays de Galle et l'Ecosse ont toujours gardé une véritable identité collective qui se traduit, par exemple, par des régimes distincts au sein de l'armée du Royaume-Uni. La démocratie britannique est née de l'idée de protéger les libertés par la création de contre-pouvoirs, issus de la représentation politique des principales forces sociales qui, en défendant les intérêts particuliers, contribuent à l'intérêt général. Les étrangers sont transformés en minorité (mais « minorités raciales ou ethniques » pour les étrangers) auxquels on reconnaît des droits spécifiques. Tandis qu'en France, « la logique de citoyenneté s'oppose à celle des minorités ». Pour acquérir la citoyenneté en France il faut renoncer à se distinguer en qualité de minorité culturelle distincte, membre d'une autre communauté et ainsi ne plus être considéré comme un « immigré ». En Allemagne, la distinction entre nationaux et étrangers est maintenue niant la notion de minorité culturelle ou politique se voyant refuser toute participation dans la vie publique. En Suède ou aux Pays-Bas, les étrangers sont considérés comme des « minorités culturelles » et ainsi les libertés spécifiques en découlent.

Toutefois, à la lumière des différentes réformes dans ce domaine, ce clivage entre ces quatre familles européennes est un peu gommé. L'Allemagne a intégré des éléments de droit du sol dans son code modifié de nationalité. De plus, par opposition à cette conception basée sur les traditions nationales, Patrice Meyer-Bisch[145] définit la nation comme étant une volonté pour garantir le lien d'égalité, elle se reconnaît « aux valeurs politiques

---

[144] Dominique Schnapper, « La relation à l'autre à travers les citoyennetés de l'Europe », extrait de l'ouvrage *La cohabitation culturelle en Europe*, CNRS 1999.
[145] Patrice Meyer Bisch, « Communauté politique et complexité : la 'Nation' européenne », extrait de l'ouvrage *La cohabitation culturelle en Europe*, CNRS 1999.

communes, non seulement déclarées et enseignées, mais aussi réalisées en des institutions et matérialisées en des biens et des services échangés ».

4-Encadrement juridique européen et effets sur les politiques d'attribution de la nationalité

Initiée par la Conseil européen de Fontainebleau de 1984, une politique civique fut introduite par le traité de Maastricht en 1992 avec le fondement de la citoyenneté européenne[146] (droit de circuler et de séjourner librement, droit de vote et d'éligibilité aux élections municipales et aux élections au Parlement européen, protection diplomatique,..) puis complétée par le traité d'Amsterdam (interdiction de toute discrimination en raison de sa nationalité)[147] et le traité de Lisbonne (droit d'initiative).

La citoyenneté européenne a fait l'objet d'une extension des droits des citoyens au regard, par exemple, du droit de séjour permanent. La directive 2004/38[148] autorise un droit de séjour permanent à tout citoyen ayant séjourné légalement durant cinq ans sur le territoire d'un autre État membre. Aussi, la politique civique européenne a un effet d'assouplissement des conditions d'attribution de la nationalité, en particulier pour les personnes de nationalité de l'un des États membres de l'UE. Mais dans le même temps, parfois, on assiste à un effet de durcissement de ces mêmes conditions dans les politiques d'attribution de la nationalité des États. Au regard des interprétations de la CJUE sur la directive citoyen 2004/38 ou des articles du traité relatifs à la citoyenneté européenne, lorsqu'elles sont favorables au rattachement familial, les États peuvent être tentés de durcir les conditions de naturalisation afin de limiter les flux migratoires.

Au-delà des conditions juridiques, les problèmes démographiques face au vieillissement des populations favorisent des politiques d'intégration des étrangers.

a-Assouplissement des conditions d'acquisition de la nationalité

La loi italienne N°91 du 5 février 1992 a prévu un délai de résidence régulière réduit pour bénéficier de la naturalisation pour les personnes originaires d'un État membre de l'Union européenne à quatre ans, pour les autres étrangers c'est dix ans sauf si ils ont servi l'État italien pendant cinq ans.

L'Allemagne a révisé le 14 juin 1999 son Code de la nationalité[149] en permettant à des enfants nés en Allemagne d'acquérir la nationalité allemande sous condition de séjour de minimum de huit années de l'un des

---

[146] Art. 17 à 22 CE, devenus 20 à 25 TFUE
[147] Article 18 TFUE.
[148] Directive 2004/38, article 16.
[149] Guide du droit comparé Famille et Patrimoine.

parents étrangers alors qu'auparavant seul un enfant dont l'un des deux parents était d'origine allemande pouvait bénéficier de la nationalité allemande. Par naturalisation, l'acquisition de la nationalité allemande nécessite le respect de critères territoriaux (résider en Allemagne habituellement et légalement depuis huit ans); politiques (adhérer aux principes d'ordre démocratique et libéral de la constitution), légaux (posséder un permis de séjour ou une autorisation de séjour ; ne pas avoir été condamné pour crimes et délits), économiques (subvenir à ses propres besoins sans aides sociales), culturels (renoncer à sa nationalité d'origine ou l'avoir perdue ; avoir une bonne connaissance de la langue allemande). En 2005, une réforme de la législation sous le chancelier Gerhard Schröder a institué des mesures favorisant l'intégration comme l'apprentissage de la langue allemande, de son histoire et de sa culture. Et sous le mandat de Angela Merkel, un plan national d'intégration fut mis en place en 2007 assorti toutefois de mesures de durcissement sur le regroupement familial. Le concept de « culture dominante » défendu par le parti de la chancelière actuelle, le CDU, fit réagir le premier ministre turc Recep Tayyip Erdogan dans son discours tenu à Cologne en février 2007 en ces termes « L'assimilation est un crime contre l'humanité »[150]. En Allemagne, la communauté turque est la plus importante des communautés étrangères. Elle représente 25,8% des immigrés soit 1,7 millions de Turcs résidant en Allemagne, ainsi qu'un million de turcs naturalisés allemands[151].

En Grande-Bretagne, depuis le 1er novembre 2005, les conjoints étrangers peuvent faire une demande de naturalisation après trois années de présence ininterrompue et sans avoir à renoncer à sa nationalité d'origine. Jusqu'au 1er juillet 2006, un enfant ne pouvait obtenir la citoyenneté britannique par son père si ses parents n'étaient pas mariés au jour de sa naissance.

En 1998, la Lettonie et l'Estonie, sous la pression de la Commission européenne, de la Russie et de l'Organisation pour la sécurité et la coopération en Europe, ont allégé leur procédure de naturalisation[152] de 1994 et de 1995, mais sans en modifier les critères. La conception trop ethnique et culturelle de la nationalité interdisait l'accès à la naturalisation pour la minorité russophone qui représente en 30% de la population vivant en Lettonie et 26% de la population vivant en Estonie[153].

---

[150] Cécile Calia, « Allemagne, un gros déficit d'intégration », *L'atlas des migrations*, Le Monde Hors-série, 2008-2009, p. 137.

[151] Cécile Calia, « Allemagne, un gros déficit d'intégration », *L'atlas des migrations*, Le Monde Hors-série, 2008-2009, p. 136.

[152] Tests de connaissance de la langue et des droits civiques allégés, programmes d'aide à l'apprentissage de la langue.

[153] Gilles Mentré, *Hongrie, Lettonie, Estonie : l'Union européenne et la citoyenneté*, in politique étrangère, 69e année, n°1, 2004, pp.137-150.

b-Durcissement des conditions d'attribution de la nationalité

La CJUE a rendu un arrêt en faveur du regroupement familial. Dans l'Affaire Zambrano[154], la CJUE a décidé que « l'article 20 TFUE doit être interprété en ce sens qu'il s'oppose à ce qu'un État membre, d'une part, refuse à un ressortissant d'un État tiers, qui assume la charge de ses enfants en bas âge, citoyens de l'Union, le séjour dans l'État membre de résidence de ces derniers et dont ils ont la nationalité et, d'autre part, refuse audit ressortissant d'un État tiers un permis de travail, dans la mesure où de telles décisions priveraient les dits enfants de la jouissance effective de l'essentiel des droits attachés au statut de citoyen de l'Union ». Les États membres souhaitant contrôler les flux migratoires pourraient être tentés de durcir les conditions de naturalisation des enfants nés sur leurs territoires afin de décourager les comportements opportunistes.

La nationalité belge n'est plus automatiquement attribuée aux enfants apatrides[155]. Il a été introduit dans le code de la nationalité cet élément : « si l'enfant peut obtenir une autre nationalité moyennant l'accomplissement par son ou ses représentants légaux d'une démarche administrative auprès des autorités diplomatiques ou consulaires du pays de ses auteurs ou de l'un de ceux-ci », la nationalité belge ne sera pas automatiquement attribuée.
Ces démarches s'inscrivent toutefois dans un contexte de chômage important en Belgique. Tous les États connaissant un problème important de ce type, comme en Espagne ou en Grèce, pourraient être tentés de limiter les flux migratoires jusqu'au rétablissement de l'équilibre du marché du travail.

Un scénario fédéral devrait étendre les droits civiques européens par un droit de séjour permanent au bout d'une année, un droit d'éligibilité et de vote à toutes les élections notamment. Les États devraient aussi favoriser les cas de double nationalité. Dans le cadre du maintien de l'Union européenne en l'état actuel, soit il faudrait limiter les possibilités d'interprétations de la CJUE en limitant les compétences de l'Union européenne en matière de droit civique afin de limiter les tentations de durcissement de certaines politiques notamment celle d'attribution de la nationalité, soit étendre réellement la compétence européenne en matière de droit civique.

[154] Affaire Zambrano, C-34/09 du 08/03/2011.
[155] Article 10 du Code de la nationalité.

B-Proximité des systèmes juridiques et des politiques d'attribution de la nationalité

Un deuxième découpage peut se faire en fonction de la proximité des systèmes juridiques. Selon les classifications existantes[156] on peut distinguer les familles de droit de type romaniste, germanique, anglais, nordique, slave et plus largement de tradition juridique civiliste, de *common law* et de tradition constitutionnaliste.

Ces distinctions soulèvent deux types de questions. En fonction de l'appartenance à une culture juridique distincte, la conception de la politique de naturalisation est-elle différente ? Il s'agit ici de vérifier si il y a une corrélation entre la politique de naturalisation et l'appartenance à un régime juridique distinct. La deuxième question concerne la possibilité d'émergence d'un droit commun européen, qui ainsi favoriserait un scénario fédéral ou, au contraire, le maintien de familles distinctes du droit notamment entre le *common law* et le droit civil continental notamment. Enfin, le système actuel peut-il être considéré comme favorisant un espace juridique commun ou demeurant un compromis propre toutefois à maintenir les différentes conceptions juridiques ?

1-Systèmes juridiques en Europe

La majorité des États de l'Europe continentale sont de tradition civiliste. Originaire du droit romain, la tradition juridique civiliste est une tradition du droit écrit et de sa codification (Code civil napoléonien de 1804). Enseigné dans les universités, le droit romain a contribué à l'émergence d'une science juridique européenne, *Jus commune*. Parmi les principales caractéristiques, on retient la reconnaissance à l'individu des droits subjectifs, la place de la loi dans le haut de la hiérarchie des sources principales du droit car issue de la volonté générale, l'administration obéit à des règles différentes instituant une division entre droit public et privé.

Tandis que le droit anglais est un droit jurisprudentiel élaboré par les juridictions royales en réponse à des demandes concrètes de résolution de litiges. Il s'agit d'un droit procédural, le juge assure la justice au cas par cas pour en retirer des cas généraux.

Depuis le XVIIIe siècle, on assiste à l'émergence de la tradition constitutionnaliste qui vient se superposer aux États issus soit de tradition civiliste (Allemagne) soit de tradition *common law* (États-Unis). Le droit privé allemand demeure un droit romain qui a permis au Moyen Age d'uniformiser la diversité de droits germaniques pour être codifié au XIXe siècle. Mais si dès le XIXe siècle l'État de droit est garanti par la primauté

---

[156] Eric Carpano et Emmanuelle Mazuyer, *Les grands systèmes juridiques étrangers*, Gualino, 2009.

du droit sur l'État, les désastres des deux guerres mondiales n'ont pas été évités et l'Allemagne s'organise sur un nouveau système constitutionnel issu de la Loi fondamentale du 23 mai 1949 et posant les principes d'État de droit et de démocratie. D'autres États disposent d'une forte influence du droit constitutionnel comme en Espagne, en Grèce, en Italie et au Portugal[157].

Raoul van Caenegem[158] a remarqué que les différents États n'ont pas toujours adopté le système juridique de leur culture d'origine en donnant l'exemple des droits anglais, français et germanique. Il rappelle qu'aux époques médiévales et modernes, il n'existait pas de système juridique national, mais cohabitaient la coutume locale et deux « systèmes cosmopolites transnationaux, le droit de l'église et le droit universitaire néo-romain (nommé droit commun ou *Jus commune*) ». Selon cet auteur, l'origine du *common law* anglais est continentale. Le *common law* est un droit féodal d'origine anglo-normand administré par les cours royales sous le règne d'Henri II (droit commun au duché de Normandie et au royaume d'Angleterre jusqu'en 1204)[159]. Le droit français (notamment le Code civil de 1804) fut influencé par le droit et la coutume germaniques. De la conquête des Francs et des autres peuples germaniques dans les deux tiers nord de la Gaule, la coutume germanique fut utilisée tandis que le sud conservait l'influence du droit romain. L'écriture des coutumes commandée par la monarchie à la fin du Moyen Âge et la synthèse opérée dans le Code civil au XIXe siècle permirent la conservation d'une loi coutumière germanique en ce qui concerne notamment la famille et la propriété parallèlement à un droit romain relatif notamment aux contrats et aux obligations. Tandis que le Code civil allemand est fondé sur le droit romain. Pour unifier le Saint empire romain, l'empereur Maximilien a doté l'Allemagne d'un droit national[160] issu des universités médiévales jusqu'à l'établissement du Code civil de l'Empire Hohenzollern en 1896.

On peut ainsi constater que la plupart des pays d'Europe continentale ont codifié le droit. Que ces distinctions nationales ne datent que de deux siècles et qu'il est ainsi tout à fait envisageable de songer à une unification du droit continental dans un scénario fédéral.

---

[157] Raymond Legeais, *Grands systèmes de droit contemporains, approche comparative*, Paris, Litec, 2004, p.89.

[158] Raoul C. van Caenegem, *Le droit européen entre passé et futur. Unité et diversité sur deux millénaires*, Paris, Dalloz, 2010.

[159] Henri II était un prince français appartenant à la dynastie des comtes d'Anjou qui gouvernaient une grande partie de la France (Anjou, Aquitaine, Normandie).

[160] En 1495 institution de la Chambre impériale dont la moitié des sièges étaient pourvus par des juges de droit romain et mi-XVIIe la totalité.

2-Politique de naturalisation et systèmes juridiques

Il s'agit de vérifier à travers l'exemple de la politique de naturalisation si l'appartenance à une famille juridique est un élément déterminant dans les différences de traitement des étrangers au regard de la délivrance de la citoyenneté.

Les pays de tradition civiliste concernent la plupart des pays d'Europe continentale. Les pays de tradition constitutionnaliste regroupent avec l'Allemagne des pays méditerranéens (l'Espagne, la Grèce, l'Italie, le Portugal) et le *common law* concerne le Royaume-Uni. Mais si on ajoute les pratiques idéologiques on opère alors les trois regroupements correspondant à trois types de traitement des étrangers au regard de la naturalisation on obtient des influences communes à trois groupes de pays. Le premier groupe applique la philosophie de « l'universalisme rationaliste » dans sa politique de naturalisation et concerne la France, la Belgique et l'Espagne. D'une part ils interdisent le cumul de nationalité, sauf pour certains de leurs anciens ressortissants coloniaux[161], d'autre part, ils privilégient le droit du sol enfin, ils privilégient la volonté d'adoption de l'identité commune. En second lieu la philosophie libérale est plus « multiculturelle », elle tient compte et respecte les différences identitaires sans toutefois que cela constitue un obstacle à l'accession à la nationalité (la double nationalité est permise). Il s'agit du Royaume-Uni mais aussi de la Grèce, des Pays-Bas et de la Suède. Le troisième groupe adopte une conception « ethnico-linguistique » de la nationalité et regroupe avec l'Allemagne des pays comme l'Autriche, la Hongrie et la Lettonie. Pour les autres pays membres de l'Union européenne non cités, l'appartenance à l'un des trois groupes est plus difficile dans la mesure où ils correspondent à des influences multiples.

[161] En France et en Espagne.

Caractéristiques principales comparées des traditions juridiques en Europe :

Civiliste	Common law	Constitutionnaliste
Droits subjectifs, protection droits individus	Procédures assurant la justice	
Loi, codes	Jurisprudence	Constitution
Principes généraux	Expériences, cas particuliers commandent règle générale	Interprétation et principes constitutionnels posés par le juge
Limitation contrôle de constitutionnalité		Système de contrôle de constitutionnalité
Séparation droit public et privé	Droit et juridictions identiques	
Professeur de droit	Juge et avocat	Juge constitutionnel
Europe continentale	Royaume-Uni	Allemagne, Espagne, Grèce, Italie, Portugal.

« universalisme rationaliste »	Tradition libérale « Multiculturalisme » Respect de la diversité des minorités	« Entités ethnico-linguistiques »
Interdiction du cumul de la nationalité	Double nationalité	Interdiction du cumul de la nationalité Naturalisation nécessite connaissance langue et culture
France, Belgique, Espagne	Suède, Pays-Bas, Royaume-Uni, Grèce	Allemagne, Autriche, Hongrie, Lettonie

Il sera plus aisé d'imaginer un regroupement fédéral de pays de l'Europe continentale, de tradition civiliste pour la majorité, qu'un regroupement global avec le Royaume-Uni disposant d'une culture juridique très distincte des autres.
Aussi, les regroupements tendent à s'effacer au profit d'une influence réciproque. De même que l'Allemagne a assoupli son système de naturalisation en introduisant des critères comme le droit du sol, la France a inversement introduit un critère culturel.

En effet, la construction européenne et l'importance des flux migratoires mondiaux accroissent les cas de double origine nationale. Aussi, la préférence des États membres de l'Union pour le non cumul de nationalité demeure la règle et devient un obstacle tant au sentiment d'appartenance à une citoyenneté européenne qu'à une intégration dans ce même espace

commun européen ou encore à l'accès aux droits de libre circulation pour les cas de déplacement virtuel.
Toutefois, les pays de tradition universaliste auront plus de facilité que ceux de conception ethnico-linguistique à considérer une citoyenneté commune si un scénario fédéral se présentait sauf si un groupe fédéré contenait des pays de même langue.

Section 3- La culture, source d'unité et de disparités européennes

L'histoire de l'Europe nous donne un éclairage sur les proximités et divergences culturelles des pays. L'empire romain donna une base juridique commune à l'Europe continentale. Le rêve médiéval d'une Europe chrétienne unie encouragea le rapprochement de certains pays sous une même autorité. L'empire de Charlemagne (800-814) puis de son fils Louis le Pieux (814-840) s'étend en Italie du nord (Lombards), dans le nord ouest de la Germanie (Saxons), en Europe centrale (Bavarois et Avatars) et dans le nord de l'Espagne (contre les musulmans et divers peuples de la région). Le prince germanique Otton Ier acquiert le titre impérial à Rome en 962 qui règne ainsi sur les trois royaumes de Germanie, de Bourgogne et d'Italie. Sous la double autorité du pape et de l'empereur, des États s'unissent mais n'ont jamais constitué une réelle unité européenne. « L'empereur du Saint Empire romain de nation germanique, héritier de Charlemagne et des empereurs romains, est en principe le souverain de toute la Chrétienté »[162] mais en réalité est centré sur l'Allemagne, l'Autriche, la Bohême et ses dépendances (Pays-Bas, Lorraine, Alsace, Franche-Comté, Savoie et les cantons suisses et l'Italie du nord) et est élu par sept princes électeurs depuis 1356 (généralement le choix porte sur le chef de la Maison de Habsbourg). De plus, le pape a perdu beaucoup de son influence. Enfin, la consolidation d'États souverains a amoindri cette idée d'unification européenne en un même empire (qui était lui-même composé d'une multitude de principautés et de duchés). Il existe toutefois une certaine homogénéité religieuse (la chrétienté) et linguistique à travers le latin pour les clercs et les lettrés et les savants (tous les cours à l'université sont donnés en latin de même que les ouvrages, les actes officiels et les correspondances entre européens sont rédigés en latin).

Si l'Angleterre fut peu influencée par le droit romain, elle subit l'influence des Normands (conquête de l'Angleterre par les Normands en 1066), puis influencera elle-même d'autres nations dans le monde entier (en Europe Chypre et Malte) par sa culture juridique et politique qui lui sont propres (*common law*) et sa langue. La France connaît aussi des tentatives d'expansion et d'influence notamment avec la Première République puis l'empire de Napoléon Bonaparte (de 1792 à 1814) qui s'étend en Belgique, en Hollande, sur les rives gauches du Rhin, en Italie (le Piémont, Gênes, la Toscane, Rome). Mais en ajoutant les formations politiques qui dépendaient de l'empire la moitié de l'Europe était sous l'autorité de Napoléon avec la confédération du Rhin, la confédération helvétique, les royaumes d'Italie, de

[162] François Lebrun, *L'Europe et le monde XVe, XVIe, XVIIe siècle*, Paris, Armand Colin, 1987.

Naples, d'Espagne. Cette domination s'accompagna d'une division territoriale en départements administrés par des préfets et du respect d'un même code civil.

Ainsi, s'il n'existe pas une culture unique européenne, il existe de nombreuses proximités culturelles notamment sur le plan géographique, juridique, linguistique et religieux.
Les politiques éducatives sont le ciment culturel de leur population. Parmi les freins à la libre circulation des personnes, on retient le manque de maîtrise de langues étrangères et un apprentissage de l'histoire par pays et non de regroupements régionaux

A-Proximités linguistiques

L'apprentissage des langues étrangères est un domaine limité dans les grandes nations européennes. Des études sur l'évaluation des compétences en anglais montrent des disparités entre pays mais aussi en fonction du contexte de mobilité professionnelle et géographique et du niveau d'études. Les proximités culturelles au regard des apprentissages linguistiques retracent les contours de regroupements européens.

1-Regroupements selon la proximité linguistique et culturelle

Sur le critère culturel de l'apprentissage des langues étrangères, plus de 90% des élèves du secondaire de l'ensemble des États membres de l'Union européenne suivent un apprentissage de l'anglais. Mais l'efficacité de cet apprentissage doit aussi être prise en considération.
Deux autres langues étrangères sont les plus étudiées en Europe. Les États sont divisés entre l'allemand étudié en moyenne par 22,5% des élèves de l'Union européenne des 27 et le français à 21,6%[163]. Il faut toutefois souligner que les élèves allemands et français étudient de moins en moins leurs langues étrangères respectives.

Un regroupement des pays européens par proximité culturelle des langues entre pays germanophones et pays francophones sera basé sur l'apprentissage de la langue dans l'enseignement secondaire dans une proportion supérieure à la moyenne de l'Union des vingt sept dans l'apprentissage de ces deux langues, conformément aux statistiques Eurostat[164].

---

[163] Tables statistiques Eurostat 2010, « Elèves apprenant le français et l'Allemand en 2007 ».
[164] http://epp.eurostat.ec.europa.eu

a-Les pays germanophones[165]

Il s'agit des pays dont les élèves de l'enseignement secondaire dépassent la moyenne des 22,5% en 2007 de l'apprentissage de l'allemand et ne faisant pas partie du groupe commun des francophones et germanophones.

Il s'agit des pays d'Europe centrale et orientale : la Bulgarie (38,5%), la Hongrie (50,1%), la Pologne (63%), la Slovénie (76%), la Slovaquie (71,2%), les pays baltes (Estonie 41,6%, Lettonie 32,2%, Lituanie 25,4%), ainsi que des pays nordiques qui toutefois sont en retrait, le Danemark est passé de 50,1% en 2004 à 35,6% en 2007, la Finlande sur la même période de 41% à 33,2% et la Suède de 38,8% à 29,6%.

La progression de l'apprentissage de l'allemand est significative depuis 1998 puisqu'il ne concernait que 14,1% des élèves de l'Europe des quinze. Toutefois, si les élargissements de 2004 et de 2007 à dix pays d'Europe centrale et orientale ont certes contribué à accroître l'importance de l'apprentissage de l'allemand comme langue étrangère en Europe, cette augmentation concernait également l'Europe des quinze puisque cette proportion est passée de 14,1% à 20,4% entre 1998 et 2003, pour atteindre 25,4% en 2004 mais finalement perdre du terrain en 2007 (22,5%) notamment dans les pays nordiques et dans les pays qui disposaient pourtant d'une forte proportion de leurs élèves en faveur de cet apprentissage mais connaissant un réel retrait comme en France (en 1998, 36,2% des élèves français du secondaire contre 21,8% en 2007).

b-Les pays francophones[166]

Il s'agit des pays dont les élèves de l'enseignement secondaire dépassent la moyenne des 21,8% en 2007 de l'apprentissage du français et ne faisant pas partie du groupe commun des francophones et germanophones.

Deux pays méditerranéens étudient plus que la moyenne européenne le français, l'Espagne (27,7%) et la Roumanie (83%). Les pays dont les élèves étudient le français plus que dans la moyenne européenne mais de moins en moins : Chypre (l'apprentissage était obligatoire jusqu'en 2001 pour diminuer jusqu'à 32,2% en 2007), l'Irlande (de 69% en 1998 à 59,6% dix ans plus tard), le Royaume-Uni (de 46% en 2004 à 32% en 2007) et l'Allemagne (passant de 33,1% à 27,4%). Nous pouvons ajouter l'Italie qui connaît une moyenne proche de celle des vingt sept (20,5% en 2007) mais dont les tendances varient fréquemment (20,8% en 1998 ; 29,6% en 2000 ; 18,1% en 2005).

---

165 Eurostat, « Elèves apprenant l'allemand enseignement secondaire supérieur général de 1998 à 2007 », tps00059

166 Eurostat, « Elèves apprenant le français enseignement secondaire supérieur général de 1998 à 2007 », tps00058.

L'apprentissage du français atteignait un niveau supérieur à celui de l'allemand en 1998 (14,9% contre 14,1%) pour rester derrière l'allemand dès l'année suivante et ne le dépasser qu'exceptionnellement en 2005.

c-Les pays à la fois germanophones et francophones

Les pays comme l'Autriche sont totalement germanophones mais à plus de 54% étudient le français. Cette tendance s'applique aussi pour les Pays-Bas (86% étudient l'allemand contre 70% le français) et la République Tchèque (respectivement 65% et 24%). Inversement, les Belges sont plutôt majoritairement francophones que germanophones (48,1% étudient le français contre 28,5% l'allemand). Tandis que le Luxembourg est tout autant germanophone que francophone à plus de 96%.

Les pays dits « germanophones » sont majoritaires en Union européenne, soit dix huit y compris l'Allemagne et ceux dits « francophones » ne sont que treize, y compris la France et les cinq pays à la fois « francophones et germanophones ». La réunion de ces trois groupes formerait ainsi un groupe de vingt-quatre États sur vingt-sept. Les trois États membres de l'Union européenne dont les élèves de collège étudient le français et l'allemand dans des proportions très inférieures à la moyenne européenne sont la Grèce (mais faisant partie de l'OIT – Organisation internationale de francophonie), Malte (anglophones) et, dans une moindre mesure, le Portugal (hispanophones) connaissant toutefois une proportion d'élèves importante étudiant le français mais en régression (22,7% en 2004 ; 15,1% en 2006[167]).

Si l'apprentissage de l'allemand et du français demeure un élément commun à la plupart des États européens, ce phénomène ne représente en moyenne même pas un quart des jeunes.

2-Systèmes d'intégration linguistique possibles pour l'Union européenne

Plusieurs systèmes d'intégration linguistique[168] ont été pensés pour l'Europe. Le premier système est « le système monarchique » tendant vers la domination d'une langue hégémonique comme l'anglais, car il s'agit de la langue la plus utile car la plus maîtrisée par le grand nombre.

Aussi, il génèrerait des gains en termes de coûts de traduction très importants, de même qu'en termes d'effort de communication pour promouvoir des langues communes et la mobilité. Parmi les inconvénients on peut soulever le caractère non identitaire de l'Europe vis-à-vis de la puissance dominante actuelle, les États-Unis. Une tranche d'âge serait moins

---

[167] Les chiffres de 2007 ne sont pas connus pour ce pays.

[168] Claude Truchot, *Europe, l'enjeu linguistique*, Paris, la Documentation française, collection Études, 2008.

avantagée, les personnes en retraite qui n'ont pas toujours bénéficié d'un apprentissage de l'anglais.
Le deuxième système serait le recours à une langue véhiculaire comme le latin ou l'esperanto (création d'une nouvelle langue). L'avantage de cette option est le caractère neutre de sa mise en place vis-à-vis d'un pays dominant. Mais sa mise en application serait très longue et coûteuse et susciterait des freins de la part d'une grande partie de la population.
Le troisième système repose sur les interconnexions entre langues d'une même famille. Sur les vingt trois langues officielles de l'Union européenne, la plupart proviennent de la même famille indo-européenne, les autres de la famille finno-ougrienne pour le hongrois, le finnois et l'estonien. Au sein de la famille indo-européenne on distingue plusieurs sous-ensembles à l'intérieur desquels les populations appartenant à ces familles linguistiques pourraient se comprendre. Au sein de la famille romane les italiens, les espagnols, les français, les portugais, les roumains peuvent communiquer ensemble sans recourir à l'apprentissage d'une autre langue. On pourrait aussi former la branche germanique occidentale (allemand, anglais, le néerlandais, le flamand) et celle scandinave (suédois, danois), la branche slave (polonais, slovène, tchèque, slovaque, bulgare), la branche balte (lettonien, lituanien), la branche grecque. La famille finno-ougrienne (finnois, hongrois, estonien) se distingue de la famille indo-européenne. Mais une limite d'importance à ce système serait l'absence d'intercompréhension entre personnes de différentes familles les branches slaves avec les branches germaniques ou baltes ou grecque par exemple.
Le quatrième système privilégierait le trilinguisme avec la langue officielle du pays membre d'origine et deux autres langues officielles. Soit le choix serait limité, par exemple aux quatre principales langues les plus parlées (anglais, allemand, français, espagnol), soit le choix serait libre. L'avantage de cette option serait de maintenir la diversité culturelle et linguistique tout en permettant une communication dans un même espace unifié. Mais les grandes nations voudront privilégier leur langue tandis que les petites nations, celles qui ne pratiquent pas le plurilinguisme, y verront peut être une perte symbolique de leur poids dans cette Europe.

L'apprentissage de l'anglais ou la mise en place d'un multilinguisme ont une valeur effective pour un scénario fédéral.

3-Différences de performance en anglais

L'apprentissage de l'anglais (et non une simple initiation) en école primaire est réalisé en moyenne pour la moitié des élèves de cette tranche d'âge sauf en Belgique (qui bénéficie soit du français soit du néerlandais) et au Luxembourg (français et allemand) et en France (initiation seulement)[169]. Toutefois, la maîtrise de la langue anglaise est favorisée dans certains petits États plus que dans les pays les plus peuplés et ayant des liens avec des pays parlant la même langue que la leur. L'Espagne et la France n'excellent pas dans l'apprentissage de l'anglais contrairement aux pays nordiques. L'étude conduite sous le même protocole d'évaluation en 1996[170] et en 2002[171] révèle de fortes défaillances en France plus qu'en Espagne en 2002. Sur les sept pays européens dans lesquels un échantillon de près de 1500 élèves par pays de 15 à 16 ans ont été évalués en 2002, les élèves français obtiennent les niveaux les plus faibles en compréhension orale suivi des espagnols (respectivement 30,6/100 et 38,6) tandis que les autres pays obtiennent des notes allant de 59,7/100 (Finlande), 61,6 (Pays-Bas) à 64,8 (Danemark) et 72,2 (Suède) mais surtout en production écrite les français sont largement distancés par tous les autres pays puisqu'ils obtiennent seulement 14,6/100 (contre 23,4 Espagne ; 46 Pays-Bas ; 46,2 Danemark ; 47,7 Finlande ; 55,4 Suède). Les mauvais résultats de cet enseignement en France s'expliquent, d'après l'étude citée, par une attitude passive de l'élève à l'égard de la langue contrairement aux autres pays évalués (absence d'écoute de radio et de films en anglais, absence de lectures en anglais en dehors de l'école), d'une attitude trop orientée sur les corrections grammaticales chez l'enseignant contrairement à ailleurs (trop d'usage du français pendant le cours, enseignement trop axé sur la « perfection » des compétences linguistiques tandis que les résultats sont pourtant inférieurs à ceux des autres pays). Une autre étude atténue les lacunes des français en anglais dans une comparaison internationale menée en 2005 par ETS[172] dans les résultats du test TOEIC[173] passé par plus de deux millions de candidats. Les français obtiennent de meilleurs résultats que les espagnols, les italiens et les grecs mais de moins bons résultats que les allemands et les portugais. Cette étude révèle surtout que pour l'ensemble des candidats, les différences de résultats s'expliquent par le niveau d'études (les candidats titulaires d'un deuxième cycle du supérieur obtiennent de meilleurs résultats que ceux qui ont arrêté leurs études avant), la situation professionnelle (plus un candidat connaît une

[169] EACEA (Education Audiovisual culture executive Agency), "*Key data on teaching languages at school in Europe*", Brussels, Eurostat, 2008.

[170] Coordinateur G. Bonnet, « L'efficacité de l'enseignement de l'anglais dans l'Union européenne », actes du colloque et documents préparatoires, Paris, Ministère de l'éducation nationale, DPD Édition diffusion, 1998, 2002.

[171] "*European network of policy makers for the evaluation of education systems*", MEN/DEP Édition, Paris, mars 2004.

[172] *Educational testing Service* dans 30 pays du monde sur 2.098.678 candidats entre 2002 et 2003.

[173] *Test of English for International Communication.* Il s'agit d'un test conçu par ETS pour évaluer l'aptitude des non Anglophones à communiqué en anglais dans des situations professionnelles.

mobilité professionnelle plus il obtient de bons résultats contrairement à ceux qui font carrière dans une même entreprise), la réalisation de séjours dans un pays anglophone (seulement 10% des sondés étaient concernés) et la pratique de l'anglais (40% des sondés pratiquent quotidiennement l'anglais). Si nous corrélons les résultats des études de performance en anglais avec l'apprentissage de l'anglais au primaire, on constate effectivement que dans les pays nordiques qui affichent les meilleurs résultats, 80% des suédois et près de 70% des finlandais et des danois étudient l'anglais dès le primaire contrairement aux français qui ne bénéficient pas du tout d'un vrai apprentissage de l'anglais (une initiation est un niveau faible d'apprentissage). L'amélioration des performances en Espagne entre 1998 et 2002 s'explique aussi par l'introduction de l'anglais au primaire pour 90% des espagnols.

4-Langues officielles et langues de travail dans l'Union européenne

Les politiques linguistiques ne suivent pas toujours les situations langagières de la société. Mais en l'absence de politique linguistique européenne, il est possible que Louis Jean Calvet ait raison[174] dans sa citation « La politique du laisser-aller ne peut mener à terme qu'à la domination de l'anglais. ».

Le régime linguistique de l'Union européenne fixé par le traité de Rome du 25 mars 1957 dispose que les langues officielles des pays membres seraient *ipso facto* langues officielles de la Communauté. Lors de sa création par les pays fondateurs on décomptait quatre langues officielles, le français, le néerlandais, l'italien et l'allemand. Aujourd'hui, forte de ses vingt-sept États membres, l'Union comptabilise vingt-trois langues officielles. Il s'en suit un coût de traduction de l'ordre de 40% du budget de fonctionnement des institutions européennes. Les combinaisons de traduction possibles sont de l'ordre de cinq cent-six[175], ce qui complique en plus de son coût le fonctionnement même de l'Union.

Toutefois, la Commission européenne n'utilise que trois langues de travail, principalement l'anglais, puis le français et accessoirement l'allemand.
Le site de la Banque centrale européenne est exclusivement lisible en anglais.

5-Politiques linguistiques européennes, nationales et régionales

Par politique linguistique nous entendons des interventions sur les situations langagières, des pratiques de nature à changer la forme des langues ou les articulations entre elles ou les rapports sociaux, par décrets ou lois.

---

[174] Louis-Jean Calvet, *Le marché aux langues. Les effets linguistiques de la mondialisation*, Plon, 2002.
[175] Calcul des combinaisons de traduction = n(n-1) n = nombre de langues officielles.

Parmi les exemples de politiques linguistiques faisant le choix de maintenir une langue identitaire, nous citerons le cas de la loi Toubon en France. Cette dernière a tenté de faire échec à l'usage de termes anglais. La France défend la francophonie en sa qualité d'appartenance à une même communauté linguistique et ainsi sa capacité à entretenir des liens entre peuples utilisant la même langue. Ici, il ne s'agit pas d'une approche territoriale mais d'identité communautaire.

Les langues régionales ou minoritaires font l'objet de réclamations de la part des intéressés. A l'initiative du Conseil de l'Europe en 1992 plusieurs États (Allemagne, Autriche, Finlande, Grande-Bretagne, Suède) ont signé une « Charte européenne des langues régionales et identitaires » mais pas la France en raison d'une incompatibilité avec sa Constitution[176].
Les régions frontalières dont les habitants sont bilingues bénéficient parfois d'un statut officiel[177] comme en Italie pour la vallée d'Aoste franco-italienne et, plus généralement les langues reconnues sont le catalan, l'allemand, le grec, le français, le croate, l'occitan, le provençal, *Friulian*, *Ladin*, le slovène, le *Sardinian*, l'albanais. En Roumanie, les langues minoritaires reconnues sont étendues (bulgare, croate, tchèque, allemand, hongrois, polonais, *Romany*, russe, serbe, slovaque, turc, ukrainien), en Slovénie deux langues minoritaires bénéficient d'une reconnaissance (hongrois, italien).
Certains pays ne reconnaissent que les principales langues régionales. En Grande-Bretagne, les langues régionales d'Écosse, du Pays de Galles, de l'Ulster sont officielles. Il en est de même en Espagne pour le catalan, le basque, le galicien et le *valencian*, au Portugal (*Mirandês*), en Suède (une reconnaissance de langues minoritaires : *Sami, Meänkieli, Yiddish, Romany* et le finnois).

D'autres pays officialisent au niveau de langue d'État plusieurs langues comme au Luxembourg, les habitants sont trilingues (allemand, français, dialecte luxembourgeois), à Chypre (grecque et turc), en Irlande (irlandais et anglais), à Malte (bilinguisme anglais-maltais), en Finlande (finlandais et suédois et la reconnaissance d'une langue régionale *Sami*), aux Pays-Bas (l'allemand mais en langue régionale le *Frisian*) et en Autriche (l'allemand mais une reconnaissance étendue aux langues minoritaires avec le tchèque, le croate, le hongrois, le slovaque, le slovène, *Romany*) et en Belgique. Dans le cas de pays plurilingues comme en Belgique, soit le principe de territorialité est utilisé soit le principe de personnalité lorsque sur un même territoire coexistent des communautés linguistiques différentes en nombre

[176] Jean Duverger, *Politique linguistique de l'Union européenne et langues régionales*, Université de Franche Comté.
[177] EACEA (Education Audiovisual culture executive Agency), "*Key data on teaching languages at school in Europe"*, Brussels, Eurostat, 2008.

important. Le flamand est langue officielle dans la partie néerlandophone de la Belgique en Flandre, le français en Wallonie. Toutefois, à Bruxelles, le principe de personnalité, soit le droit des personnes de parler le français ou le néerlandais sur tout le territoire est privilégié et oblige les autorités publiques à traduire tous les panneaux de signalisation de différentes infrastructures publiques dans les deux langues. Les trois langues officielles sont ainsi l'allemand, le français et le néerlandais.

La plupart des pays reconnaissent officiellement les langues régionales et minoritaires au Danemark (l'allemand), en Allemagne (le danois, le serbe).

En France, une modification constitutionnelle de 1992 a intégré dans l'article 2 : « la langue de la République est le français ». Est-ce une garantie de maintenir l'unité nationale dans un contexte où même la France réhabilite peu à peu la place des langues régionales ? L'enseignement des langues régionales est désormais autorisé dans le système de l'éducation nationale. La Corse a même obtenu un concours spécifique à sa langue, le concours des enseignants du second degré le CAPES de Corse tandis que les autres langues régionales bénéficient de CAPES de langues régionales à double spécialité : occitan et espagnol ou français par exemple. Si la France avait appliqué la même logique que celle pratiquée pour les autres langues régionales, le CAPES de Corse aurait dû s'intituler le CAPES de corse et d'italien. L'enseignement du corse en Corse est obligatoire dès le primaire. Cette politique laisse penser que l'État français accorde ainsi plus d'autonomie aux langues régionales de même que les espagnols avec les catalans ou les basques.

6-Politiques linguistiques internationales : Allemagne, Espagne, France, Royaume-Uni

Trois langues font l'objet d'un partage culturel sur plusieurs continents, l'anglais, le français, l'espagnol. Ainsi, en matière linguistique et culturelle, trois grands États membres de l'Union européenne connaissent une politique linguistique internationale tandis que la politique des langues en Union européenne consiste généralement à défendre la diversité culturelle et ainsi les langues régionales.

Le 20 mars 1970, un accord intergouvernemental[178] donne naissance à l'Agence de coopération culturelle et technique, renommée[179] Organisation internationale de la francophonie (OIT) en 1998. L'OIT comprend cinquante six membres dont les trois quarts appartiennent au continent africain et dix

[178] Signé au Niger à Niamey.

[179] La conférence ministérielle de 1998 à Bucarest a pris acte de la décision du Conseil permanent d'adopter l'appellation « Organisation internationale de la francophonie ».

neuf observateurs parmi lesquels la plupart sont européens. Parmi les pays membres de l'Union européenne, les membres de l'OIT avec la France sont la Belgique et la communauté française de Belgique, la Bulgarie, Chypre, la Grèce, le Luxembourg, la Roumanie et les observateurs sont l'Autriche, l'Estonie, le Lettonie, la Lituanie, la Hongrie, la République tchèque, la Pologne, la Slovénie et la Slovaquie. D'autres États européens sont membres comme c'est le cas de la Suisse, de la Macédoine, de l'Albanie, d'Andorre et de Monaco et en observateur la Serbie.
La politique française de diffusion de la francophonie utilise les supports éducatifs, médiatiques et juridiques. Un centre régional dédié à la formation des professeurs de français nommé le Créfeco est basé à Sofia en Bulgarie. Le Créfeco est en partenariat avec la Fédération internationale des professeurs de français et l'Agence universitaire de la Francophonie et organise des séminaires de formation dans toute l'Europe centrale et orientale. La diffusion de la francophonie prend appui par le relais de la radio RFI – Radio France internationale- et la chaîne de télévision TV5.
Le cadre juridique de l'OIF repose sur la Charte de la francophonie dernièrement modifiée en 2005 et instituant des institutions intergouvernementales et permanentes[180] dès 1995 est doté d'objectifs en matière de défense des droits de l'Homme et de la démocratie tout en respectant la souveraineté des États membres et de leur diversité culturelle principalement « le partage de la langue française et des valeurs universelles ».

Malgré tous les efforts des francophones et des hispanophones (liens avec l'Amérique latine), l'anglais domine avec l'appui de la puissance américaine ainsi que le rôle joué par le *Commonwealth* britannique. Le *Commonwealth* né en 1931 a survécu à la dislocation de l'empire britannique pour demeurer un centre de coopération interétatique. Aujourd'hui, cinquante quatre membres du *Commonwealth* forment « une association volontaire d'États souverains et indépendants, chacun responsable de sa politique, se concertant et coopérant dans l'intérêt commun de leurs peuples ainsi que pour promouvoir la compréhension internationale et la paix mondiale»[181]. Le *Commonwealth* est composé de dix huit États africains, treize États d'Amérique, onze d'Océanie, sept d'Asie et trois États membres de l'Union européenne, le Royaume-Uni, Chypre et Malte, l'Irlande s'étant retirée en 1949. Les membres du *Commonwealth* partagent la même langue ainsi qu'un système éducatif et une administration publique proches ainsi que la

[180] Article 2 de la Charte de la Francophonie, Conseil permanent et Secrétariat général, une Assemblée parlementaire de la Francophonie, des Sommets de chefs d'État et de gouvernement, des conférences ministérielles.
[181] Déclaration de Singapour janvier 1971. Jean Claude Redonnet, Le Commonwealth, politiques, coopération et développement anglophone, PUF, 1998.

poursuite d'objectifs en faveur de la démocratie et des bienfaits mutuels du libre échange commercial.

L'Allemagne dépense plus de trois cents millions d'euros par an pour promouvoir l'allemand à l'étranger via des écoles et des universités allemandes installées à l'étranger principalement. Mais le déclin de l'apprentissage de l'allemand dans le monde passé de 17 millions en 2005 à 14,45 millions en 2009/2010, est analysé par l'office fédéral allemand[182] en termes de croissance de l'attractivité de l'anglais et des politiques de la part de pays comme l'Espagne ou la Chine, enfin, de résultats démographiques également puisqu'en Europe, continent où est principalement parlé l'allemand, la population décroît.

Ainsi, mis à part en Allemagne, les politiques linguistiques des langues les plus parlées ont une portée mondiale et non européenne. Toutefois, l'usage de l'anglais comme langue de travail dans les institutions européennes telles que la Commission européenne ou l'apprentissage quasi-systématique de cette langue à l'école rend compte de sa domination.

B-Les grandes familles du système éducatif : une grande disparité entre l'Europe méridionale et l'Europe septentrionale

L'étude du système éducatif en Europe[183] laisse transparaître de grandes différences entre l'Europe méditerranéenne avec le modèle du tronc commun avec un enseignement commun mais proposant des options au collège (en France, Espagne, Grèce, Italie, Portugal), l'Europe septentrionale avec le modèle de l'école unique, un même enseignement pour tous les enfants de 7 à 16 ans (au Danemark), l'Europe continentale avec l'enseignement à filières avec orientation des élèves vers 11-12 ans entre les filières générales, techniques,.. (en Allemagne, au Luxembourg, aux Pays-Bas), et pour le Royaume-Uni et l'Irlande, l'école polyvalente pour 89% des élèves (*comprehensive schools*) proposant des programmes multiples et les établissements sélectifs (*public schools*) pour les plus aisés. On peut constater aussi que dans un même pays comme la Belgique, la région Wallonie est plus proche du modèle français (modèle du tronc commun) tandis que la Flandre est plus proche du modèle néerlandais (modèle de l'école unique).

Toutefois, il demeure des similitudes de par la naissance au XIXe siècle de l'enseignement public élémentaire gratuit et obligatoire (loi Forster de 1870

---

[182] *Deutsches Sprachdiplom, der Kultursministerkonferenz*, http://www.auswaertiges-amt.de

[183] Francine Vaniscotte, « Quatre types d'écoles, douze pédagogies », François Féron et Armelle Thoraval (dir.), *L'état de l'Europe*, Paris, La découverte, pp.136-141.

en Angleterre, lois Ferry en France en 1881-82[184]) puis secondaire[185]. Toutefois, si l'accès à l'université se démocratise en France et en Angleterre après la Deuxième Guerre mondiale, ces États maintiennent aussi un système élitiste de grandes écoles pour la France, réservé à une minorité d'élèves, et un système élitiste privé pour l'Angleterre[186], tandis que dans nombre d'autres pays, l'ascenseur social est élargi à différentes formes de formation et tout au long de sa vie (Allemagne notamment).
Aussi, un processus d'harmonisation a commencé dans le supérieur et pourrait aussi se poursuivre dans le primaire et le secondaire un jour.

1-Les systèmes éducatifs : une comparaison Allemagne-France

Le système éducatif allemand repose sur une tradition d'épanouissement de la personnalité de l'enfant, le concept de la *Bildung* associant l'acquisition du savoir au développement de soi[187]. Tandis que dans beaucoup de pays méditerranéens, y compris la France, le système éducatif repose avant tout sur une transmission du savoir. Cette distinction s'opère dès le plus jeune âge. Par exemple, le *kindergarten* Allemand, l'équivalent de la maternelle en France, met l'accent sur la créativité, la découverte et l'initiation à la vie collective. En France aussi, mais les rythmes scolaires de la maternelle diffèrent peu de ceux du primaire.

Une autre différence entre la France et l'Allemagne réside dans le fait que l'éducation est une compétence des *Lands* tandis qu'en France seule l'administration centrale est habilitée à définir les programmes nationaux sans distinction régionale.

L'apprentissage des langues étrangères est très important en Allemagne, en Suède, en Belgique alors qu'en France, il ne s'agit que d'une initiation obligatoire d'une année minimum pour tout le primaire, il faut attendre le collège pour que la formation aux langues étrangères soit appliquée.

Une autre différence se fait en matière d'orientation. Cette dernière est très précoce en Allemagne, dès la fin de la *Grundschule* (fin du primaire), alors qu'en France elle s'opère au Lycée.

Le rythme de travail également est très différent entre ces deux pays voisins. En France, il y a beaucoup de vacances scolaires notamment durant la période estivale (deux mois) tandis qu'en Allemagne elles ne durent que six

---

[184] Obligation d'instruction toutefois et de scolarisation.
[185] Création des lycées publics en France en 1802, en Angleterre en 1902
[186] Michel Lemosse, *Le système éducatif anglais depuis 1944*, Paris, PUF, 2000.
[187] Béatrice Durand, *Cousins par alliance, les Allemands en note noire*, Edition Autrement, 2002.

semaines et, pour la plupart des pays européens, elles sont moins longues qu'en France. Toutefois, les écoliers allemands n'ont classe que le matin de 8H à 13H, contrairement aux français de 8H30 à 16H30.

2-Réformes dans l'enseignement supérieur sous l'impulsion de l'Union européenne et sous contrainte des restrictions budgétaires : cas français et britannique

L'enrichissement des Trente Glorieuses en Europe de l'ouest s'est accompagné d'une croissance de la classe moyenne et d'une démocratisation de l'accès à l'enseignement supérieur. En Angleterre, la création de l'Université ouverte permettant aux adultes de poursuivre leurs études par le télé-enseignement[188] est encouragée par le parti travailliste mais sans pour autant permettre de diminuer les coûts de formation qui demeurent parmi les plus élevés d'Europe.

Les pays membres de l'Union européenne, conformément à la directive européenne relative à la reconnaissance des diplômes qui sanctionnent des formations professionnelles d'une durée minimale de trois ans[189], ont été incités à harmoniser les cycles universitaires (le premier cycle correspond à la licence ou bachelor, le deuxième cycle au master et le troisième cycle le doctorat).

L'enseignement supérieur fait l'objet, dans le contexte actuel de surendettement public, de réformes en faveur d'une restriction des dépenses budgétaires. Au Royaume-Uni, les frais d'inscription déjà élevés ont été augmentés pour atteindre 9000£ par an dans le cadre de la réforme du gouvernement de Cameron. Si en France, le principe de gratuité est maintenu (frais d'inscription neuf fois moins élevés qu'au Royaume-Uni), les budgets de recherche sont réduits (en faveur d'un financement privé) et le statut des enseignants chercheurs a été modifié par décret (sur les 1607 heures annuelles d'activité, compensation en enseignement si moins d'heures en recherche avec normalement 128 heures de cours magistraux ou 192 heures de travaux dirigés ou de travaux pratiques) et une promotion de carrière et des indemnités liées aux évaluations basées sur la performance[190].

Il semble ainsi que le problème de surendettement public vécu dans des États comme la France ou le Royaume-Uni ait un impact négatif sur le service public, en particulier sur le système éducatif.

---

[188] Sous le premier ministre Wilson, il s'agit d'étudier par la radio, la télévision ou par correspondance.

[189] Directive 89/48/CE du Conseil du 21 décembre 1988, abrogée et remplacée par la directive 2005/36/CE le 20 octobre 2007, http://europa.eu/legislation_summaries/other/c11022b_b.html

[190] http://enseignementsup-recherche.gouv.fr/cid23999/les-grandes-lignes-du-nouveau-decret-sur-le-statut-des-enseignants-chercheurs.html

Aussi, l'Union européenne a mis en place deux types de directives européennes concernant l'éducation[191] ainsi que des programmes favorisant les échanges transnationaux (Erasmus, Socrates). Le principe de reconnaissance mutuelle des diplômes et des qualifications (directive 2005/36 du 07/09/2005)[192] et l'introduction de la dimension européenne dans les programmes scolaires notamment dans les programmes d'histoire et de sciences sociales (directive du 24/05/1988).
Toutefois, ce cadre européen favorise les grands pays d'Europe de l'ouest en termes d'accueil des étudiants étrangers et d'emplois d'étrangers qualifiés lorsque la filière est en sous-emploi. Il n'existe ainsi pas de flux migratoires équilibrés au sein du marché unique en raison notamment de la langue et de la promotion culturelle des grands pays membres de l'Union contrairement aux autres pays dont la culture est peu connue à l'extérieur du pays.

Sans doute, pour un scénario fédéral, un plurilinguisme avec au moins une des trois principales langues européennes (entendu comme les plus parlées) conjugué à l'apprentissage de l'histoire non plus par pays mais par ensembles (une histoire européenne notamment) des arts avec des références multiculturelles (l'étude des œuvres d'auteurs de différentes origines notamment en littérature) serait une étape préalable. Toutefois, il ne s'agit pas de changer un « patriotisme national » en « patriotisme européen ». Il s'agit d'encourager l'enrichissement et la connaissance multiculturelle. Il s'agit ainsi de faire découvrir des auteurs ou scientifiques clés de différentes nationalités européennes mais aussi de nationalités autres.
Aussi, les pays multiculturels sont importants dans un regroupement fédéral dans la mesure où ils semblent être les mieux préparés à ce type de transition politique pour l'avoir déjà vécu dans leur pays. Il s'agit des États du Benelux. Aussi, à ce groupe on peut imaginer les États bénéficiant à la fois d'une plus grande familiarité avec la culture allemande et la culture française à la fois, en plus des pays du Benelux, soit l'Autriche et la République tchèque.
On peut imaginer aussi, que les pays proches de la France ou de l'Allemagne peuvent plus facilement être intégrés dans un regroupement fédéral, mais il faut tenir compte des éléments des volontés politiques et populaires pour imaginer ces regroupements.

[191] http://www.eurogersinfo.com
[192] Regroupe les directives 89/48/CEE du 21/12/1988 sur les cycles supérieurs longs, 92/51 du 18/06/1992 sur tous les cycles hors longs et la directive 1999/42 pour les qualifications.

Chapitre 2- Préférences et pratiques politiques en Europe : un ancrage national persistant

Un des *think tank* britannique, The *Economist Intelligence Unit* [193], répondait en ces termes à la question de savoir si le rejet du projet de traité constitutionnel européen par les référendums français et danois était un signe de retour des États-nations « *You cannot take nation states seriously. They are past* ». Pour cet institut, l'effritement de la souveraineté nationale s'est fait au bénéfice des instances de l'Union européenne et non pas à cause de ces dernières.
Quelle serait l'évolution de la construction européenne qui favoriserait un régime démocratique satisfaisant pour les populations, les institutions en général et les représentants politiques ?
Les trois vertus de la démocratie conférées par Amartya Sen[194] peuvent nous éclairer sur l'efficience de la situation actuelle. Il s'agit de « son poids intrinsèque, sa contribution instrumentale et son rôle constructif dans l'élaboration des valeurs et des normes ». Le premier critère fait référence à l'importance directe de la démocratie dans la vie des citoyens (par exemple, sa capacité de participation sociale et politique), le deuxième critère fait référence à la capacité, au niveau politique, de prendre en compte les revendications exprimées par la population (y compris celles liées aux besoins économiques) enfin, le dernier critère exprime la capacité de la démocratie à définir les « besoins » de la population, formuler leur système de valeur plus généralement.
Le déficit démocratique, dénoncé lors du discours de Laeken[195], permet de comprendre les échecs des référendums sur le projet de traité constitutionnel européen ou encore les taux d'abstention élevés lors des élections européennes, et plus généralement, le manque de solidité des démocraties européennes.

L'exercice du partage de compétences entre l'exécutif et le législatif est ici approfondi dans la mesure où il nous permettra de comprendre où se trouvent les centres de décision et de contrôle entre les chefs d'État et de gouvernement et les députés et sénateurs. Il s'agit de définir le degré d'indépendance des dirigeants politiques vis-à-vis de la population et de leurs représentants notamment lorsqu'il s'agit de conduire leurs pays vers un scénario politique à l'échelle européenne au sein notamment du Conseil européen puisqu'il s'agit de l'institution composée des chefs de l'exécutif.

---

193 The Economist Intelligence Unit, Special Report *Twenty questions on the Future of Europe : The EU after 'non' and 'nee'*.
194 Amartya Sen, *Un nouveau modèle économique. Développement, justice, liberté*, Paris, Odile Jacob, 2003.
195 Conseil européen réuni à Laeken en décembre 2001.

En effet, si un scénario fédéral devait se concrétiser, il nécessiterait un vote au Conseil européen. Né des sommets européens pratiqués depuis 1961, le Conseil européen fut institué en 1974, puis obtient un statut officiel lors du traité de Maastricht de 1992 pour y définir un rôle précis en ces termes « son rôle est de donner l'impulsion nécessaire au développement de l'Union, de définir ses orientations »[196]. Le traité de Lisbonne de 2009 consacre son statut d'institution officielle[197] et élargit ses missions à celle « de définir les priorités politiques générales »[198].
On peut se demander quels sont, dans chaque État membre de l'Union européenne, les représentants au Conseil européen et quels sont leur légitimité et degré d'autonomie par rapport aux parlements nationaux et par rapport aux populations. Aussi, le poids des partis politiques dans le processus décisionnel est un éclairage sur l'opinion des représentants politiques issus de la majorité mais également sur celle des minorités qui, au rythme des élections, peuvent s'inverser ou faire l'objet de coalitions.
Enfin, sur le degré d'efficacité du système électoral au regard de la représentation parlementaire et de la composition des gouvernements, on peut se demander s'il existe une corrélation entre le nombre de partis de coalition et la conduite efficace du budget public. Est-ce que le nombre de partis de coalition a un impact positif sur la réduction des déficits budgétaires ?

[196] Article D du traité de Maastricht, puis devenu article 4 du traité d'Amsterdam.
[197] Article 13 TUE.
[198] Article 15-1 TUE.

Section 1- Logique de séparation des pouvoirs des États unitaires aux fédérations

Il est utilisé le même regroupement de pays par type de régime politique dans cette section que dans le chapitre précédent, mais cette section analyse le partage de pouvoir entre le parlement, le gouvernement central, le gouvernement local et le chef de l'État plus précisément. Cette liberté d'action de l'exécutif est importante au sein du Conseil européen, puisqu'il est composé des chefs de l'exécutif (soit les chefs d'État soit les chefs de gouvernement), et au sein du Conseil de l'Union européenne puisqu'il est composé des ministres compétents et dispose d'un rôle législatif partagé avec le Parlement européen.

A-Partage de pouvoir différencié en fonction des régimes politiques

Les rôles des chefs d'État, des chefs de gouvernement, du parlement et des partis politiques seront ainsi étudiés en fonction de l'appartenance d'un État à un régime monarchique parlementaire, fédéral, semi-présidentiel et, par extension, unitaire et des régimes disposant de fortes autonomies locales.

1-Les monarchies parlementaires

Parmi les monarchies parlementaires, certaines d'entre elles limitent le partage de l'initiative législative comme au Luxembourg, ce partage pourrait ne pas avoir lieu car l'initiative des lois est réservée au Grand Duc par l'article 47 de la Constitution, et la Chambre ne dispose que d'un pouvoir de suggestion. D'autres monarchies telles que la Belgique, le Danemark et les Pays-Bas ont substitué l'initiative législative accordée au gouvernement (qui partage ce pouvoir avec le parlement) par l'autorité du roi. Mais la plupart du temps, les monarques ont un rôle plus symbolique que réel, ce sont les chefs de gouvernement qui exercent leur autorité. Les relations entre le gouvernement et le parlement relèvent d'une interaction fréquente, mais la place laissée aux différents partis politiques dans les débats dépend aussi du mode de scrutin.

a-Équilibre des pouvoirs entre l'exécutif et le législatif

En Suède, si le gouvernement dispose de larges pouvoirs notamment dans l'usage de l'initiative législative, le parlement, en contrepartie, a un pouvoir de contrôle étendu. La Suède avait accordé dans les Lois fondamentales de 1809 un pouvoir important au gouvernement notamment en matière de décrets, mais aussi au souverain. Elle a mis en place des réformes constitutionnelles en 1975 redistribuant les pouvoirs législatifs et budgétaires au parlement et en minimisant les tâches du chef de l'État à des fonctions

symboliques[199]. Si la plupart des initiatives législatives émanent du gouvernement suédois, elles doivent obligatoirement être envoyées à une commission du parlement, le *Riksdag*. Le parlement dispose de larges pouvoirs de contrôle sur le gouvernement en plus de son approbation sur le choix du premier ministre. En plus des pouvoirs de contrôle habituels[200], le *Riksdag* dispose d'agents de contrôle nommés *Ombudsmen* ainsi que d'un bureau national d'audit nommé *Riksrevisionen* qui rédigent fréquemment des rapports critiques vis-à-vis des agences gouvernementales et des effets de leurs politiques.
Le pouvoir du parlement anglais de *Westminster* connaît des restrictions notamment au regard des temps de parole limités et sur le plan de la législation déléguée donnant pouvoir aux fonctionnaires de préciser les détails des lois, mais dispose de nombreux temps de débats (cinq jours de débats sur le programme législatif gouvernemental, vingt jours qualifiés « jours de l'opposition », discussion le mercredi matin sur les rapports des commissions parlementaires et motions des membres individuels le vendredi matin).

b-Un gouvernement sans majorité parlementaire

Au Danemark, au Royaume-Uni et en Suède, le gouvernement peut être simplement accepté par une majorité de députés sans pour autant bénéficier d'un soutien exprimé au parlement car les abstentions sont considérées comme un vote de soutien implicite. Ce phénomène est parfois nommé « parlementarisme négatif ». Entre 1945 et 2006, la Suède a connu dix-huit gouvernements minoritaires, six coalitions majoritaires et deux coalitions minoritaires[201]. Si une rotation entre les différents leaders des partis minoritaires est réelle en Suède il faut toutefois souligner que nombre d'entre eux correspondent à une même famille politique (le parti socialiste est le parti dominant)[202] comme au Danemark. Les deux grands partis au Royaume-Uni connaissent une alternance régulière, les conservateurs et les travaillistes, sauf quelques exceptions comme à l'issue des élections de 2010 qui ont amené le gouvernement conservateur de Cameron à former une coalition avec les libéraux.
Au Luxembourg, les gouvernements de coalition sont possibles mais la grande particularité du duché réside dans la désignation des candidats des

---

[199] Jean-Michel de Waele et Paul Magnette, *Les démocraties européennes* , Armand Colin, Sciences politiques, 2010, p.417-418.
[200] Auditions et rapports de commissions ; votes de défiance ; interpellations par les députés et questions écrites.
[201] Larue 2006, Jean-Michel de Waele et Paul Magnette, *Les démocraties européennes*, Armand Colin, Sciences politiques, 2010, p.420
[202] Bernard Owen, *Le système électoral et son effet sur la représentation parlementaire des partis : le cas européen*, L.G.D.J, 2002, p.136.

partis. En effet, le processus de sélection ne favorise pas le renouvellement des candidats.

Les différences entre le caractère bipartite ou multipartiste du parlement se fondent sur les choix de mode d'élection au parlement.

c-Choix du mode électoral et de la représentation des partis politiques au parlement

Le bipartisme britannique est encouragé par le scrutin majoritaire uninominal à un tour, tandis qu'en Suède, au Danemark et aux Pays-Bas, il s'agit d'un mode de vote proportionnel.

En Suède, sur les trois cent quarante neuf députés du parlement de type monocaméral[203], trois cent dix sont élus en premier niveau et les trente neuf autres en deuxième niveau sont alloués de façon à ce que la règle proportionnelle s'applique au plus près en faveur de la représentation des partis. Au Royaume-Uni, l'électorat est représenté par le candidat recevant le plus de suffrages[204], ce qui défavorise les petits partis dont le parti libéral dans la mesure où les votes des électeurs sont éclatés sur un plan géographique et totalisent un score total non représenté proportionnellement en termes de députés à la Chambre des communes[205] et, quant à la Chambre des *Lords*, ils sont élus par leurs pairs. Au Danemark, la représentation au parlement monocaméral est proportionnelle entre le nombre de voix reçues par les partis et le nombre de sièges qu'ils obtiennent[206] par un système électoral en deux étapes comme en Suède.

Toutefois, si dans les pays nordiques on constate un parti dominant (le parti socialiste), aux Pays-Bas, il existe une réelle fragmentation des partis depuis les années 60[207] qui toutefois a nécessité des gouvernements de coalition qui ont parfois allié les deux principaux partis (de droite et de gauche) et ainsi favorisant la montée du parti libéral en qualité de parti d'opposition.

Aussi, le parti des libéraux-démocrates britannique a réclamé un référendum prévu le 5 mai 2011 en faveur d'une modification du mode de scrutin mais pour substituer au « *first past the post* » (le scrutin uninominal majoritaire à un tour) le système de vote alternatif consistant à offrir aux électeurs la possibilité de classer par ordre de préférence les candidats en liste au sein

[203] Une Chambre de représentants unique.

[204] Système du « *first past the post* » : le candidat qui recueille le plus grand nombre de suffrages dans une circonscription est élu (qu'il totalise 70% ou 20%).

[205] Par exemple, lors du scrutin de 1951, le parti travailliste majoritaire en voix (48,8%) avait obtenu moins de députés que le parti conservateur (44,3%) soit 295 députés (*Labour*) contre 302 (*Tories*).

[206] Pour les partis atteignant au moins le seuil des 2%.

[207] Depuis l'effondrement du parti démocrate chrétien catholique qui ne représentait qu'une partie de la population, l'autre étant protestante.

d'une circonscription et encourageant ainsi les responsables politiques à s'adresser à l'ensemble des électeurs de la circonscription dont ils dépendent. Les opposants à ce changement de scrutin utilisent l'argument selon lequel les partis extrémistes populistes ne sont pas représentés à la Chambre basse grâce au mode de scrutin actuellement en vigueur et que cette enceinte ne serait plus protégée de ces mouvements populistes en cas de changement de scrutin. Le parti des libéraux-démocrates (représenté par Nick Clegg en qualité de vice président du gouvernement actuel) avait conditionné son alliance avec le parti conservateur, à l'issue des élections législatives du 6 mai 2010, à un changement de scrutin, mais il était en faveur d'un vote proportionnel, le parti conservateur (représenté par James Cameron, l'actuel premier ministre) a concédé un référendum mais sur un potentiel changement en faveur du vote alternatif[208]. Toutefois, 67,9% des Britanniques ont répondu défavorablement à ce changement de scrutin en faveur du vote alternatif.

Ces monarchies accordent ainsi une place prépondérante tant aux chefs de gouvernement qu'aux parlements nationaux. Toutefois, au Royaume-Uni seuls trois partis, et plus particulièrement les partis conservateur et travailliste, exercent un réel pouvoir tandis que dans les monarchies nordiques la règle de la représentation parlementaire proportionnelle est respectée et chaque parti a ainsi un réel pouvoir de coalition et d'entente.

2-Fédérations

Concernant le principe de participation des entités locales, il est presque inexistant en Autriche et en Belgique, et limité en Allemagne, compte tenu des exigences de réactivité de l'exécutif, non compatibles avec une délibération préalable.

a-Différents degrés d'autonomie locale

Deux grandes différences sur le plan de l'autonomie locale peuvent être présentées entre l'Allemagne et l'Autriche. En premier lieu, l'Allemagne accorde plus d'autonomie à ses *länder* que ne le fait l'Autriche et, en deuxième lieu, le président autrichien bénéficie d'une légitimité importante de par le fait qu'il est directement élu par le peuple et aussi nomme le gouvernement tandis qu'en Allemagne, c'est le chef de gouvernement, le chancelier, qui gère l'exécutif de l'État fédéral et bénéficie d'une légitimité auprès du parlement qui le désigne comme tel. En Allemagne, le chef de l'État est élu par une assemblée nommée assemblée fédérale et composée

[208] Corinne Deloy, *Référendum sur le mode scrutin au Royaume-Uni. 5 mai 2011*, Fondation Robert Schuman, Observatoire des élections en Europe.

des membres du *Bundesrat*[209] et d'un nombre égal de membres élus par les assemblées des *länder.*
Les différences s'estompent toutefois concernant le pouvoir du chef de gouvernement. En Autriche le chancelier a vu son importance s'accroître du fait que les dirigeants des grands partis ont toujours aspiré à cette fonction[210] et, d'autre part, du fait que les élections parlementaires engendrent des coalitions en vu de la désignation par la suite du gouvernement et, enfin, c'est le chancelier qui assiste au conseil européen[211]. Mais le chancelier autrichien est cependant moins influent que le chancelier allemand car il partage son pouvoir avec les ministres[212].
Concernant la Belgique, le roi désigne certes un gouvernement paritaire, mais ce sont le premier ministre et le vice- premier ministre (issu de la coalition de partis et, chacun, de l'une des deux principales communautés, les deux étant représentées) qui détiennent le pouvoir exécutif et qui sont responsables devant le parlement.

Les États fédérés, en particulier en Allemagne, ne souhaitent pas être dépossédés de leurs droits à participer à la vie politique européenne conformément à l'article 23 de la Constitution allemande[213] précisant que « Le *Bundestag* et les *länder* par l'intermédiaire du *Bundesrat* concourent aux affaires de l'Union européenne ».
Si en 1830 le bilinguisme était admis en Belgique, il disparaît en 1932[214] suite au vote parlementaire en faveur de deux communautés linguistiques distinctes (dans le contexte de crise économique) et laissant se mettre en place une autonomie croissante des régions flamandes et wallonnes.

b-Fort contrôle constitutionnel en Allemagne

Le jugement de la Cour constitutionnelle fédérale allemande (CCF) du 30 juin 2009 relatif au traité de Lisbonne a suscité des débats quant au futur de la construction européenne. En effet, si la CCF a certes jugé que le traité de Lisbonne était conforme à la Constitution allemande elle a toutefois émis des réserves quant à l'émergence d'une « fédération européenne » qui ne pourra inclure la participation de l'Allemagne tant que la Loi fondamentale allemande sera en vigueur[215]. Ainsi un scénario fédéral nécessiterait en

[209] Bundesrat est l'assemblée législative représentant la population fédérale.
[210] Sauf exception en 1957 Adolphe Schärf du SPO aux fonctions présidentielles.
[211] Jean-Michel de Waele et Paul Magnette, *Les démocraties européennes*, Armand Colin, Sciences politiques, 2010, p.33.
[212] Le chancelier n'est pas le chef des ministres, il peut coordonner mais non commander.
[213] Loi fondamentale du 23 mai 1949.
[214] Loi du 28 juin 1932 concernant l'administration et loi du 14 juillet 1932 pour l'enseignement.
[215] Rupert Scholz, Anne Levade, *Les conséquences du jugement de la Cour constitutionnelle fédérale allemande sur le processus d'unification européene*, Paris, Fondations Robert Schuman et Konrad Adenauer, 07/09/2009.

Allemagne une réforme constitutionnelle et ainsi une approbation des *länder* et de la population au-delà de la fédération elle même.

Ce sont les chefs de gouvernement des fédérations qui représentent leur pays au Conseil européen[216]. Au sein de ces régimes politiques, le principe de subsidiarité est mieux respecté dans la mesure où, conformément à la constitution, chacun des organes institutionnels dispose de compétences préétablies et ainsi la séparation des pouvoirs est clairement identifiée. Par rapport aux monarchies parlementaires, les fédérations disposent de contre-pouvoirs plus importants au niveau régional mais aussi au niveau de la Cour constitutionnelle.

c-Multipartisme

L'Autriche et la Belgique ont adopté le mode de scrutin proportionnel tandis que l'Allemagne a adopté un système mixte.

Le choix de la représentation proportionnelle en Autriche et en Belgique a favorisé un gouvernement de coalition qui toutefois pose un problème d'alternance dans la mesure où depuis les années 60 en Belgique et depuis les élections de 1986 en Autriche, les deux grands partis majoritaires (de droite et de gauche) ont gouverné ensemble. Ce type de coalition a favorisé la préférence électorale pour des petits partis d'opposition.

A partir des élections de 1986, l'Autriche connaît une montée des petits partis[217] dont le parti libéral qui vint poser un problème au parti socialiste lors du nécessaire gouvernement de coalition car ce dernier se vit diriger par Jörg Haider, un partisan de l'extrême droite (la coalition se fit alors avec le deuxième parti dominant, les démocrates chrétiens mais offre ainsi au parti libéral le seul statut de parti d'opposition gouvernementale)[218]. En Belgique, cette coalition majoritaire a favorisé la montée du parti libéral et d'un parti flamand assez extrémiste qui n'est pas sans rapport dans les difficultés de constitution des gouvernements de coalition (la Belgique détenant ses propres records de jours sans gouvernement).

En Allemagne, la moitié des membres du *Bundestag* sont élus au scrutin uninominal majoritaire (candidat spécifique pour la circonscription) tandis que les autres députés sont élus à la proportionnelle d'après les listes des scrutins des États fédéraux. Ce système permet aux petits partis de bénéficier

[216] Aux Conseils européens des 25 mars et 16 septembre 2010, se sont le chancelier fédéral autrichien Werner Fayman, la chancelière fédérale allemande Angela Merkel, le premier ministre belge Yves Leterme.

[217] Aux élections législatives du 23 novembre 1986, le parti socialiste perd 4,6 points (passant de 47,7% des sièges à 43,1%), le parti démocrate chrétien perd 1,9 points (passant de 43,2% à 41,3%) en faveur du parti libéral (passant de 5% à 9,7%) et des partis écologistes (obtenant 4,8% des suffrages).

[218] Bernard Owen, *Le système électoral et son effet sur la représentation parlementaire des partis : le cas européen*, L.G.D.J, 2002, pp.145-182.

de votes car les deux votes peuvent bénéficier à deux partis différents et, aussi, les électeurs peuvent ainsi marquer leurs préférences pour le parti principal et le petit parti qu'ils voudraient en coalition.

Si les représentations parlementaires issues des suffrages proportionnels semblent apporter l'avantage d'une meilleure représentation, ils offrent, en contre-partie, la difficulté de former des gouvernements de coalition approuvés par l'assemblée législative. Ainsi, des pays comme la Belgique, la Finlande ou les Pays-Bas ont parfois recours à des « gouvernements chargés des affaires courantes » allant de plusieurs semaines à plusieurs mois[219].

3-Les États unitaires

Au sein des États unitaires, il faut distinguer les États présidentiel (Chypre) et semi-présidentiels (notamment la France) de ceux pour lesquels l'organisation très centralisée existe mais pour qui le pouvoir exécutif est généralement de la compétence principale des chefs de gouvernement. Par rapport aux monarchies parlementaires et aux fédérations, le pouvoir parlementaire est limité dans les États unitaires sauf dans des États comme la Slovénie ou la Slovaquie notamment pour lesquels les parlements disposent de pouvoirs assez étendus.

a-Partage du pouvoir législatif

L'initiative législative est bien accordée aux deux organes exécutifs et législatifs mais dans l'exécutif, non seulement le gouvernement est concerné mais aussi le chef de l'État pour la Hongrie, la Lettonie[220], la Lituanie, la Finlande et la Pologne. En Finlande, c'est le président qui décide si une initiative gouvernementale doit être transmise au Parlement. Aussi en Finlande, les lois sont généralement du fait de l'initiative gouvernementale[221] de même qu'en Pologne[222], en Roumanie (90% des lois votées) et dans nombre d'autres États. En Pologne, le président de la République dispose d'un droit de véto à l'égard des projets de loi adoptés par le Parlement, et au Portugal aussi, un droit de veto sur les projets de lois du gouvernement en particulier et, dans une certaine mesure, sur les projets de lois du

[219] De 1945 à 2000, l'addition des périodes de « gouvernements chargés des affaires courantes » est de 4 ans pour chaque pays (Belgique, Finlande et Pays-Bas).

[220] L'article 65 de la Satversme stipule en Lettonie que les propositions de lois peuvent être soumises à la Seima par le Président, le gouvernement, les commissions de la Seima ou 1/10e des électeurs pour des procédures prévues par la Constitution.

[221] Jean-Michel de Waele et Paul Magnette, *Les démocraties européennes*, Armand Colin, Sciences politiques, 2010, p.148.

[222] Jean-Michel de Waele et Paul Magnette, *Les démocraties européennes*, Armand Colin, Sciences politiques, 2010, p.314.

Parlement[223]. En France comme en Finlande, le président de la République doit signer et ratifier les lois votées par le Parlement.
Autre exemple, en République tchèque et en Slovaquie, le président de la République peut entrer au sein des Assemblées parlementaires et y défendre ses idées, alors que sauf exception dans les régimes parlementaires, cette possibilité est réservée aux seuls ministres du gouvernement en place. Aussi, en Slovaquie, le président dispose d'un droit de veto[224] vis-à-vis du Parlement que les présidents slovaques ont utilisé cent soixante dix-sept fois entre 1993 et 2006[225].
En Finlande, le président nomme des hauts fonctionnaires[226] mais ces prérogatives ont été diminuées.
En Irlande le gouvernement exerce un des contrôles les plus importants en Europe sur la Chambre basse du Parlement, le *Dail*. En effet, il décide des sujets soumis à débats et de la répartition du temps alloué à chaque question[227].

b-Pouvoirs présidentiels

Le président de la République des États unitaires nomme généralement le premier ministre qui a la charge de former son gouvernement sauf en Slovénie au sein duquel c'est le parlement qui désigne le chef de gouvernement. Au Portugal, le président peut démettre un gouvernement en invoquant des circonstances exceptionnelles[228] et peut aussi dissoudre le Parlement dans un cadre toutefois limitatif depuis 1982[229]. Le président portugais Sampaio a dissolu le Parlement et convoqué des élections en 2005[230]. En Roumanie, le chef de l'État ne peut pas révoquer le premier

[223] Le droit de veto du président de la République au Portugal sur des projets de lois du Parlement est limité dans la mesure où le Parlement peut passer outre le veto par un second vote.
[224] Le Parlement peut outrepasser le droit de veto présidentiel s'il obtient le soutien d'une majorité absolue de députés (au moins 76 sur 150).
[225] Jean-Michel de Waele et Paul Magnette, *Les démocraties européennes*, Armand Colin, Sciences politiques, 2010, p.389.
[226] Le président finlandais nomme les hautes fonctions tel le ministre de la justice et vice ministre de la justice, évêque et archevêque, présidents et juges de la cour suprême, et la haute cour administrative, tels aussi dans l'armée et les gouverneurs des provinces.
[227] Jean-Michel de Waele et Paul Magnette, *Les démocraties européennes*, Armand Colin, Sciences politiques, 2010, p.203.
[228] Article 196 de la Constitution révisée en 1982 limite les possibilités du président de démettre un gouvernement que si il est « nécessaire au fonctionnement régulier des institutions démocratiques ».
[229] Selon l'article 175 de la Constitution révisée en 1982, l'assemblée ne peut être dissoute dans les 6 premiers mois suivant les élections législatives, ni dans les 6 derniers mois du mandat présidentiel, ni lorsque le pays est en état d'urgence.
[230] Suite à la victoire du parti PSD de Durao Barroso aux élections législatives de 2002, ce dernier fut nommé premier ministre mais démissionna au bout de deux ans en raison de sa nomination en qualité de président de la commission européenne, ce qui amena le président Sampaio a nommé le successeur désigné du PSD, Santana Lopes, qui ne put surmonter les

ministre[231] ni dissoudre le Parlement sauf dans le cas où les trois propositions de désignation du premier ministre échouent.
Le président nomme le chef de gouvernement en France comme en Finlande (mais ce dernier avalise généralement le choix des leaders des partis politiques au Parlement).

Enfin, si l'irresponsabilité du chef de l'État est une règle dans les régimes parlementaires, en Lettonie une dissolution manquée du président entraîne sa démission (article 50) et la *Diète* peut, à la majorité des deux tiers, voter la révocation du président.
Le président est généralement le commandant en chef des forces de défense. Il est de plus souvent impliqué dans les affaires étrangères.

c-Mode de scrutin et formation gouvernementale
La plupart des États unitaires bénéficient d'un mode de scrutin proportionnel aux élections législatives. Dans ce cas, lorsqu'un parti ne bénéficie pas d'une large majorité, certains pays font appel à des gouvernements de coalition, mais ce n'est pas le cas de tous.
Parmi les pays d'Europe centrale et orientale, sans doute en réaction à l'ancien système communiste qui avait mis en place un système électoral majoritaire favorisant systématiquement le parti unique, les pays entrés en 2004 et 2007 ont majoritairement choisi le système électoral du parlement à la représentation proportionnelle sauf la Hongrie, la Lituanie et, récemment, la Roumanie en faveur d'un système électoral mixte. Si on prend l'exemple du système électoral estonien proportionnel il est toutefois très complexe, il distribue 14 à 17 sièges pour des mandats personnels et 45 à 60 sièges pour des mandats de districts, et 35 à 45 mandats de compensation. Depuis 1992, l'Estonie a été dirigée par des gouvernements de centre droit (60% du temps), alternée par une préférence limitée pour le centre gauche, tout en utilisant les petits partis pour des coalitions.

Concernant, les autres États unitaires, ils ont également adopté un mode électoral du parlement (ou du moins la chambre basse) correspondant à un système de représentation proportionnel. Toutefois, l'Irlande et Malte ont choisi un système de représentation proportionnel à vote unique transférable. Ce système favorise les candidats individuels plutôt que les partis.
Si ce mode de représentation favorise le multipartisme, il encourage souvent les gouvernements de coalition mais pas dans tous les États unitaires. En effet, en France, en Espagne et à Malte il n'y a pas de coalition gouvernementale puisque le chef de gouvernement désigné doit

dissensions politiques et la crise économique, conduisant ainsi le président à dissoudre le parlement.
[231] Article 107 de la Constitution.

correspondre au parti majoritaire. Du fait du régime purement présidentiel chypriote, le président désigne le chef de gouvernement sans qu'il ne soit nécessairement de la même famille politique que celle qui requiert la majorité au Parlement. Enfin, la Grèce a mis en place un système électoral parlementaire « proportionnel renforcé », ce qui favorise une surreprésentation des grands partis sans pour autant écarter de la vie politique les petits partis. Toutefois, depuis 1974, en Grèce, principalement[232] trois familles se partagent le poste de premier ministre (les familles Karamanlis, Papandréou et Mitjotakis)[233]. Il s'agit ici d'une composition des élites très restreinte ce qui peut encourager un système clientéliste.

d-Rééquilibrage du rapport législatif- exécutif

Certains États tendent toutefois à limiter le pouvoir de l'exécutif au profit du parlement. En Lettonie, l'article 81 de la *Satversme* fut supprimé en 2007 car il permettait au gouvernement de légiférer sur un grand nombre de questions et que les gouvernements en avaient fait un usage jugé abusif[234]. L'initiative législative est toutefois utilisée à 70% par le gouvernement. Mais en Pologne, la Constitution de 1997 tend à limiter les pouvoirs du Parlement et du président de la République au profit du gouvernement[235] sans toutefois remettre en cause la responsabilité du premier ministre et ainsi du conseil des ministres par un vote de méfiance du *Sejm*, la Chambre basse du parlement. En Slovénie, l'Assemblée nationale dispose de pouvoirs très étendus allant de l'élection du premier ministre, des autres membres du gouvernement, des juges, et de certains autres fonctionnaires jusqu'à la décision des politiques publiques, l'adhésion aux accords internationaux et la proclamation de l'état de guerre ou de l'état d'urgence[236]. En Slovaquie aussi, le Parlement dispose de pouvoirs très étendus tels que, entre autres, la prise de décisions sur des problèmes internes, internationaux, économiques et sociaux. Le Parlement slovaque ratifie les traités internationaux et il participe à la prise de décisions sur les propositions de référendums[237].

---

[232] A deux exceptions près.

[233] Jea-Michel de Waele et Paul Magnette, *Les démocraties européennes*, Paris, Armand-Colin, 2010, p.185.

[234] Jean-Michel de Waele et Paul Magnette, *Les démocraties européennes*, Armand Colin, Sciences politiques, 2010, p.238.

[235] Jean-Michel de Waele et Paul Magnette, *Les démocraties européennes*, Armand Colin, Sciences politiques 2010, p.314.

[236] 236 Jean-Michel de Waele et Paul Magnette, *Les démocraties européennes*, Armand Colin, Sciences politiques, 2010, p.401.

[237] Jean-Michel de Waele et Paul Magnette, *Les démocraties européennes*, Armand Colin, Sciences politiques, 2010, p.389.

e-Légitimité présidentielle

Ces pays ont pour les deux tiers choisi une présidence de la république élue au suffrage universel direct, ce qui a pour effet de donner une légitimité au chef de l'État et ainsi à ses prérogatives. La Finlande, dès sa première république en 1919 institua le suffrage universel des hommes comme des femmes, de même qu'en Pologne. La Finlande est le premier pays européen à franchir cette étape démocratique, mais il faut attendre 1994 pour que la population puisse élire directement le président[238]. Seuls les chefs d'État de Chypre, de Finlande, de France, d'Irlande, de Lituanie, de Pologne, du Portugal, de Roumanie, de Slovaquie, de Slovénie sont élus au suffrage universel direct parmi les pays membres de l'Union européenne (avec l'Autriche également). Les autres pays ont choisi le mode de désignation des chefs d'États par un suffrage indirect, le vote des parlements, soit près d'un tiers des États unitaires de ce groupe, ce qui renforce le pouvoir du parlement et ainsi éloigne ces derniers du modèle semi-présidentiel.

Cette distinction nous permet de comprendre le pouvoir donné à l'exécutif au sein des instances européennes par rapport à leurs parlements nationaux respectifs. Les chefs d'États et les chefs de gouvernement (en particulier ceux nommés par le président sauf si le chef de gouvernement désigné par le parlement n'est pas celui qui participe au Conseil européen comme en Slovénie) du premier groupe bénéficient ainsi de marges de manœuvre plus importantes que les autres vis-à-vis des décisions prises au Conseil européen en particulier.

Aussi, le caractère central des prises de décisions renforce également le pouvoir de l'exécutif et ainsi le pouvoir de décision au sein du Conseil européen et du Conseil de l'Union européenne. Toutefois, d'une part les revendications d'indépendances de la part de groupes sociaux (multiplication des partis politiques et formes de coopérations civiles) et de groupes régionaux d'autre part, l'application du principe de subsidiarité de la part de la Commission européenne dans l'application notamment des politiques communautaires régionales en particulier enfin, l'accroissement des prérogatives parlementaires, favorisent un courant de décentralisation auquel les États se plient progressivement pour la plupart d'entre eux. Un relatif transfert de souveraineté à différentes échelles s'opère sans pour autant remettre en cause les États de droit unitaires.

4-Les États à forte autonomie locale

A l'intersection des systèmes fédéraux et des systèmes parlementaires se situent deux États ayant œuvré pour une très forte décentralisation mais parfois différenciée en fonction des régions notamment en Espagne.

---

[238] Avant 1994, le président de la République de Finlande était élu par un collège électoral de 300 membres élus à la proportionnelle.

a-Mode électoral parlementaire

Sous la première République, l'Italie avait donné sa préférence pour le système de la représentation proportionnelle. Sous la deuxième République, l'Italie adopta une loi électorale en 1993, soutenue par référendum populaire, pour mettre en place un système à majorité mixte. Mais en 2005, l'Italie revient au système proportionnel malgré un multipartisme important car ce système favorise finalement une coalition bipolaire. En Espagne, les élections pour le congrès correspondent également à un système proportionnel. Les cinquante deux circonscriptions bénéficient d'un minimum de deux députés, puis une proportionnalité à la population attribue le nombre de députés jusqu'aux trois cent cinquante. Mais, compte tenu du nombre important de petites circonscriptions, les grands partis sont finalement surreprésentés. Les deux grands partis, l'un de centre gauche (PSOE) l'autre de centre droit (AP/PP) ont remporté ensemble plus de 80% des sièges à chaque scrutin et plus de 90% lors du scrutin de 2008. Les partis régionaux ont toutefois un rôle important lorsqu'un gouvernement central ne dispose pas d'une majorité.

b-Mode de désignation de l'exécutif

L'article 83 de la Constitution italienne précise que « le président de la République est élu par le Parlement en séance commune de ses membres » et participent «trois délégués pour chaque région » au scrutin secret à la majorité des deux tiers de l'Assemblée[239]. « Le président de la République italienne nomme le président du Conseil des ministres et, sur proposition de ce dernier, les ministres »[240]. Mais le gouvernement devra toutefois avoir « la confiance des deux chambres »[241] qui disposent d'un recours à une motion motivée et votée par appel nominal.

En Espagne, c'est le roi qui propose un candidat à la présidence du gouvernement, « après consultation des représentants désignés par les groupes politiques ayant une représentation parlementaire »[242].

Si ces deux pays disposent de fortes autonomies locales, le chef du gouvernement demeure le personnage le plus important. Toutefois, en Italie, il peut y avoir un gouvernement de coalition ce qui ne se présente pas en Espagne du fait de la nomination du chef de gouvernement bénéficiant du parti majoritaire au Parlement, par le roi.

---

[239] Constitution du 27 décembre 1947 Titre II- Le président de la République article 83.

[240] Constitution du 27 décembre 1947 Titre III- Le gouvernement, article 92.

[241] Constitution du 27 décembre 1947 Titre III- Le gouvernement, article 94.

[242] Constitution du 29 décembre 1978 Titre IV- Du gouvernement et de l'administration, article 99.

B-Principales tendances : conflits de pouvoirs en faveur du multipartisme, pouvoir accru des parlements et décentralisation

L'évolution de l'activité parlementaire répond d'une part à l'influence de la construction européenne et d'autre part à des attentes politiques diversifiées de la part des populations. Ainsi, les rapports internes entre l'exécutif et le législatif ont évolué sous l'influence de la construction européenne mais aussi du contexte local et mondial et des évolutions de société.

1-Accroissement des activités des parlements nationaux

En premier lieu, l'accroissement de l'intégration européenne a infléchi un accroissement des activités des parlements nationaux. En Espagne par exemple, les propositions de lois d'initiative parlementaire étaient inférieures en nombre à celles d'origine gouvernementale de 1977 à 1986 puis la tendance s'est inversée et s'est accrue (sous le parlement de 2000-2004, on décompte 175 projets de lois d'initiative gouvernementale pour 369 propositions de lois d'initiative parlementaire[243]). L'activité parlementaire espagnole a connu également une constante croissance dans son activité de contrôle et d'audition du gouvernement[244]. Le Parlement letton a exigé que toutes les positions nationales dans les réunions du Conseil européen doivent être approuvées par une commission des affaires européennes du Parlement. Au Danemark, un accroissement important des activités parlementaires est constaté au regard du nombre de propositions de résolutions passé de 21 en 1960, 61 à 105 en 1981, 82 à 231 en 2004-05, ainsi que du nombre d'interpellations passées respectivement sur les mêmes périodes de 6 à 27 à 51 et, enfin, du nombre de questions au ministre de 105 à 1481 à 5835[245].

2-Multiplication des partis politiques

En deuxième lieu, les partis au pouvoir sont toujours les partis traditionnels de droite et centre droit et de gauche et centre gauche mais ils sont de plus en plus confrontés à une montée de petits partis (notamment dans les pays ayant mis en place un système électoral législatif en faveur d'une représentation proportionnelle et non le scrutin majoritaire) extrémistes de droite et de gauche, des partis écologiques ou régionaux ou représentatifs de groupes sociaux ou professionnels distincts (parti paysan, parti culturel d'un groupe minoritaire) et ainsi à des coalitions pour obtenir la majorité parlementaire nécessaire à une bonne gouvernance.

La fin de la sidérurgie et ainsi la transition d'une économie industrielle vers une économie tertiaire dans les années 80 s'est accompagnée au

---

[243] Jean-Michel de Waele et Paul Magnette, *Les démocraties européennes*, Armand Colin, Sciences politiques, 2010, p.121.

[244] Le Parlement de 2000-2004 a présenté 849 propositions non législatives, 242 motions et posé 6296 questions orales et 72326 questions écrites.

[245] Yearbook of the Danish Parliament, Jean-Michel de Waele et Paul Magnette, *Les démocraties européennes*, Armand Colin, Sciences politiques, 2010, p.110.

Luxembourg d'une modification des valeurs et des attentes des populations nommée « nouvelle culture politique »[246]. Cette évolution explique l'apparition un peu partout en Europe de partis politiques écologiques, d'organisations non gouvernementales, d'organisations locales particulières. L'auteur de « la société dépolitisée »[247] explique qu'il constate « un affaiblissement des structures intermédiaires classiques que sont le Parlement et les partis politiques au profit d'autres forums délibératifs où la représentation fonctionnelle supplée la représentation politique. Dans la mesure où ces structures ne représentent pas les mêmes garanties de transparence que l'enceinte parlementaire, le débat public se voit inévitablement occulté… ».
Aux Pays-Bas, les cinq partis politiques représentatifs de la société de 1918 à 1963[248], totalisant entre 83,9% à 91,6% des suffrages, connurent un déclin à partir des années 1970 puisqu'ils ne représentaient plus que 70% des suffrages, pour atteindre 62,37% aux élections de 2006[249] en faveur de nouveaux partis[250], suivi d'une reformation des partis traditionnels[251]. Au Portugal, les élections législatives de 2002 amenèrent le leader du parti vainqueur, le PSD, à former une coalition de droite[252], et lors des élections législatives de 2005, si le PS a obtenu une majorité absolue, il n'a obtenu que 36,6% des voix en 2009. Au Royaume-Uni, les élections de 2010 ont été en faveur du parti conservateur de Cameron, qui a du former toutefois un gouvernement de coalition avec les libéraux malgré un système électoral en faveur du bipartisme (travailliste – conservateur). Cette évolution a conduit la plupart des États à introduire un seuil électoral souvent à 5% (en Roumanie en 2000) afin de favoriser une logique d'efficacité à celle de représentativité. Certains pays comme la Roumanie ont préféré adopté le scrutin majoritaire en 2008. Dans les années 50 et 60 en Suède, seulement 10% des électeurs changeaient de parti entre deux élections. En 2002, ils étaient 30% de suédois à changer de parti en faveur des nouveaux partis[253] (les verts depuis 1981 et les chrétiens-démocrates depuis 1964 et la droite populiste avec nouvelle démocratie en 1991).

---

[246] Poirier Philippe, « La révolution tranquille », *in Lëtzeburger Land*, numéro spécial 50e anniversaire, p.4-5, 09/01/2004.

[247] Hirsch Mario, La société dépolitisée, Nos Cahiers, n°4, p. 69-73, 1995.

[248] La structure en pilier correspondait aux Pays-Bas aux catholiques (KVP), calvinistes (CHU et ARP), libéraux (VVD), socialistes (PvdA).

[249] Jean-Michel de Waele et Paul Magnette, *Les démocraties européennes*, Armand Colin, Sciences politiques, 2010, p.302.

[250] D66 (valeurs postmatérialistes), SP (gauche radicale), Christen Unie, GroenLinks, Liste Pim Fortuyn (droite populiste).

[251] Les partis catholiques et protestants se sont unifiés en un parti chrétien unifié, le CDA.

[252] Coalition entre le PSD et le CDS-PP.

[253] Les verts ont pu entrer au parlement dès 1988, tandis que les chrétiens démocrates durent attendre 1991, la même année que nouvelle démocratie pourtant créée la même année de son entrée au parlement.

3-Décentralisation

Concernant les États centralisés en particulier, il faut noter que les partis politiques ont des réticences à voir diminuer leurs prérogatives. Par exemple au Royaume-Uni, les conseils municipaux sont dirigés par les personnages politiques principaux des partis politiques majoritaires[254]. Ce constat se renforce si on tient compte du fait que plus un pouvoir est corrompu plus la décentralisation sera considérée comme un moyen de diminuer le pouvoir des partis politiques comme en Roumanie par exemple[255].

Des politiques de décentralisation ont été mises en place d'une part sous la pression des revendications autonomistes régionales, d'autre part, dans un contexte de redéfinition des pôles de vie économique et sociale d'un nouvel espace, celui européen mais aussi mondial.

Sur les niveaux de décentralisation, nous pourrons nous demander pourquoi les États les plus centralisés n'autorisent pas plus de décentralisation.

Les États maintiennent peut être une souveraineté plus forte à mesure qu'ils contrôlent l'ensemble de la vie économique et sociale de la nation. Ainsi, plus un État est centralisé plus les contestations locales vis à vis de son pouvoir peuvent reporter leur attention en faveur de la construction européenne.

Aussi, les gouvernements de coalition, s'ils répondent à une certaine représentation majoritaire parlementaire, ils offrent des limites dans certains pays en termes de durée de vie des gouvernements (un an en moyenne en Lettonie, et recours fréquents à des gouvernements chargé des affaires courantes en Finlande, Belgique et Pays-Bas), de non alternance gouvernementale lorsque les deux partis majoritaires sont en coalition (Autriche par exemple). Toutefois, les gouvernements minoritaires offrent peu de place à la négociation avec les petits partis notamment dans les pays au sein desquels le bipartisme domine la scène politique (Espagne, Royaume-Uni, France).

---

[254] Jean-Michel de Waele et Paul Magnette, *Les démocraties européennes*, Armand Colin, Sciences politiques, 2010, p.372.

[255] Un rapport de l'Institut de politiques publiques de 2004 utilisé dans l'ouvrage Jean-Michel de Waele et Paul Magnette, *Les démocraties européennes*, Armand Colin, Sciences politiques, 2010, p.355, met en évidence l'existence d'un lien entre les fonds publics, les acteurs politiques et les entreprises.

Section 2- Préférences des représentants politiques pour la construction politique européenne

De nombreux hommes politiques ont donné leur préférence pour l'un des scénarii politiques possibles de l'Union européenne. Il s'agit ici d'identifier les préférences politiques en fonction des appartenances nationales mais aussi à des groupes politiques.
La déclaration de Laeken « sur l'avenir de l'Union européenne » du Conseil européen des 14 et 15 décembre 2001[256] résume bien l'ambiguïté des chefs d'État et de gouvernement dans leur constat de déficit démocratique dans l'Union et ainsi du manque d'efficacité notamment dans les domaines de la sécurité et de la justice en l'état et en même temps dans leur refus de transformer l'Union européenne en « super-État » tout en proposant sur le principe un texte constitutionnel mais sans que ce dernier soit différent d'un traité international[257]. Les six pays fondateurs furent décidés à progresser mais demeurent en désaccord sur la finalité fédérale. Les plus grandes réticences proviennent de la Grande-Bretagne, de l'Espagne et des pays nordiques qui souhaitaient un simple renforcement du Conseil de l'Union[258]. Le chef d'État français (Jacques Chirac) avec les chefs de gouvernement britannique et espagnol (Tony Blair et José Marià Aznar) ont demandé « une présidence stable au Conseil européen, un responsable aux affaires étrangères et une Commission européenne plus resserrée tandis que le chef de gouvernement allemand, soutenu par les petits pays, accorde une préférence au renforcement du président de la Commission. Les trois pays du Benelux veulent un président de la Commission élu par le Parlement européen. Le Parlement européen veut un renforcement de ses pouvoirs et de ceux de la Commission » tandis que le président de la Commission européenne, Romano Prodi, plaide pour une organisation supranationale (comme l'indique le projet Pénélope présenté ci-dessous). Le président de la convention, Giscard d'Estaing, a présenté dès le 28 octobre 2002 les grandes lignes du futur projet constitutionnel en maintenant le « triangle institutionnel » tout en précisant « l'impossibilité d'aller jusqu'au fédéralisme »[259].

---

[256] Le Conseil décida de convoquer une convention en vue de préparer la CIG-conférence intergouvernementale.

[257] Etienne de Poncins, *Le traité de Lisbonne en 27 clés*, Lignes de repères, 2008.

[258] La Convention européenne, http://www.ena.lu/resume_avant_projet-constitution_union_europeenne_bruxelles_decembre_2002-01-18484

[259] La Convention européenne, http://www.ena.lu/resume_avant_projet-constitution_union_europeenne_bruxelles_decembre_2002-01-18484

A-Discours politiques tranchés sur le devenir de la construction européenne

Il existe deux grandes tendances sur le devenir de l'Union européenne. Soit il est demandé plus d'avancée politique soit, au contraire, il est demandé un retour à l'autonomie des États-nations mais, généralement, au nom d'un même objectif d'efficacité en termes de démocratie et de politique notamment.

Certains personnages impliqués par le sujet, comme Michel Foucher, appellent de leurs vœux des changements vers une plus grande intégration politique sans pour autant préciser jusqu'à quel type de régime cela porterait. Ce dernier toutefois déplore clairement les choix politiques nationaux qui ne prennent pas en compte la solidarité, entendue comme « principe actif de la constitution » (en citant le cas, par exemple, de la politique énergétique de certains États avec le russe Gazprom) qui fait partie des aspects fondateurs nécessaires pour « s'affirmer comme centre de pouvoir » (entendu comme intérêts européens) « pour plaider en faveur d'une organisation pluraliste du monde ». Ce fondateur de l'Observatoire européen de géopolitique défend aussi l'idée « d'une nécessaire conscience de soi historique (avancé depuis cinquante ans notamment), géopolitique (capacité d'influence, notamment en Afrique) et culturelle (« il n'y a pas de construction européenne sans connaître l'histoire des autres » citant Simone Veil, et il faut parler la langue des autres)[260].
D'autres, au contraire, appellent de leurs vœux une Union européenne qui redonne du pouvoir aux États membres. Le député européen Georges Berthu a écrit un ouvrage intitulé « L'Europe sans les peuples »[261] dans lequel il commente le projet de constitution européenne en expliquant ainsi pourquoi il votait contre. Ce dernier estime que le seul espace démocratique réside dans le cadre national, « l'objectif supranational, fixé a priori au nom de l'efficacité, (…), détruit la démocratie » et qu'il faut ainsi donner plus de pouvoir aux parlements nationaux (par la création d'assemblées sectorielles formées de parlementaires nationaux et chargées d'assurer le suivi de chaque conseil de l'Union, le droit de veto de chaque parlement national sur les questions de subsidiarité, le droit d'appel devant les parlements nationaux contre les interprétations de la CJCE et une implication des parlements nationaux aux conférences intergouvernementales).

1-Discours politiques en faveur d'une fédération européenne

Certains hommes politiques ont explicitement donné leurs préférences sur le devenir politique de la construction européenne. Toutefois, certains projets fédéraux concernent l'ensemble de l'Union européenne mais d'autres traitent

---

[260] Michel Foucher, *Quelle Europe pour quel monde ?*, Paris, Table ronde, 13 mai 2009.
[261] Georges Berthu, *L'Europe sans les peuples*, Paris, François-Xavier de Guibert, 2004.

d'un scénario à géométrie variable (un noyau d'États plus intégrés politiquement).

Dans plusieurs discours politiques prononcés sur la construction européenne par des hommes politiques investis de hautes fonctions ministérielles et présidentielles, le mot fédération pour qualifier l'Europe en devenir a été répété. Il s'agit du célèbre discours de Robert Schuman du 9 mai1950[262] qui annonçait la création de la Communauté du charbon et de l'acier scellant la paix franco-allemande en s'appuyant sur une organisation supranationale (et prononça deux fois le terme 'fédération européenne' : « La mise en commun des productions de charbon et d'acier assurera immédiatement l'établissement de bases communes de développement économique, première étape de la fédération européenne. (...) premières assises d'une fédération européenne indispensable à la préservation de la paix.»).
Cinquante ans plus tard, le 12 mai 2000 à Berlin, le ministre allemand des affaires étrangères, Joschka Fischer, prononce un discours à l'université Humboldt[263], non en sa qualité de membre du gouvernement mais à titre personnel dans le cadre du débat public sur la finalité de la construction européenne. Il a ainsi tenu des propos en faveur d'une fédération européenne en ces termes « (...) Une réglementation précise de la répartition des compétences entre la fédération et les États-nations dans le cadre d'un traité constitutionnel devrait laisser à la fédération les domaines de souveraineté essentiels et uniquement les questions demandant à être réglées impérativement au niveau européen ». Ce dernier prononça ainsi vingt fois le mot fédération[264]. Toutefois, près d'un mois plus tard, le discours du chef de l'État français ne donna pas le même écho en révélant sa préférence pour une construction européenne plus « intergouvernementale »[265] souhaitant renforcer les pouvoirs du Conseil européen et non de la Commission européenne à la différence de son voisin allemand.
Joschka Fischer a énoncé clairement comment il imagine la réforme institutionnelle d'une fédération européenne. Il préconise deux chambres au Parlement européen, « dont l'une serait composée de députés élus appartenant en même temps aux parlements nationaux. (...) En ce qui concerne l'autre chambre, il faudra choisir entre un modèle de sénat réunissant les sénateurs des États membres qui seront élus au suffrage direct et une chambre des États comparable à notre *Bundesrat*». Pour les instances chargées de l'exécutif, « soit nous décidons de développer le Conseil

[262] Déclaration du 9 mai 1950 de Robert Schuman, ministre des affaires étrangères français, archives sur http://europa.eu.
[263] Discours de Joschka Fischer prononcé le 12 mai 2000 à Berlin à l'Université Humboldt, *De la Confédération à la Fédération- Réflexion sur la finalité de l'intégration européenne,* http://www.ena.lu
[264] *Géopolitique Europe*, Nathan, 2008. Texte intégral sur http://www.ena.lu.
[265] Discours prononcé par Jacques Chirac devant le Bundestag le 27 juin 2000.

européen pour en faire un gouvernement européen, c'est-à-dire que le gouvernement européen sera constitué à partir des gouvernements nationaux, soit on passe, en se basant sur la structure actuelle de la Commission, à l'élection directe d'un président doté de vastes pouvoirs exécutifs. ». Selon lui, le partage de souveraineté nécessite l'établissement d'une véritable constitution.

L'exposé de Jacques Delors en mars 2001 lors du cycle des conférences aux États-Unis intitulé « Où va l'UE ? » se termine par un projet politique « une fédération d'États-nations » dans lequel il fait référence à un besoin de faire participer les citoyens à qui il suffit « d'expliquer, d'écouter et de créer des structures plus *democratic accountable* ».

Joschka Fischer cite plusieurs hommes politiques qui envisagent le projet fédéral à un groupe d'États, pour Jacques Delors par exemple, « six pays fondateurs de la Communauté européenne », pour Helmut Schmidt et Valéry Giscard d'Estaing « un noyau non pas à six mais à onze, les onze pays de la zone Euro »[266].

Dans le discours de Jacques Delors toutefois, est absent le fait de présenter un projet à portée philosophique puisque les solutions résident dans une amélioration des outils, de leur transparence et de leur efficacité. D'après Jacques Delors, les États issus de l'approche de la démocratie dite multiculturelle peuvent se structurer dans un État dit libéral mais ne le peuvent pas dans un État dit républicain. Pour l'ancien président de la commission européenne il s'agit de cimenter la laïcité et de favoriser un « républicanisme collectif ». Il s'agit d'une solution « française » issue de l'unique État sur vingt cinq à correspondre à cette dimension républicaine. Les trois quarts des pays membres de l'Union européenne peuvent être considérés comme des États libéraux.

Dans une interview récente de 2009, Jacques Delors déplore les réticences de la part de certains États membres de l'Union à constituer une véritable Europe politique[267]. Il regrette l'usage trop fréquent des options levées notamment par certains États qui conditionnaient ainsi la signature du traité de Maastricht par exemple (citant ainsi les réticences des Britanniques dont le chef de gouvernement de l'époque, non le moins européen, Tony Blair). Il y préfère la procédure de retrait prévue par le traité de Lisbonne mais doute qu'elle soit utilisée.

La constitution Pénélope (un avant-projet de constitution de l'Union européenne) rédigée par un groupe d'experts fut présentée par le président de

---

[266] Texte intégral du discours de Joscka Fischer en 2000 sur http://www.ena.lu.

[267] Interview de Jacques Delors : l'avenir de la procédure de révision des traités européens, Paris16/12/2009,http://www.ena.lu/resume_avant_projetconstitution_union_europeenne_bruxelles_decembre_2002-01-18484

la Commission européenne de l'époque, Romano Prodi qui en avait fait la demande, le 5 décembre 2002[268]. Ce texte consacre la personnalité juridique de l'Union européenne ainsi que la double légitimité des peuples et des États ainsi que le respect des droits fondamentaux et de la citoyenneté de l'Union (interdiction de toute discrimination en raison de la nationalité). Le texte prévoit le respect des obligations réciproques entre les États membres mais aussi la possibilité d'établir des « coopérations plus étroites » (clause d'assistance mutuelle). Au Conseil européen, la règle générale serait le vote à la majorité qualifiée[269] et, parfois, la majorité qualifiée renforcée[270] et l'unanimité uniquement si le Conseil veut modifier une proposition de la Commission sans son accord. Chaque formation au Conseil élit son président chargé de présider les réunions. Aussi, le président de la Commission européenne serait élu par le Parlement européen, sous réserve de l'approbation par le Conseil européen. La Cour de justice de l'Union européenne serait chargée de régler, en plus de ses attributions actuelles, les litiges de compétences entre Union et États membres. Dernière innovation en faveur d'un rapprochement du scénario fédéral, un impôt européen se substituerait aux impôts nationaux. Enfin, le Comité des régions serait rebaptisé « Assemblée des régions » et leurs avis consultatifs rendus possibles sur leur demande ou à la demande des institutions notamment dans le cadre du respect du principe de subsidiarité.
Cette démarche a abouti à la constitution de deux groupes de travail, en marge de la convention. Le premier groupe fut dirigé par l'homme politique français Dominique Strauss-Kahn et chargé de préparer les grandes orientations politiques pour les dix années à venir. Le deuxième groupe fut dirigé par le philosophe polonais Krysztof Michalski et chargé de réfléchir à la dimension culturelle et spirituelle de l'Europe. Les conclusions de ce dernier groupe de réflexion portèrent sur trois questionnements : les conditions de solidarité européenne (pour permettre une cohésion politique), les religions de l'Europe (et notamment le rôle de l'islam dans la sphère publique européenne) et le rôle de l'Europe dans le monde[271]. Il s'agissait d'identifier « les forces capables de garantir l'unité de l'Europe élargie et redéfinie ».

En 2005, lorsque les Français et les Néerlandais ont rejeté majoritairement le traité instituant une constitution européenne, cela n'a pas empêché d'autres États de continuer la ratification de ce traité par voix référendaire ou

[268]http://www.ena.lu/resume_avant_projetconstitution_union_europeenne_bruxelles_decembre_2002-01-18484
[269] La majorité des États qui expriment au moins la majorité de la population de l'Union.
[270] Vote des trois quarts des États membres qui expriment au moins les deux tiers de la population de l'Union.
[271] Krysztof Michalski, Kurt Biedenkopf, Bronislaw Geremek, La dimension spirituelle et culturelle de l'Europe, 2005, Bruxelles, Commission européenne.

parlementaire. En effet, la Lettonie, Chypre, Malte et le Luxembourg ont continué ce processus, une façon de faire comprendre aussi aux grands États membres de l'Union européenne que le processus de construction européenne tient compte de l'ensemble. L'initiative Hispano-Luxembourgeoise qui suivie en invitant les dix-huit États membres qui avaient déjà ratifié ce traité à débattre sur l'avenir politique de l'UE, a signifié aux États compromettant le projet de constitution européenne de trouver une solution rapidement sans quoi le processus ne s'arrêterait pas en l'état.

En 2005, l'allemand Wolfgang Schäuble avait proposé à la France de constituer un « noyau dur » dans une lettre ouverte adressée au gouvernement de l'époque[272], se rapprochant ainsi d'un regroupement politique d'États au sein de l'Union. Déjà en 1994 avec Lammers, Schäuble proposait un « Euroland » constitué des Six moins l'Italie[273].

Les revendications d'autonomie territoriales au sein des États-nations se positionnent vers une avancée fédérale. A titre d'exemple, on peut citer l'éditorial d'U. Ribombu : « Si l'on veut sauver la langue corse, il faudra l'imposer aux jeunes Corses qui ne s'expriment plus qu'en français. Quant à la langue étrangère qui doit être privilégiée dans l'enseignement, je n'en vois qu'une, c'est la langue internationale actuelle, en l'occurrence l'anglais[274] ».

Il faut remarquer que tous les hommes politiques qui ont parlé d'un noyau fédéral ont toujours intégré les pays fondateurs, en particulier le binôme franco-allemand, parfois élargi à l'ensemble de la zone Euro.
Dernièrement, le ministre polonais des Affaires étrangères, Radoslow Sikorski, a parlé d'une nécessité de construire un « pouvoir fédéral » respectueuse toutefois des nations mais disposant d'un budget conséquent en particulier dans le domaine de la défense[275].

2-Les partisans d'une union économique européenne

Face aux réticences des populations à ne plus disposer d'un cadre souverain national ou de se retrouver handicapées dans une union composée de pays aussi divers (de part les différences de taille et de richesse notamment), certains hommes politiques font le vœu d'une Europe qui se contenterait d'une union économique et se retirerait ainsi des autres domaines.

---

[272] Gouvernement Edouard Balladur, lettre de Wolfgang Schäuble, ministre allemand des Finances.
[273] Edmont Carlier, *L'équivoque européenne,* http://europe-federale.asso.fr
[274] Cité par *L'Express* du 21 juin 2001.
[275] Jean Sébastien Lefebvre, *« Europe puissance » : la Pologne prend la France au mot*, 26/03/2012, http://www.euractiv.fr/europe-puissance-pologne-prend-france-article.

Lipietz pense que l'Allemagne, la nation dominante au sein de l'Europe, n'a pas intérêt à se fédérer en un État supranational du fait des transferts de pouvoir et de richesse qu'une union politique impliquerait.

Lors du référendum des 10 et 11 mai 2003, plus de 91% des Lituaniens se sont prononcés en faveur de l'adhésion de leur pays à l'Union européenne. Mais les eurosceptiques craignent une perte d'indépendance nationale dans tous les États membres de l'Union. Le lituanien Egidijus Klumbys disait à propos de la ratification du traité de constitution que sa signature serait un désaveu de l'indépendance de son pays.
Lors de la ratification du traité instituant une constitution européenne par voix parlementaire, le parti conservateur lituanien a émis des critiques d'ordre culturel sans pour autant le rejeter. Selon lui, les références à l'héritage chrétien de l'Europe ne sont pas prises en compte dans la définition de l'identité européenne. Un des membres de ce parti, Andrius Kublius, précise « Nous regrettons qu'en établissant son cadre institutionnel, l'Europe n'accorde pratiquement aucune attention à ses valeurs essentielles qui, pour nous, continuent de décliner. » Ce dernier fait allusion notamment aux valeurs morales et familiales ainsi qu'aux liens avec les États-Unis.
L'ensemble des responsables lituaniens s'est déclaré en faveur d'une Europe unifiée et contre une Europe à deux vitesses. Ils ne souhaitent pas que leur pays soit « marginalisé ».

Un sondage réalisé le 20 avril 2005 par Sky News montre que 86% des Britanniques interrogés voteraient contre le traité de constitution contre 16% pour.
Pour des pays comme le Royaume-Uni, tout élargissement se traduit par un bénéfice économique. Aussi, ce pays défend la vision d'une Union élargie, une extension de la zone de libre échange à la Turquie par exemple. Pour d'autres raisons que celles françaises (réticences d'une majorité de Français à un élargissement à la Turquie), beaucoup de Britanniques et de Néerlandais étaient opposés au projet de constitution européenne. L'issue du référendum aux Pays-Bas donna 63% de votes négatifs. Les arguments centraux des détracteurs du traité résidaient dans la dimension politique. Ces pays, comme beaucoup d'autres, ne veulent pas sacrifier leur souveraineté nationale sur « l'hôtel de l'Union européenne ».

Les trois pays bénéficiant d'une clause d'exemption à l'entrée dans la troisième phase de l'Union économique et monétaire, le Royaume-Uni, la Suède et le Danemark, abritent des populations hostiles à la perte de leur souveraineté nationale. Or, la monnaie est un instrument à forte intensité identitaire. Ces trois pays sont des monarchies parlementaires et remplissent les critères de convergence (hors période de crise). Les référendums danois et suédois ont été négatifs à plusieurs reprises quant à l'adoption de la monnaie unique européenne. Le Royaume-Uni effectue tous les ans une évaluation de l'impact de la monnaie unique sur des critères économiques qu'ils ont défini préalablement. Il s'agit de vérifier si la zone Euro est une zone monétaire plus optimale pour le Royaume-Uni que la Livre Sterling. Jusqu'à présent, ces tests ont été jugés négatifs.

3-Les clivages politiques principaux sur le devenir de l'Union européenne

Selon Alain Lamassoure, lors des négociations au sujet de la « convention sur l'avenir de l'Europe », le clivage principal fut celui qui opposa les petits pays aux grands pays[276]. Dans le cadre du renforcement institutionnel des trois principales institutions européennes, celui du Parlement européen peut être considéré comme en défaveur des pays les moins peuplés. Sur les vingt-sept États membres de l'Union seuls six pays ont des populations importantes. Parmi les petits États, il fait référence aux pays d'Europe centrale et orientale qui ont rejoint l'Union européenne en 2004 mais aussi à des pays déjà membres de l'Union au moment de la convention et notamment les pays fondateurs comme ceux du Benelux. Ces derniers ont d'ailleurs présenté une position commune comme la présidence du Conseil européen (avec des compétences propres dans la proposition de Valéry Giscard d'Estaing) mais avec un rôle représentatif dans leurs esprits, l'égalité de traitement des différents États membres est également réclamée[277].

Au-delà de choix institutionnels politiques, la question du projet de devenir commun de l'Union européenne a été posée notamment par Romano Prodi, le président de la Commission européenne de l'époque. Il s'agit de questions de société portant notamment sur la solidarité, la place des religions, les partenariats avec le monde extérieur et notamment l'alliance atlantique[278].

B-Pratiques du référendum : une pratique croissante concernant les traités européens

Une pratique plus ou moins fréquente du référendum peut donner un éclairage sur deux possibilités d'interprétation. En premier lieu, les dirigeants politiques souhaitent justifier auprès de l'opinion publique leur

---

[276] Interview de Alain Lamassoure : les principaux acteurs et clivages au sein de la Convention européenne, Paris 09/09/2008, http://www.ena.lu/resume_avant_projet-constitution_union_europeenne_bruxelles_decembre_2002-01-18484

[277] Interview de Jacques Santer : la position du Benelux durant la Convention, Sanem 03/05/2006,http://www.ena.lu/resume_avant_projet-constitution_union_europeenne_bruxelles_decembre_2002-01-18484

[278] Krysztof Michalski, Kurt Biedenkopf, Bronislaw Geremek, La dimension spirituelle et culturelle de l'Europe, 2005, Bruxelles, Commission européenne.

choix. En deuxième lieu, les dirigeants politiques souhaitent garder leur indépendance vis-à-vis de l'opinion publique ou inversement vis-à-vis du parlement pour mener à bien leur mission.

Parmi les États qui ont souvent recours aux référendums, la Slovénie par le biais de son Parlement a proposé depuis 1996 soixante sept référendums. La constitution accorde à l'assemblée nationale (un tiers des députés), au conseil national et à au moins quarante mille électeurs le pouvoir d'organiser « un référendum sur tout problème qui fait l'objet d'une réglementation par la loi »[279]. En Suède, l'issue du référendum de 1980 en faveur de l'énergie nucléaire s'est suivie de la création l'année suivante d'un parti nommé les verts et sept ans plus tard leur entrée au Parlement suédois.

Souvent, les États qui sollicitent l'opinion publique accordent aussi à leurs citoyens une initiative législative comme en Slovénie[280].

Parmi les États qui utilisent modérément le référendum, l'usage est croissant lorsqu'il s'agit de sujets portant sur l'Europe comme au Danemark, et il n'y a pas d'initiative populaire. Le Parlement danois dispose d'un droit d'organiser, par une loi votée à la majorité des députés, un référendum non contraignant, un référendum volontaire[281] sur des textes relatifs à la politique étrangère mais l'utilise peu. En 1963 toutefois, un référendum portait sur quatre lois qui furent rejetées par l'opinion mais des textes similaires furent adoptés dix ans plus tard[282]. Le Danemark a toutefois souvent recours au référendum sur les questions relatives à l'Union européenne (depuis 1972 on en dénombre six) en raison de son caractère obligatoire en cas de réforme constitutionnelle ou de délégation de souveraineté[283]. Cet usage s'explique aussi par une division au sein des partis sur le sujet ainsi que par le pouvoir de blocage du Parlement face à des gouvernements minoritaires.
En Irlande, toute ratification d'un traité international doit faire l'objet d'un référendum.
En France, la loi constitutionnelle du 1er mars 2005 introduit, pour les traités futurs d'adhésion d'un État à l'Union européenne, une procédure référendaire[284]. Toute ratification d'un traité qui aurait des incidences sur le fonctionnement des institutions françaises entre dans le domaine des

---

279 Article 90 de la Constitution.

280 5000 électeurs, près de 0,25% de la population, conformément à l'article 88 de la Constitution slovène.

281 Une majorité de parlementaires doivent être en faveur du référendum pour qu'il soit organisé.

282 Jean-Michel de Waele et Paul Magnette, Les démocraties européennes, Sciences politiques, Armand Colin, 2010, p.111.

283 Ce référendum ne sera pas contraignant si cinq sixièmes des députés le réclament.

284 Article 88-5 de la Constitution française.

questions qui peuvent être soumises à la procédure référendaire[285]. Ces deux possibilités de recours à la procédure référendaire sont toutefois une alternative laissée à la discrétion du chef de l'État français (et n'ont été utilisé que deux fois : en 1992 par François Mitterrand pour la ratification du traité de Maastricht et par Jacques Chirac en 2005 pour le projet de traité établissant une constitution pour l'Europe).

S'il est constaté une grande liberté d'action par rapport aux parlements nationaux, toute entrée en vigueur d'un traité modificatif des institutions européennes est conditionnée par un référendum populaire au Danemark et en Suède, ce qui suppose une approbation de la population pour un système de type fédéral. Quant au Royaume-Uni, sa forte volonté d'indépendance ne favorise pas le système fédéral. Cependant, le référendum de 1975 posait la question de savoir si la population souhaitait le maintien du Royaume-Uni dans la Communauté économique européenne et 67,2% des Britanniques y avaient répondu favorablement (contre 32,8%)[286].
Ces trois pays sont ainsi les plus éloignés d'un scénario fédéral. Les Pays-Bas sont un des pays fondateur de la construction européenne, ils relèvent d'une intégration régionale, le Benelux, et font partie de la zone Euro. Mais les Pays-Bas ont pourtant connu, lors du référendum de 2005, un rejet populaire du projet de traité constitutionnel ce qui les éloignent aussi d'un scénario fédéral sans approbation populaire. Malgré le régime consociatif initial, l'approbation populaire pourrait se normaliser aux Pays-Bas et ainsi, comme au Danemark et en Suède, toute évolution vers un nouveau scénario politique européen nécessiterait un soutien populaire.

Toutefois, vingt-six pays sur vingt-sept ont choisi de ratifier le traité de Lisbonne par voie parlementaire, l'Irlande, ne pouvant se soustraire de son obligation constitutionnelle, l'a soumis par deux fois au référendum[287].
Il semble ainsi que les réticences de certains vers un scénario fédéral conduisent les dirigeants politiques à se soustraire à un vote populaire lorsqu'il s'agit de faire évoluer la structure institutionnelle de l'Union européenne. Mais, dans le même temps, cette démarche renforce les protestations de ceux qui sont réticents vis-à-vis d'une Europe plus politique dans la mesure où dans les faits cette construction européenne s'éloigne des bases démocratiques selon eux.

---

[285] Article 11 de la Constitution française sur les référendums d'intérêt national.
[286] Corinne Deloy, *Référendum sur le mode scrutin au Royaume-Uni. 5 mai 2011*, Fondation Robert Schuman, Observatoire des élections en Europe.
[287] Hervé de Charrette, *commission aux affaires étrangères sur le projet de loi n°690 relatif à la ratification du traité de Lisbonne*, Rapport n°691, http://www.assemblée-nationale.fr/13/rapports/r0691.asp, 2008.

C-Préférences des partis politiques : absence de consensus des grands partis sur le devenir de la construction politique européenne

Au Parlement européen siègent sept groupes politiques[288] qui se regroupent par fonctions et affinités politiques. Au sein des principaux partis politiques, les opinions des députés peuvent diverger sur leurs préférences pour une Union européenne fédérale et notamment au sein des partis majoritaires PPE (parti populaire européen) et S&D (groupe de l'alliance progressiste des socialistes & démocrates au parlement européen). Ces deux partis représentent ensemble plus de 61% des députés européens issus des élections de 2009 (mais en recul par rapport aux élections précédentes puisqu'ils pesaient pour plus de 63,7% à l'issue des élections de 2004 en raison du recul du parti PSE (S&D actuel)).

Sur le site du Parlement européen peu de partis politiques expriment leurs préférences sur le devenir politique de l'Union européenne. Ce n'est toutefois pas le cas du parti ECR (*European Conservatives and Reformists Group*) totalement opposé à un scénario fédéral, et en faveur d'une Europe « flexible, ouverte et non fédérale »[289], en faveur d'un recul vers une construction européenne plus orientée sur les échanges économiques. Ce dernier ne dispose toutefois que de 7,5% des sièges au Parlement européen[290]. Le parti ECR a critiqué dernièrement la proposition[291] de la commission des affaires constitutionnelles au Parlement européen selon laquelle les grands partis européens (et non nationaux) nomment une liste de 25 députés[292] pour représenter la circonscription européenne aux prochaines échéances électorales de 2014. Tandis que ce projet est soutenu par les partisans de l'Union des fédéralistes européens (*UEF-Union of European Federalists*)[293] ainsi que par les verts/ALE (alliance libre européenne), le parti ECR espère que le Royaume-Uni utilisera son droit de veto si ce projet abouti au conseil. Ce parti représente 55 députés européens issus de neuf pays membres de l'Union européenne[294]. Les trois pays au sein desquels les députés européens du groupe ECR sont les plus nombreux sont, par ordre

---

[288] Pour composer un groupe politique, le nombre de députés minimal est de 25 issus d'au moins un quart des États membres. Aussi, il n'est pas possible d'adhérer à plusieurs groupes politiques. http://europarl.europa.eu

[289] http://ecrgroup.eu/ecrg-and-eu3.asp,

[290] 55 députés européens sur 735.

[291] Rapport du député européen britannique Andrew Duff (du groupe ALDE- libéral démocrate et président de l'Union des fédéralistes européens).

[292] Dont un tiers des États membres de l'Union européenne.

[293] L'UEF est une organisation non gouvernementale, association créée en 1947, le siège est à Bruxelles, membre du mouvement fédéraliste mondial (World Federalist Movement), http://europe-federale.asso.fr

[294] 25 du Royaume-Uni (Conservative Party, Ulster Conservatives and Unionists), 15 de Pologne ; 9 de République tchèque ; 1 député pour chacun des pays suivants : Belgique, Danemark, Hongrie, Lettonie, Lituanie, Pays-Bas.

décroissant, le Royaume-Uni (45,5% des députés européens ECR), la Pologne et la République tchèque.

L'UEF a pour but de « travailler à la création d'une fédération européenne dotée d'institutions supranationales, à savoir un gouvernement fédéral, une Assemblée populaire élue au suffrage universel direct, un Sénat fédéral représentant les États membres et éventuellement les régions, une Cour de justice »[295] et dispose d'un intergroupe fédéraliste au Parlement européen mais pas d'un parti officiel.

Concernant les deux partis majoritaires, le PPE représente 36% des députés européens et le S&D 25% (perte de deux points par rapports aux élections de 2004). Ils donnent leurs avis sur les priorités relatives aux projets de dispositions réglementaires de la Commission européenne à titre individuel (pour le PPE chaque membre du parti peut s'exprimer) et à titre collectif (pour le S&D). Mais les données sont assez informelles.

Toutefois, le bureau national et le conseil national du parti socialiste français a voté « à la quasi unanimité » le 28 février 2009 un texte intitulé « Donner une nouvelle direction à l'Europe »[296] et expliquant « le besoin impérieux d'Europe ». Dans ce texte est envisagé de constituer « un noyau dur » pour une « coopération renforcée » soucieux « d'aller plus loin dans la construction européenne » notamment en matière « de recherche, d'énergie, de transports propres, de télécommunications, de bio, de nanotechnologies mais aussi de défense (…) d'harmonisation fiscale et sociale ». Il est même écrit que « le projet d'une Europe politique doit toujours être celui des socialistes ».

Le troisième parti le plus important au Parlement européen est le parti ADLE (groupe de l'alliance des démocrates et des libéraux pour l'Europe). Il représente 11,42% des députés européens (un chiffre toutefois en régression par rapport à 2004 où ils pesaient près de 13%). Ce parti, dont certains de leurs membres font clairement partis de l'UEF, défend une Europe politique conformément aux termes de leur président Guy Verhofstadt, « Une ambition : une Europe politique que les citoyens puissent comprendre et qui réponde à leur attente, une Europe qui ne soit pas à la remorque des autres, mais montre la voie à suivre »[297]. Selon eux, les défis économiques (crises financières dernièrement), énergétique, climatique, sécuritaire (terrorisme en particulier) ne peuvent trouver qu'une solution européenne. Les députés européens de ce parti sont issus de dix neuf pays membres de l'Union[298] et, particulièrement en nombre important en provenance du Royaume-Uni et de

[295] http://europe-federale.asso.fr et http://federaleurope.org

[296] PS, Donner une nouvelle direction à l'Europe, http://actus.parti-socialiste.fr/2009/02/28/donner-une -nouvelle-direction-a-leurope/

[297] http://www.alde.eu/fileadmin/docs/home/documents/about_alde/About_ALDE-FR.pdf

[298] Allemagne (12 du FDP), Belgique (5), Bulgarie (5), Danemark (3), Espagne (2), Estonie (3), Finlande (4), Irlande (4), France (6), Italie (6), Lettonie (1), Lituanie (2), Luxembourg (1), Pays-Bas (6), Roumanie (5), Slovénie (2), Slovaquie (1), Suède (4), Royaume-Uni (12).

l'Allemagne (respectivement 12 députés chacun soit 28,5% des députés du parti ADLE).

Le parti du groupe confédéral de la gauche unitaire européenne et de la gauche verte nordique (GUE/NGL) est en faveur d'une intégration européenne mais sur la base d'un autre modèle de développement. Une Europe plus démocratique (en faveur d'une coopération plus étroite entre les parlements nationaux et le Parlement européen ainsi qu'en faveur de référendums) et plus équitable envers les plus pauvres et plus en aide vis-à-vis des plus défavorisés en Europe et ailleurs[299]. Le parti GUE/NGL représente 4,76% des députés européens (chiffre en régression toutefois puisqu'ils comptabilisaient 5,22% des députés européens lors des élections de 2004).

Le parti du groupe des verts et de l'alliance libre européenne (Verts/ALE) totalisent 7,5% des députés européens (une progression de près de deux points puisqu'ils n'atteignaient que 5,35% des députés européens en 2004) qui proviennent de quatorze États membres[300]. Ils proviennent majoritairement d'Allemagne et de France (14 députés chacun des deux pays soit plus de la moitié de la composition du parti). Ce parti aspire à ce que les priorités économiques soient secondaires par rapport aux priorités sociales et environnementales[301]. Une originalité de ce parti est de définir, dans sa composition, non seulement « des verts » mais aussi « des représentants des nations sans États (régionalistes) »[302]. Si le parti des verts ne se prononce pas de façon explicite en faveur d'une idée précise de la construction politique européenne, ils énoncent dans leur projet des principes politiques concordant avec des principes fédéraux. Ils défendent ainsi le contrôle parlementaire sur l'organe exécutif, la Commission européenne, et rappellent leur attachement aux principes de subsidiarité et de solidarité et aspirent à une décentralisation et à « une participation directe des citoyens aux processus décisionnels qui les concerne »[303].

Le parti Europe libertés et démocratie (EFD) est opposé à une Europe politique de type fédérale, le groupe « s'oppose à une plus grande bureaucratisation de l'Europe et à la création d'un super-État-européen »[304] et défend plutôt une Europe simplement économique si, au sein de ce scénario, il soit rendu une plus grande autonomie aux États

[299] Haris Golemis, "United we fight, United we win", European Left Party, « , *Transform ! European network for alternative thinking and political dialogue*, Newsletter march2011.

[300] Allemagne (14), Autriche (2), Belgique (4), Danemark (2), Espagne (2), Estonie (1), Finlande (2), France (14), Grèce (1), Lettonie (1), Luxembourg (1), Pays-Bas (3), Royaume-Uni (5), Suède (3).

[301] http://www.greens-efa.eu

[302] http://www.greens-efa.eu/fr/notre-groupe/48-qui-sommes-nous.html

[303] http://www.greens-efa.eu/fr/notre-groupe/48 qui sommes-nous.html

[304] Article 1 des statuts du groupe Europe libertés et démocratie, Plate-forme politique. http://www.efdgroup.eu/the-group/statutes.html

membres. Selon leurs statuts, « Convaincu que la démocratie repose sur la légitimité des États-nations, des régions et de leurs parlements dans la mesure où il n'existe pas de peuple européen unique ». Le groupe s'oppose à une intégration européenne plus poussée (traités et politiques) qui aurait pour effet d'accentuer le déficit démocratique et la structure centralisatrice de l'Union européenne ». Ce parti souhaite que des référendums dans tous les États membres soient systématiquement appliqués lorsqu'une modification importante est envisagée[305]. Les deux pays au sein duquel il y a le plus de députés européens issus de ce parti sont le Royaume-Uni et l'Italie puisqu'ils représentent près de 68% des députés du parti EFD parmi les neuf pays dont ils sont issus[306].

Ainsi, seuls trois des sept partis affichent leur préférence pour le devenir de l'Europe. Le parti ADLE est en faveur d'un scénario fédéral, le parti ECR et EFD en faveur d'une construction européenne peu politique. Toutefois, ils ne représentent que 21,27% des députés européens. Il est ainsi très difficile à ce jour de déterminer au sein des autres partis politiques quelles sont leurs préférences puisqu'il n'y a pas de consensus au sein même de ces partis.

Certains pays ne comportent aucun représentant du parti ECR soit l'Allemagne, la Bulgarie, l'Estonie, l'Irlande, la Grèce, l'Espagne, la France, l'Italie, Chypre, le Luxembourg, Malte, l'Autriche, le Portugal, la Roumanie, la Slovénie, la Slovaquie, la Finlande et la Suède. Les pays au sein desquels se trouvent la plus forte proportion de députés de ECR se trouvent aussi le moins de députés ADLE ou verts (les deux partis les plus proches d'un scénario fédéral) comme en Pologne (15 députés ECR et aucun députés ADLE ou Verts) et en République tchèque (9 députés ECR et aucun députés ADLE ou Verts) mais, dans une bien moindre mesure au Royaume-Uni (25 députés ECR, 12 ADLE et 5 Verts). On peut en déduire que ces trois pays font partis des pays comportant le plus de réticences vis-à-vis d'un scénario fédéral. Lors des élections européennes de 2004, de nombreux partis eurosceptiques, souvent de droite (rattachés aux partis européens UEN – union pour l'Europe des nations- et EDD –Europe des démocraties et des différences) mais aussi de gauche (GUE-NGL- groupe confédéral de la gauche unitaire – gauche verte nordique), obtiennent des résultats pouvant aller jusqu'à 16% pour ceux de droite et jusqu'à 20% si on cumul ceux de gauche[307]. Le parti de l'indépendance du Royaume-Uni (UKIP) a obtenu plus de 16% des voix et réclame ainsi la sortie définitive de l'Union

305 Article 1 des statuts du groupe Europe libertés et démocratie, Plate-forme politique. http://www.efdgroup.eu/the-group/statutes.html

306 Royaume Uni (10), Italie (9), Grèce (2), France (1), Lituanie (2), Pays-Bas (1), Slovaquie (1), Finlande (1).

307 François Vergniolle de Chantal, *Fédéralisme et antifédéralisme*, PUF, Que sais-je ?, 2005.

européenne. En Pologne, la ligue des familles polonaises (LPR) obtient 16% des voix. En Suède également, la liste de juin obtient 14% des voix en réunissant toutefois des souverainistes de droite et de gauche.
A l'occasion du référendum sur le mode de scrutin au Royaume-Uni du 5 mai 2011, le groupe britannique *People Pledge* a mis en place une pétition demandant la mise en place d'un vote sur le maintien ou le retrait du Royaume-Uni dans l'Union européenne, proposition (de retrait) que l'actuel chef de gouvernement David Cameron (parti conservateur) a toutefois rejeté[308].

[308] Corinne Deloy, « Référendum sur le mode scrutin au Royaume-Uni ». *5 mai 2011*, Fondation Robert Schuman, Observatoire des élections en Europe.

Section 3- Pouvoir institutionnel européen en faveur des États-nations

Les deux institutions législatives européennes, le Conseil de l'Union européenne et le Parlement européen, votent les projets de lois présentés par la Commission européenne (puisque cette dernière a le monopole de l'initiative des lois parmi les institutions européennes). Aussi, les modes de représentation des pays (ministres nationaux ou régionaux...), les intérêts des petits et des grands pays (proportionnalité des voix à la taille des populations au Parlement européen plus qu'au Conseil de l'Union européenne) ainsi que les partis politiques (élections parlementaires européennes au scrutin proportionnel ou majoritaire) ne répondent pas à des procédures approuvées par l'ensemble et font encore l'objet, parfois, de contestations. Une autre difficulté réside dans un déséquilibre des pouvoirs législatifs en faveur du Conseil de l'Union européenne, les États membres s'assurant ainsi la maîtrise du pouvoir législatif. Toutefois, le fait de collaborer ensemble au sein de ces deux institutions crée une dynamique européenne nouvelle, un schéma de représentation commun des projets, différent des schémas de représentation nationaux, sans pour autant les effacer.

A-Parlement européen et Conseil de l'Union européenne

Si la Commission européenne est l'institution européenne ayant pour mission la défense des intérêts européens, les députés du Parlement européen sont censés défendre les intérêts nationaux. Toutefois, l'originalité de cette institution législative se mesure dans son organisation opérationnelle. En effet, les députés européens travaillent ensemble en fonction du parti politique européen auquel ils appartiennent et non en fonction de leur origine nationale. Si bien que les parlementaires européens agissent en fonction de leurs affinités politiques et non sur la base d'une appartenance nationale, ce qui rejoint le renforcement de l'hypothèse de décroissance de l'importance du principe de territorialité.

1-Procédures de vote et poids des minorités de blocage : un consensus recherché

La plupart des dispositions réglementaires font l'objet d'un vote à la majorité qualifiée[309] au Conseil de l'Union européenne mais surtout d'un large consensus au sein des sessions plénières puisque le président du Conseil veille à ne pas soumettre un vote alors qu'il existe une minorité d'États s'y

[309] Au conseil de l'UE, la règle de la majorité qualifiée introduite par le traité de Lisbonne est de 55% des États au minimum et de 65% de la population au minimum.

opposant[310]. Toutefois, ce consensus est un peu en la faveur des grands États dans la mesure où les petits États préfèrent ne pas aller à l'encontre du consensus général afin de ne pas être marginalisés[311]. Aujourd'hui, une décision ne peut pas être imposée si une minorité de blocage s'y oppose (un tiers des États ou 25% de la population) ou, conformément au « compromis de Ionnina »[312], si une minorité proche de celle de blocage demande le réexamen d'une décision adoptée à la majorité qualifiée au Conseil de l'Union européenne[313]. Compte tenu des élargissements successifs et de la répartition des voix, une minorité de blocage peut se composer soit de quatre grands États (plus de 33% des voix[314]), soit de trois grands États et d'un moyen, soit de six à sept petits et moyens États.

Cette procédure est parfois contestée dans la mesure où elle ne tient pas compte de façon proportionnelle du poids des populations. L'Allemagne compte plus de 82,5 millions d'habitants et dispose d'autant de voix que l'Italie qui ne dispose que de 58,9 millions d'habitants[315]. Le plus petit pays (Malte) est trente fois mieux représenté que le plus grand (l'Allemagne). Une analyse[316] a suggéré d'appliquer une procédure de vote au Conseil de l'Union européenne plus conforme à la taille de la population, en utilisant la règle de la racine carré à la taille de la population. Les résultats obtenus avec des chiffres plus récents de la population de 2008 montrent un écart significatif entre le poids des votes au Conseil de l'Union européenne des cinq États membres de l'Union les plus peuplés par rapport à la taille de leur population respective en faveur des autres États membres. Mais si l'écart se réduisait un peu en faveur de l'Allemagne, il serait moins avantageux que la répartition des voix actuellement en vigueur pour le Royaume-Uni, l'Italie, la France, l'Espagne, Chypre, la Lituanie, le Luxembourg, Malte, la République tchèque et en particulier la Pologne. Ce calcul ne modifierait pas de beaucoup la répartition actuelle sauf pour la Pologne qui connaîtrait non pas un écart en sa faveur mais l'inverse au même titre que les cinq autres États membres de l'Union européenne les plus peuplés.

---

[310] Novak Stéphanie, "*Decision rules, social norms, and the expression of disagreement: the case of qualified majority voting in the Council of the European Union*". Social science information, March 2010, 49/1.

[311] Dehousse Renault, Delauche Gaudez, "*Voting in the Council of Ministers: the impact of enlargement*", in Andrea Ott et Ellen Vos, fifty years of European integration: foundations and perspectives, The Hague, TMC Asser Press, 2009.

[312] Lors d'une réunion informelle des ministres des affaires étrangères réunis à Ionnina, en Grèce, en 1994, une demande de réexamen d'une décision à majorité qualifiée peut être admise, dans un délai raisonnable.

[313] http://www.robert-schuman.eu/doc/divers/lisbonne/fr/fiche3.pdf

[314] L'Allemagne, la France, l'Italie et le Royaume-Uni comptabilisent chacun 29 voix sur 345.

[315] Statistiques 2008 Ramses 2010, IFRI.

[316] Werner Kirsch, Moshé Mashover, Wojciej Stomszinski,Carol Zyczkowski, "*Voting in the EU Council, a scientific approach*". www.ruhr.uni.bochum.de

Entre 2003 et 2006 l'analyse des votes de Dehousse et de Delauche Gaudez ne décompte que trois actes législatifs rejetés. Ils constatent aussi que depuis l'élargissement de 2004, la coalition d'États d'opposition s'accroît fortement passant de 5% (sur la période 2002-2004) à 27% (sur la période 2004-2006). Il est également souligné la décroissance du nombre de votes rendus publics passant de 101 votes à 66 votes sur les mêmes périodes.
Aussi, l'analyse de Mikko Mattila[317] révèle trois constats quant aux votes négatifs. Le premier soulève le fait que les gouvernements des pays les plus eurosceptiques (comme au Royaume-Uni) s'opposent plus souvent que les autres. En deuxième lieu, les partis politiques conservateurs bloquent plus fréquemment les décisions européennes que les sociaux démocrates. Enfin, les pays principalement contributeurs nets au budget européen sont plus réticents que les pays bénéficiaires nets.

Seule institution européenne élue directement par les citoyens européens, le Parlement européen exerce le pouvoir législatif avec le Conseil de l'Union européenne. La répartition des sièges entre États membres de l'Union européenne est aussi fondée sur le principe de « proportionnalité dégressive » à savoir, plus un État est peuplé, plus le nombre d'habitants représentés par député est important. Un député européen allemand représente ainsi 833.000 habitants tandis qu'un député européen maltais ou luxembourgeois ne représente que 80.000 habitants chacun. Si l'Espagne semblait avantagé par rapport aux cinq autres grands États en termes de nombre de voix au conseil de l'Union européenne, il est le plus désavantagé au Parlement européen puisqu'un député espagnol au Parlement européen représente le nombre d'habitants le plus important soit plus de 892.000 habitants.

2-Représentativité des citoyens : sous représentation des femmes au parlement

Si plus de la moitié des électeurs sont des femmes, il demeure une forte sous-représentation de ces dernières au Parlement européen mais cette tendance tend à se réduire. En 1979, seulement 16,3% des députés étaient des femmes, en 1994, elles sont passées à 26,1% et en 2004 à 30,3%[318].
En 2008, dix pays membres ont obtenu la parité au niveau des députés européens après avoir instituer un système de quota électoral par exemple comme en Estonie, au Luxembourg et en Slovénie et, dans une proportion entre 49% et 44%, en Bulgarie, en France, aux Pays-Bas, en Suède et, aux alentours de 42%, au Danemark, en Finlande et en Hongrie. Deux pays

[317] Mikko Mattila, Contested Decisions. "Empirical Analysis of Voting in the EU Council of Ministers", European Journal of Political Research, 2003.
[318] Service de presse, « Les femmes au Parlement européen », www.elections2009.eu.

membres ne disposent d'aucune femme parmi les députés européens, Chypre et Malte. Il faut remarquer que la proportion des femmes dans les parlements nationaux n'atteint en moyenne que 23% des députés nationaux[319]. Généralement, la proportion de femmes députés est similaire dans les parlements nationaux et dans le Parlement européen. Toutefois, en France, si la représentativité des femmes est positive au Parlement européen, ce n'est pas le cas à l'Assemblée nationale avec seulement 18,5% de même qu'au Luxembourg avec 23,3% des élus.
Ces différences de représentativité sont aussi visibles en fonction des partis politiques et des commissions parlementaires. Les trois groupes politiques comportant la plus forte proportion de femmes députés sont les verts/Ale (46,5% en 2004 et 52,7% en 2009), le PSE (socialistes) (40,5%) et l'ALDE (alliance démocrates et libéraux) (40%), pour l'ensemble des autres groupes politiques, cette proportion de femmes n'atteint pas les 30%[320]. Les deux commissions parlementaires composées du plus grand nombre de femmes sont celle des droits de la femme et de l'égalité des genres et celle du marché intérieur et de la protection des consommateurs.

Une proposition de réforme relative aux élections du Parlement européen votée par la commission des affaires constitutionnelles porte sur la possibilité de faire des listes transnationales. Le parti des verts espère ainsi que lors des prochaines élections européennes les campagnes ne seront plus « nationales » mais « européennes » comme le parti des verts le pratiquait déjà. Daniel Cohn-Bendit, co-président du groupe des verts/Ale explique que « chaque électeur élit en plus de ses députés 25 députés issus d'une liste européenne »[321]. Le parti ECR y est totalement opposé.

3-Coopération interparlementaire en légère progression

Jusqu'en 1979, date des premières élections directes des députés européens, l'Assemblée européenne de Strasbourg était composée de parlementaires nationaux. A partir de cette date, une Délégation[322] pour l'Union européenne fut instituée dans chacune des chambres des parlements nationaux, prévoyant une représentation proportionnelle des groupes politiques. Ces

---

[319] Service de presse, « Les femmes au Parlement européen », www.elections2009.eu.

[320] PPE –DE (parti populaire européen et démocrates européens) 25,7% ; GUE-NGL (groupe confédéral de la gauche unitaire européenne et gauche verte nordique) 29,3% ; IND/DEM (indépendance et démocratie) 18,2% ; UEN (Union pour l'Europe des nations) 11,6% ; NI (membres non inscrits) 12,9%.

[321] Daniel Cohn Bendit, Réforme électorale du Parlement européen : enfin des listes à envergure européenne, http://www.greens-efa.eu/fr/reforme-electorale-du-parlement-europeent-3627.html

[322] Chaque délégation se compose en France d'un Président, de 4 vice-présidents, de 2 secrétaires et de 25 autres membres.

dernières exercent un contrôle politique[323] sur les activités européennes du gouvernement, en amont du processus décisionnel ainsi qu'une mission d'information (elles tiennent informé les parlements nationaux des travaux de l'UE notamment par la publication de rapports d'information)[324]. Tous les députés de la délégation sont également membres de l'une des six commissions permanentes au Parlement européen.
Le traité d'Amsterdam, entré en vigueur en 1999, a introduit un protocole sur le rôle des parlements nationaux en prévoyant notamment un délai de six semaines entre la transmission au Conseil de l'Union d'une proposition législative et l'inscription de celle-ci à l'ordre du jour du Conseil en vu de son adoption. Mais c'est le traité de Lisbonne (article 12TUE) qui introduit clairement les Parlements nationaux dans le fonctionnement des institutions de l'UE. Ils sont ainsi destinataires des demandes d'adhésion (art.49 TUE), des projets de révision des traités (art.48-1 TUE), et chaque parlement national peut s'opposer à une modification des politiques internes introduite selon la procédure simplifiée[325] (art. 48-6 TUE).

Aussi, il existe une coopération parlementaire française, allemande, britannique, espagnole, polonaise et tchèque régulière[326]. En 1989 fut instituée la conférence interparlementaire des organes spécialisés dans les affaires communautaires (COSAC), et institutionnalisée par le traité d'Amsterdam, réunissant chaque semestre des représentants des commissions parlementaires nationales et européennes. Son rôle est d'examiner toute proposition ou initiative d'acte législatif en relation avec la mise en place d'un espace de liberté, de sécurité et de justice susceptible d'avoir une incidence directe sur les droits et libertés des individus[327].

---

[323] La loi Pandraud du 10 juin 1994 en France, contraint le gouvernement à communiquer à la délégation de l'UE « tout document nécessaire établi par les différentes institutions de l'UE », l'article 88-4 de la Constitution française introduit en 1992, a doté le Parlement français de moyens de contrôle sur les affaires européennes en imposant au gouvernement de soumettre à l'Assemblée nationale et au Sénat dès leur transmission au Conseil de l'UE, les projets ou propositions d'actes de l'UE qui comportent des dispositions de nature législative.

[324] Document d'information, « L'Assemblée nationale et l'Europe : la Délégation pour l'Union européenne », Assemblée nationale, XIIe législature, Novembre 2003.

[325] Une révision du Traité de l'UE peut être approuvée (et non ratifiée) par l'ensemble des États membres selon leurs règles constitutionnelles respectives ou, selon la procédure « clause passerelle », le vote à majorité est toutefois conditionné à la non opposition d'un Parlement national.

[326] 24/10/2001 et 10/12/2001 à Paris ; 22/01/2003 à Paris ; 25/02/2003 à Stuttgart ; 16/06/2003 à Varsovie ; 24/09/2003 à Paris.

[327] Étienne de Poncins, *Le Traité de Lisbonne en 27 clés*, Éditions Lignes de repères, 2008.

4-Transposition du droit européen en droit interne : un coût important en cas de retard ou de mauvaise transposition

Non seulement certains États membres mettent deux fois plus de temps que les autres à transposer une directive européenne en droit interne mais, en plus, la qualité de transposition peut aussi être dénoncée par la Commission européenne.

Certains États membres de l'Union européenne font preuve d'un retard important en matière de transposition de directives européenne en droit national. Dans l'Union européenne des quinze en 2003, la France est le sixième pays a connaître un retard de transposition important sur les six les plus en retard (50 directives non transposées en France contre 9 au Danemark) avec la Grèce (51), l'Autriche (52), l'Irlande (54), le Portugal (57) et l'Italie (59)[328].
Dans la dernière enquête[329] de la Commission européenne relative aux performances des États dans la transposition des directives européennes, l'Italie demeure le plus mauvais exemple. En moyenne dans l'Union européenne, les États ajoutent six mois supplémentaires de délais de transposition et, la France en requiert dix. Selon la Commission, la Pologne et la Belgique comptent le plus grand nombre de directives males transposées suivies de la Grèce et de l'Italie.

La Commission européenne n'hésite pas à saisir la CJUE par la procédure de constatation en manquement à l'encontre d'un État membre prévue par le traité de Lisbonne[330]. Afin de décourager les États à ne transposer une directive européenne que lorsqu'un recours en manquement à leur encontre est lancé, de lourdes astreintes financières (amendes forfaitaires ou astreintes)[331] peuvent être exigées par la CJUE, même une fois que la transposition est réalisée. Dans son communiqué de 2005, la Commission a indiqué vouloir demander systématiquement à la CJUE la condamnation d'un État défaillant au paiement d'une astreinte et d'une amende forfaitaire[332] et de ne plus se désister en cas de régularisation en cours d'instance. Ce dispositif sera repris dans le traité de Lisbonne. En tenant compte de la gravité de la situation, de la capacité de l'État à payer la pénalité et du délai de retard, la France se voit attribuer un montant minimal de l'amende forfaitaire à 10,9 millions d'euros et les astreintes peuvent

---

[328] Commission européenne, Tableau d'affichage de l'état de transposition des directives par les États membres de l'UE, mai 2003.
[329] Décembre 2010.
[330] La Commission invite un État à présenter ses observations puis peut émettre un avis motivé puis saisir la CJUE si cet avis n'est pas suivi. Article 226 CE devenu Article 258 TFUE.
[331] Article 228 CE devenu Paragraphe 3 Article 260 TFUE.
[332] Communication du 13/12/2005.

s'échelonner de 13.098 euros à 785.880 euros par jour de retard[333]. Par exemple, la France a été condamnée en 2008 au paiement d'une amende forfaitaire de 10 millions d'euros pour la transposition tardive de la directive relative à la dissémination volontaire d'OGM et, le 12 juillet 2005, au paiement d'une amende forfaitaire de 20 millions d'euros et d'une astreinte semestrielle de 57,8 millions d'euros dans l'affaire « poissons sous taille ». Le ministre français des affaires européennes, Jean Leonetti, a ainsi décidé récemment de mettre en place un comité chargé de surveiller la bonne transposition des directives européennes[334].

B-Conseil européen : une direction de l'exécutif par les États-membres ?

Le Conseil européen est composé désormais des chefs de l'exécutif des pays membres de l'Union européenne et du président de la Commission européenne. Institution informelle au départ (conférences au sommet entre 1961 et 1974 pour prendre des engagements politiques)[335], puis instituée en 1974 lors du sommet de Paris afin que les chefs de l'exécutif accompagnés des ministres des affaires étrangères se réunissent trois fois par an au minimum et, consacré par l'Acte unique (art.2) pour une réunion deux fois par an et une officialisation lors du traité de Maastricht[336]. Son rôle est de donner l'impulsion et l'orientation nécessaires au développement de l'Union. Mais c'est le traité de Lisbonne qui consacre son statut institutionnel actuel (art. 13 TUE) et élargi sa mission à la définition des politiques générales (art.15-1 TUE). Il semble ainsi que l'Union européenne soit désormais en possession d'un « gouvernement politique » de l'Union européenne.

1-Représentation au Conseil européen des États unitaires

Une autre particularité de certains des États unitaires, consiste à faire représenter leur pays au Conseil européen par le chef de l'État. Parmi les dix États bénéficiant d'une présidence de la République élue au suffrage universel direct seulement quatre pays, Chypre, la France, la Lituanie et la Roumanie, font représenter le chef de l'État au Conseil européen[337], pour l'ensemble des autres États, ils sont représentés par le chef de gouvernement.

---

[333] Le Sénat, *Proposition de loi portant diverses dispositions d'adaptation de la législation au droit communautaire*, http://www.senat.fr/rap/l10-085/l10-0853.html, 26/03/2012.

[334] http://www.euractiv.fr/france-veut-cancre-transposition-article#print

[335] En 1969, le sommet de La Haye a permis d'impulser la mise en place une stratégie monétaire commune.

[336] Article D devenu article 4 du traité d'Amsterdam.

[337] Aux Conseils européens des 25-2- mars et 16 septembre 2010, se sont les présidents de la république de Chypre (Demetris Christofias), de France (Nicolas Sarkozy), de Lituanie (Dalia Grybauskaite), de Roumanie (Traian Băsescu) et les premiers ministres des autres États unitaires.

Selon la Section 93 de la Constitution finlandaise, « le gouvernement est responsable de la préparation au niveau national des décisions qui doivent être prises à l'Union européenne », mais le président peut prendre part aux sommets européens lorsqu'il le souhaite.
En Hongrie, en Irlande et en Pologne, c'est le premier ministre qui dispose des plus larges pouvoirs dans l'exécutif tandis que le président assure plus un rôle honorifique. En Irlande cela s'explique par la crainte de voir un des leaders des deux partis principaux instaurer un pouvoir moins démocratique[338].

2-Représentation au Conseil européen des États non unitaires

Au Conseil européen, pour l'Italie comme pour l'Espagne et l'Estonie, ce sont les chefs de gouvernements qui y participent[339]. Le monarque espagnol et les présidents de la République italienne et de la République estonienne disposent de fonctions plus honorifiques que réelles. Les chefs de gouvernement italien et espagnol bénéficient toutefois de pouvoirs plus étendus que ceux des États fédéraux d'une part et des monarchies parlementaires du premier groupe d'autre part, mais de pouvoirs plus limités que dans les États semi-présidentiels et présidentiel (pour Chypre).
Au Conseil européen, se sont les chefs de gouvernement qui représentent les monarchies parlementaires[340] ainsi que les fédérations.

Lors du travail collectif de la convention sur « l'avenir de l'Union européenne », le projet de traité de constitution pour l'Europe, un compromis entre les partisans des différentes options institutionnelles a instauré les bases finalement du traité de Lisbonne aujourd'hui en vigueur, respectueux du triangle institutionnel. Le discours de Tony Blair, le chef de gouvernement britannique de l'époque, illustre ce cheminement : « L'Europe représente la volonté des États souverains », en parlant notamment du Conseil. « Avoir une Commission dotée de pouvoirs d'initiative et un Parlement et une Cour de justice organisés au niveau européen a pour but de reconnaître que nous avons besoin d'institutions européennes supranationales pour que l'Europe fonctionne, c'est-à-dire, pour que cette

[338] Craintes du parti d'opposition Fine Gael d'une présidence tenue par le leader du parti Fianna Fail, Eamon de Valera qui pourtant n'envisageait pas cette fonction et proposa Hyde.

[339] Aux Conseils européens des 25-2- mars et 16 septembre 2010, se sont le président du gouvernement espagnol José Luis Rodriguez Zapatero, le premier ministre estonien Andrus Ansip et le président du Conseil des ministres italien Silvio Berlusconi (en mars).

[340] Aux Conseils européens des 25-26 mars et 16 septembre 2010, se sont les premiers ministres britannique (Gordon Brown puis David Cameron), néerlandais (Peter Balkenende), luxembourgeois (Jean Claude Junker), danois (Lars LØkke Rasmussen), suédois (Fredrik Reinfeldt en mars).

volonté souveraine soit efficacement mise en œuvre »[341]. Lors de cette Convention, les positions des différents États en faveur d'un renforcement soit de la Commission européenne (devant être responsable devant le Parlement européen) soit du Conseil européen (avec une présidence stable) ont débouché sur un renforcement de ces deux institutions.

La grande majorité politique œuvre en faveur du schéma institutionnel actuel. Toutefois, ce dernier se rapproche à chaque nouvelle réforme institutionnelle du scénario fédéral. Aussi, ces étapes n'excluent pas la possibilité qu'une partie des États membres de l'Union européenne pratiquent une coopération renforcée propre à rendre un regroupement fédéral potentiellement faisable. Mais les partis politiques qui requièrent le plus de votes en faveur des partis réfractaires à une Europe politique ou qui bénéficient le plus de clauses dérogatoires nous permettent de les exclurent du noyau fédéral potentiel. Il s'agit du Royaume-Uni, du Danemark, de la Suède, de la Pologne et de la République tchèque.

Si on revient aux critères d'évaluation des démocraties au sens de Amartya Sen, ces vingt sept démocraties ont chacune développé un socle commun de démocratie au regard des principes de séparation des pouvoirs et de principes électifs issus de la population. Toutefois, chaque pays membre de l'Union européenne applique différemment le principe de subsidiarité, le partage des pouvoirs entre institutions exécutive, législative, judiciaire, entre institutions centrales et locales, entre sphère publique et privée et, chaque pays exprime différemment les besoins identifiés par les populations. Aussi, si on applique à l'échelle des institutions européennes les critères d'évaluation des démocraties du philosophe Amartya Sen, il faut ainsi noter le déficit de « poids intrinsèque » au regard de la faible participation des populations dans les choix sociaux et politiques pris à l'échelle européenne (aucun élargissement n'a fait l'objet d'un référendum dans les pays membres de l'Union européenne, jusqu'au traité de Lisbonne, les Parlements nationaux et le Parlement européen ont joué un rôle mineur dans le processus législatif puisque l'organe décisionnel privilégié fut le Conseil de l'Union), le faible degré de « contribution instrumentale » par rapport à la faible prise en compte, à l'échelle européenne, des besoins exprimés par les populations (le nombre réduit de domaines de compétences exclusifs de l'Union éloigne ce centre politique des préoccupations des citoyens) et, enfin, la faiblesse également de son « rôle constructif dans l'élaboration des normes et valeurs » puisque la référence nationale demeure la règle appliquée par chaque État membre.

---

[341] Discours de Tony Blair sur les travaux de la Convention européenne, 28/11/2002,, http://www.ena.lu/resume_avant_projetconstitution_union_europeenne_bruxelles_decembre_2002-01-18484

Chapitre 3- Redéfinition du pouvoir à différentes échelles dans la limite du principe de territorialité

Les cinquante années de construction européenne, et au-delà, ont-elles permis une révision du principe national de territorialité en supprimant notamment les frontières internes en matière de circulation des marchandises, des biens, des capitaux et des personnes, voir en étendant les règles européennes à leurs voisins ou partenaires économiques ou en adoptant eux-mêmes des règles internationales ?

Les États-nations se sont constitués sur une délimitation territoriale correspondant souvent à une nation, le partage d'une même langue et de même pratique religieuse. Appliquer le principe de territorialité revient à « projeter un système d'intentions humain sur une portion de la surface terrestre »[342]. Il s'agit ainsi d'un processus politique permettant de délimiter l'applicabilité de règles juridiques dont le pouvoir central a la charge. Mais dans le cadre de la mondialisation et de la régionalisation, se superposent différents systèmes juridiques, modes de gouvernance et sphères d'activités qui montrent les limites de ce principe. Ce principe est évoqué dans le code de procédure pénale français[343] qui donne pouvoir aux autorités françaises d'intervenir en dehors de son territoire lorsqu'une loi ou tout texte législatif national ou toute convention internationale ou seulement européenne l'y autorise (par exemple, la convention contre la torture et traitements cruels, inhumains ou dégradants adoptée à New York le 10 décembre 1984 permet aux juridictions françaises de juger une personne même si l'acte a été commis hors de son territoire[344] ; également, la convention européenne pour la répression du terrorisme signée à Strasbourg le 27 janvier 1977 concernant les atteintes volontaires à la vie, tortures et actes de barbarie, violences ayant entraîné la mort, mutilation ou infirmité permanente,(...) et les atteintes à la liberté d'aller et venir (...) ou tout autre crime ou délit comportant l'utilisation de bombes,(...) ayant pour but de troubler l'ordre public...[345]). Les conventions entrant dans le champ de l'article 689 du code de procédure pénale couvrent essentiellement deux domaines, l'un concerne la sécurité l'autre, couvre les domaines financiers (convention relative à la protection des intérêts financiers signée à Dublin en 1996, convention relative à la lutte contre la corruption impliquant des fonctionnaires des communautés

[342] Préface de Claude Raffestin, in Jean-Marc Offman, Denise Pumain (dir.), *Réseaux et territoires. Significations croisées*, L'Aube, 1996, p.7.

[343] Code de procédure pénale 2011, Titre IX Des infractions commises hors du territoire de la République, Chapitre Ier de la compétence des juridictions françaises, articles 689 à 689-10.

[344] Article 689-2 du Code de procédure pénale 2011.

[345] Article 689-3 du Code de procédure pénale 2011.

européennes ou des États membres de l'Union européenne de 1997[346]). Ces domaines cités concernent des situations mettant en péril l'ordre public ou la sécurité des personnes, mais il existe aussi des domaines dans lesquels le principe territorial et la gestion des espaces publics ne cadre plus avec les limites nationales. Les coopérations locales, régionales, se veulent parfois transnationales. Aussi, les cas de litiges en droit civil et en droit pénal peuvent être liés à des problèmes transnationaux sans qu'un processus d'harmonisation juridique ne soit véritablement mis en place.

[346] Article 689-8 du Code de procédure pénale 2011.

Section 1- Partage du pouvoir entre État central, autorités locales, institutions supranationales et marché privé

Dès 1957, le Conseil de l'Europe a soutenu les initiatives en faveur d'une coopération régionale transnationale[347]. En 1957 la conférence européenne des pouvoirs locaux donnera naissance au Congrès des pouvoirs locaux et régionaux d'Europe (CPLRE) en 1994 qui disposera d'une Charte de l'autonomie locale et des droits ethno-linguistiques européens. Mais dans le cadre de l'Union européenne il faut attendre le traité de Maastricht pour que soit créé un véritable Comité des régions mais ainsi restreint aux régions des pays membres de l'Union européenne (contrairement à l'Association des régions d'Europe). Peut-on pour autant en déduire que la construction européenne a pour objet de redéfinir les rapports politiques sans tenir compte des frontières nationales ? C'est peu probable, mais le fait d'introduire dans cette construction européenne des dimensions transversales favorise l'émergence d'une cohérence à plusieurs échelles.

La fin du concept de territorialité est analysée d'une part dans les nouveaux rapports qui s'exercent entre les États et les administrations locales et, d'autre part, à travers le processus d'européanisation sur les modes de gouvernance régionale transfrontalières et entre régions d'une même Union européenne.

La construction de l'Union européenne a peu à peu conduit à la création d'un espace sans frontières nommé nouvel espace et non territoire commun. Dans le langage des théoriciens des relations internationales le problème peut se formuler ainsi « les frontières ne peuvent en effet être séparées des entités qu'elles entourent et leur perméabilité est à la fois un symptôme et une cause des changements profonds qui affectent les caractéristiques de l'État et de son environnement »[348].

Il est entendu comme nouvel espace européen, la recomposition des centres d'attraction économique et sociale ainsi que l'importance du nouveau rôle tenu par les régions.

---

[347] Résolution 76 (1955) sur la convocation d'une conférence des représentants des associations nationales de pouvoirs locaux des pays membres du Conseil de l'Europe.

[348] Anderson, M., "*Frontiers. Territory and State formation in the Modern World*", 1996, Cambridge, Polity Press.

La théorie *Multilateralism* de James Rosenau[349] nous explique la coexistence du système étatique avec un système multicentrique aussi puissant et de nature régulatrice dans les relations internationales. Il explique l'érosion de la souveraineté étatique par la multiplication des acteurs qui agissent en dehors du cadre de celle-ci. Contrairement aux adeptes du courant de l'intergouvernementalisme libéral pour qui l'intégration européenne demeure un modèle stato-centré avec souverainetés nationales sauvegardées de même que les enjeux de politiques internes, les théoriciens de la *Multi Level Governance* caractérisent le modèle européen ainsi : prises de décision partagées par divers acteurs à différents niveaux ; perte du contrôle des exécutifs sur le processus décisionnel ; courroies de transmission entre les acteurs internes et européens ne relevant plus seulement des États.

La théorie de la « gouvernance » est définie comme « un ensemble de règles, de principes, de procédures émanant d'acteurs étatiques et autres, et assurant la régulation d'activités traversant les frontières »[350]. On assiste ainsi à un repositionnement du rôle des régions en tant qu'acteur du pouvoir au même titre que l'État ou certaines grandes entreprises (multinationales).

A-Autonomie régionale dans les anciennes monarchies

Une forte tradition de décentralisation règne dans les pays nordiques, mais le Royaume-Uni a également emprunté cette voie.

Les lois de 1999 accordent une grande autonomie aux entités composant le Royaume-Uni en leur accordant un parlement et un gouvernement à chacun[351]. Les administrations locales disposent d'une relative autonomie financière avec notamment la taxe sur la valeur de la propriété et des subventions mais aussi la possibilité d'emprunter si le gouvernement central le permet. Aussi, une forte diminution de leurs prérogatives dans les domaines de la santé, l'électricité, l'eau, le gaz, les égouts,... a été initiée par la politique de privatisation de l'ère Thatcher, si bien qu'elles n'ont plus le même rôle qu'auparavant.

En Suède, les 290 gouvernements locaux disposent d'une autonomie prévue dans la Constitution de 1809, avec le pouvoir de lever des taxes au bénéfice exclusif des habitants de la communauté locale. Cette autonomie financière s'est toutefois amoindrie dans la mesure où le gouvernement leur a confié la

---

349 Rosenau James, "*The Person, the Household, the Community, and the Globe: Notes for a Theory Multilateralism in a Turbulent World*", Cox, 1997, *New Realism. Perspectives on Multilateralism and World Order*, Londres, Macmillan Press.

350 Smouts M., « Du bon usage de la gouvernance dans les relations internationales », *Revue Internationale des sciences sociales*, 155, 1998.

351 Scotland Act instituant Parlement écossais nommant 1er ministre ; Northern Ireland Act, Assemblée élue (représentant unioniste et nationaliste) mais avec pouvoir législatif plus restreint que son homologue écossais et exécutif bicéphale ; Government for Wales Act, Assemblée élue instituée mais sans prérogatives législatives, commission exécutive.

responsabilité locale en matière sociale avec les mêmes ressources. Les vingt comtés sont des institutions administratives institutionnalisées en charge de la santé avec des ressources internes, le droit de lever l'impôt leur est acquis, mais aussi étatique.

Aux Pays-Bas, la part des taxes locales s'est accrue permettant aux communes de ne dépendre du gouvernement national qu'à hauteur de plus ou moins 40% de leur budget.

Au Danemark, pays à degré élevé de décentralisation, une loi sur les collectivités locales est entrée en vigueur le 1er janvier 2007 et, contrairement aux autres réformes de ce type chez ses voisins, elle tend à limiter l'autonomie locale. Cette loi a pour effet de réduire fortement le nombre de municipalités (passant de 275 à 98) et de remplacer les 14 *counties* par 5 régions qui perdent toutefois le pouvoir de lever l'impôt[352]. Les municipalités danoises peuvent lever l'impôt tandis que les régions sont financées par une taxe sur la santé gérée au niveau national. Les autorités locales administrent 50% du service public notamment dans les domaines social (hôpitaux, aides), voirie, contrôle environnemental, éducatif. Le gouvernement central intervient aussi dans ces domaines par exemple pour l'aide aux personnes âgées, il fixe le montant des indemnités ou en fixant des normes minimales pour les écoles primaires, surtout il contrôle les finances publiques.

Une autre caractéristique de ces pays est le maintien de territoires sur le plan juridique mais non rattachés sur le plan géographique. Le Danemark comprend ainsi le Groenland et les îles Féroé, des territoires qui toutefois ne font pas partie de l'Union européenne et disposent de leurs propres lois.

Sur le plan des moyens, l'autonomie financière locale[353] est très élevée dans les pays nordiques par rapport à la moyenne européenne (11% de la totalité des recettes fiscales et sociales prélevés par les autorités locales) alors qu'inversement, le Royaume-Uni en est très éloigné. En Suède, la part des prélèvements obligatoires recueillis par les autorités locales est la plus élevée en Europe avec 34,7% de la totalité des recettes publiques tandis que le gouvernement central en prélève 52,9% (les 12% restant concernent les prélèvements sociaux prélevés par les organismes sociaux), de même qu'au Danemark (24,8%). Alors qu'au Royaume Uni et aux Pays-Bas, les autorités locales ne prélèvent respectivement que 4,6% et 3,3% des recettes, le gouvernement central britannique se chargeant de prélever les 94,5% des

352 Jean-Michel de Waele et Paul Magnette, *Les démocraties européennes*, Armand Colin, Sciences politiques, 2010, p.112.

353 Walter Deffa, *Taxation trends in the EU Data for the EU Member States, Iceland and Norway*, Luxembourg, Publications Office of the EU, collection Statistical books, Eurostat, 2010.

recettes fiscales et sociales, le gouvernement central néerlandais ne prélève que 58,4%, laissant les recettes sociales à la charge des fonds sociaux.

B-Autonomie régionale dans les fédérations

L'Allemagne est souvent considérée comme étant un modèle dans l'application du principe de subsidiarité. Cette fédération a réparti les compétences entre la Fédération et les *länder* conformément au principe de subsidiarité. L'économie sociale de marché allemand s'organise également conformément à une logique de « cogestion » pour les entreprises et de négociations collectives. Le principe de subsidiarité s'étend aux relations entre la sphère publique et la sphère privée. Toutefois, il semblerait que l'Allemagne évolue vers une relative « centralisation ». La Fédération dispose d'une compétence législative quasi exclusive tant elle a légiféré de manière étendue. Ce processus de limitation des compétences des Länder s'est accentué par la législation communautaire. Roland Sturm[354] relate cette tendance « au fédéralisme fondé sur la coopération et à une claire répartition des tâches s'est substitué petit à petit un système politique au plus haut point complexe dans lequel les décisions à prendre sont discutées simultanément à plusieurs niveaux : au niveau de la Communauté européenne, de l'État fédéral, des commissions entre *länder* et au niveau de chaque *land* pris séparément ».

Les États fédéraux font partis des pays membres de l'Union européenne dotant les autorités locales de la plus grande autonomie financière[355] ainsi que les pays nordiques et l'Espagne. Aussi, ce sont les régions des États fédérés (*land*) qui perçoivent la plus forte proportion de recettes fiscales, laissant également aux autorités locales inférieures une autonomie financière. C'est ainsi qu'en Allemagne, l'ensemble des autorités locales, collecte 30,8% des prélèvements obligatoires, et, par ordre décroissant, en Belgique (29,3%) et en Autriche (19,5%).

C-Autonomie locale en expansion dans tout type de régime

L'unification européenne renforce les aspirations à une autonomie régionale. De nombreuses réformes constitutionnelles attribuent plus d'autonomie aux régions.

La Constitution espagnole de 1978 reconnaît l'existence de « communautés autonomes »[356]. De même la Constitution italienne[357] rend compte d'un

---

[354] Roland Sturm, "Autriche", *Guide des pays Fédéraux*, 2005, http://www.forumfed.org/libdocs/FedCountries/FC-Austria-f.pdf

[355] Walter Deffa, *Taxation trends in the EU Data for the EU Member States, Iceland and Norway*, Luxembourg, Publications Office of the EU, collection Statistical books, Eurostat, 2010.

[356] Article 2, 137, 143 de la Constitution espagnole.

[357] Article 114 de la Constitution italienne de 1947.

pouvoir autonome à l'intérieur d'un État « La République se compose des communes, des provinces, des villes métropolitaines, des régions et de l'État ». En 1998, le Royaume-Uni confère à l'Ecosse et à l'Irlande du Nord un pouvoir législatif[358] et au Pays de Galles une plus grande autonomie. Dans ce courant, de nombreuses îles bénéficient de ces nouveaux statuts autonomes[359]. Les critères retenus pour encourager ces mouvements de décentralisation sont de type culturels, linguistiques (bilinguisme régional), géographiques (régions ultra- périphériques des îles par exemple) mais aussi sociaux (revendications d'indépendance en Irlande du Nord, au Pays basque) prenant ainsi en compte des particularismes territoriaux. Une deuxième catégorie de critères de choix à l'origine des décentralisations sont liées à l'approfondissement de la démocratie afin de réduire les contradictions entre le contenu de l'ordre juridique et l'assentiment des citoyens. Enfin, une troisième catégorie de motifs justifiant la décentralisation est politique. Cette partie fait référence à un rééquilibre des pouvoirs politiques, il s'agit ici de permettre aux perdants d'une élection nationale un repli actif en développant le régionalisme politique. Il s'agit aussi d'éviter l'option fédérale afin de maintenir une unité nationale fragile ou ayant supporté dans son histoire récente un système autoritaire (régime de Franco en Espagne).

Le processus de décentralisation[360] mis en place depuis les années 80 rapproche l'Espagne du modèle fédéral mais laisse une plus grande autonomie aux trois « communautés historiques »[361] par rapport aux quatorze autres, mis à part l'Andalousie qui a obtenu également une grande autonomie conformément à ce que la Constitution permettait[362], sans oublier le régime fiscal spécifique du Pays basque et de Navarre permettant aux gouvernements de ces deux régions de collecter les impôts, même si une partie est reversé au gouvernement central. L'Espagne se distingue du modèle fédéral dans la mesure où, d'une part, les gouvernements des communautés autonomes ne participent pas à l'élaboration des politiques au niveau du gouvernement central et, d'autre part, le Sénat, la chambre de représentation territoriale, n'a pas de compétences préférentielles dans des domaines politiques spécifiques et ses représentants n'ont pas de sièges proportionnels au nombre d'électeurs (représentation issue des 47

[358] Jean Fourgerouse, *L'Etat régional, une nouvelle forme d'Etat ?* , Bruylant 2008, pour l'Irlande du Nord, ce pouvoir ne s'exercera qu'à partir de 2007 en raison des blocages institutionnels.

[359] Au Danemark le Groenland et les îles Féroé, au Portugal, Madère et les Açores,...

[360] Développement de l'Estado de las Autonomias, notamment avec les accords de 1992 et de 1997.

[361] Les trois communautés ayant bénéficié d'une certaine autonomie sous la IIe République, la Catalogne, le Pays basque et la Galice.

[362] La Constitution de 1978 prévoit la possibilité aux *Comunidades autonomas* d'accéder aux mêmes pouvoirs administratifs et politiques.

provinces). Si la Cour constitutionnelle espagnole agit comme contrepoids dans les interactions entre le gouvernement et le Parlement mais aussi entre le gouvernement central et les gouvernements régionaux, la déclaration de Barcelone de 1998 rédigée par les partis nationalistes basque, catalan et galicien pour demander une réforme constitutionnelle afin de leur permettre de disposer de sièges à la Cour constitutionnelle, montre que les revendications autonomistes ne sont pas satisfaites en l'état. En 2004, le Parlement basque a accepté la proposition de réforme du statut d'autonomie issu de la coalition nationaliste basque mais elle fut rejetée par le Parlement espagnol en 2005, et la même année le Parlement catalan eu la même tentation mais y trouva une issue un peu plus favorable[363] (en raison des élections majoritaires du PSOE au Parlement et de la majorité de ce même parti dans la région).

La Constitution italienne de 1948 introduit les régions dotées de Conseils régionaux qui n'exercent un réel pouvoir autonome que pour cinq régions, les régions frontalières et insulaires. Ces régions accueillant des minorités se sont vues attribuer un statut particulier tandis que les autres régions italiennes durent attendre la loi de 1970 relative au règlement des élections des conseils régionaux pour exercer leur autonomie relative. Il faut attendre la réforme constitutionnelle de 2001 pour que les régions puissent bénéficier d'un pouvoir législatif ordinaire. Cette réforme fut soutenue lors d'un référendum populaire et s'inscrit dans une volonté des collectivités locales de bénéficier d'une plus grande autonomie jusqu'à demander, pour certaines d'entre elles, un système fédéral[364].

Ces régimes politiques laissant une part d'autonomie aux localités et nationalités plurielles sont une réponse à leurs revendications identitaires et leurs particularismes. L'Estonie, par exemple, comptait 95% d'Estonien en 1945, et 62% en 1989[365] sous l'impulsion de l'Union soviétique (et ainsi d'une forte présence de personnes d'origine russe). Mais en 1991, le Parlement estonien décida de n'accorder la citoyenneté estonienne qu'aux citoyens de la République d'avant guerre et à leur descendants, le processus de naturalisation devant répondre aux règles notamment relevant de la maîtrise de la langue et de civisme, ce qui provoqua un retour important de Russes dans leur territoire, mais tous ne le firent pas.

---

[363] Mais la Catalogne a du renoncer à ses revendications de créer une véritable nation catalane et un système fiscal autonome.

[364] Jean-Michel de Waele et Paul Magnette, *Les démocraties européennes*, Armand Colin, Sciences politiques, 2010, p.231.

[365] Jean-Michel de Waele et Paul Magnette, *Les démocraties européennes*, Armand Colin, Sciences politiques, 2010, p.136.

D-Décentralisation dans des pays unitaires

Les régions se trouvant dans un État fortement centralisé voient dans le cadre communautaire un moyen de gagner en autonomie.

Les revendications en termes d'une plus grande indépendance trouvent leur légitimité dans un processus de décentralisation commun à l'ensemble des pays membres de l'Union européenne, comme à Chypre (Seul pays membre de l'Union européenne connaissant un régime présidentiel). Aussi, jusqu'aux années 80, l'île méditerranéenne ne bénéficiait que d'une seule chaîne de télévision d'ailleurs propriété d'État. Les chypriotes ont bénéficié d'un premier référendum en 1985 sur la loi sur les municipalités et un deuxième en 2004 sur le « Plan Annan », le Plan des Nations-Unies pour une Constitution fédérale mais qui fut très majoritairement rejeté par la population, sauf pour les chypriotes turques qui accueillirent ce plan favorablement en raison de la reconnaissance de la RTCN (République turque de Chypre nord) et ainsi de son intégration dans l'Union européenne dans une île réunifiée. En Finlande, la nouvelle constitution de 2000 accorda plus de pouvoir au Parlement.

La tradition soviétique de mettre les institutions administratives sous l'autorité du gouvernement a favorisé un héritage d'État centralisé dans les pays d'Europe centrale et orientale. Mais les réformes entreprises ont peu à peu limité ce pouvoir centralisateur du gouvernement généralement en accordant notamment l'indépendance à la Banque centrale et à l'institution chargé de contrôler la radio et la télévision, ...

Toutefois, la Lituanie a maintenu la centralisation du pouvoir en établissant des comtés subordonnés au gouvernement central tout en lui attribuant de larges fonctions[366] et tout en accordant aux gouvernements locaux une large gestion[367], de voter son budget et d'établir des taxes et des amendes locales.

La loi sur les municipalités de 1994 en Lettonie permet une décentralisation partielle en permettant à un grand nombre de régions d'accéder à un contrôle conjoint des gouvernements local et central. En Roumanie, les lois de décentralisation de 1990 et de 2001 posent le principe d'autonomie locale[368] qu'elles définissent en ces termes « le droit et la capacité effective des autorités de l'administration publique locale de résoudre et de gérer dans son intérêt la communauté locale qu'elles représentent » mais en les réduisant à une responsabilité administrative et financière. Dans le cadre de la construction européenne, la Roumanie a favorisé le regroupement

[366] Compétences des comtés dans les domaines de l'aide sociale, l'éducation, la culture, la santé publique, la planification territoriale, l'usage du territoire, la protection environnementale.

[367] Compétences des gouvernements locaux dans les domaines de l'habitat, la planification urbaine, la santé publique, les transports locaux, la police, la santé publique et la sécurité publique, l'éducation.

[368] Principe posé en 1990 puis détaillé dans la loi sur l'administration publique locale 215/2001.

d'associations volontaires de trois ou quatre départements en régions de développement (mais sans personnalité juridique) mais sans parvenir toutefois à une véritable décentralisation[369]. Leur autonomie demeure soumise à la haute autorité d'un programme de développement économique et social. En Slovaquie, la réforme de l'administration publique a eu lieu entre 2001 et 2004, permettant ainsi aux organes régionaux et locaux de traiter un nombre important de domaines du service public[370] et en leur donnant une certaine autonomie financière en leur accordant le droit de lever des taxes locales mais sans leur accorder le pouvoir législatif. En Hongrie, en République tchèque et en Slovaquie, les gouvernements locaux sont nombreux et correspondent souvent à des unités locales faiblement peuplées, ce qui engendre une fragmentation de l'administration publique mais ces pays voulaient se prémunir du centralisme exercé auparavant. En 1995 en Hongrie, 90% des 3156 gouvernements locaux comptent moins de 5000 habitants et plus de la moitié moins de 1000 habitants[371]. Les orientations de l'Union européenne ont permis de réorganiser les collectivités par l'introduction du système NUTS[372] sans toutefois supprimer le caractère fortement centralisé de ces États lié à la dépendance financière et politique vis-à-vis du pouvoir central. En Slovénie, sur les quarante conseillers du Conseil national, vingt-deux d'entre eux représentent les intérêts locaux, les dix-huit autres des intérêts sectoriels[373], mais toutefois cette deuxième chambre du Parlement slovène a des pouvoirs très limités[374]. En Slovaquie, les administrations locales et régionales ont des pouvoirs étendus dans les domaines de l'éducation, des services sanitaires, des affaires sociales, du transport et de l'environnement, disposent d'une certaine autonomie fiscale, le droit de lever des taxes locales, et politique, le droit de créer des associations avec d'autres institutions auto-gouvernantes internes ou étrangères afin de défendre leurs intérêts et de résoudre les problèmes locaux.

---

369 Jean-Michel de Waele et Paul Magnette, *Les démocraties européennes*, Armand Colin, Sciences politiques, 2010, p.353.

370 Education, services sanitaires, affaires sociales, transport, environnement.

371 Jean-Michel de Waele et Paul Magnette, *Les démocraties européennes*, Armand Colin, Sciences politiques, 2010, p.197.

372 En Hongrie, 3 régions NUTS1 (de 3 millions d'habitants en moyenne), 7 régions NUTS2 (de 1,5 millions d'habitants), 20 unités territoriales NUTS3 (de 500.000 habitants) et 168 départements NUTS4 (de 60.000 habitants) et 3200 unités NUTS5 (de 3.000 habitants en moyenne).

373 4 représentent les employeurs, 4 les employés, 4 les paysans, les artisans et professions libérales, 6 les secteurs d'activités non économiques.

374 Article 97 de la Constitution.

Section 2- Proximités locales transnationales en faveur d'une Europe plus intégrée

La France est l'un des États les plus centralisés de l'Union des vingt-sept. Toutefois, ses frontières communes avec sept États européens l'exposent à des flux transnationaux et ainsi à des coopérations locales. Aussi, les régions des États unitaires expérimentent différentes formes de coopération avec des régions issues d'États fédéraux ou à forte autonomie locale. Tous les pays membres de l'Union européenne sont frontaliers avec au moins un autre pays membre. La mise en place du marché unique favorise ainsi la croissance des flux transnationaux et retrouve des logiques de coopération non plus nationales mais régionales et européennes ne mettant toutefois pas fin aux déséquilibres entre grandes agglomérations riches et localités rurales isolées.

A-Périmètres territoriaux dans la gestion administrative nationale

Malgré le maintien d'une conception territoriale nationale dans les pays membres de l'Union, on constate des avancés en matière d'autonomie des collectivités territoriales notamment dans le cadre de la coopération transnationale pour des pays bénéficiant de nombreux voisins comme la France par exemple.

1-L'exception française en Europe

Le phénomène de mondialisation a eu pour effet de renforcer les inégalités de développement entre grandes métropoles (les capitales généralement) et les autres villes. Par exemple, la région Ile de France possède un PIB par habitant de 43.370 euros contre 22.458 pour le Nord-Pas de Calais pour un PIB/ habitant moyen en France de 28.356 euros[375]. Aussi, le nécessaire développement régional a incité les États à accorder plus d'autonomie aux régions. En France, la révision constitutionnelle du 23 mars 2003 sur l'organisation décentralisée de la république permet une réforme de la carte territoriale mais dans « la continuité du modèle français de décentralisation » et sans remettre en cause « les principes fondateurs sur lesquels il repose »[376]. La France demeure en Europe une exception dans le maintien notamment du nombre de communes (les 36.783 communes françaises représentent 40% du total des communes dans l'Union européenne, la plupart des pays européens ayant entamé des réformes[377] de réduction du

[375] Collectivités locales en chiffres 2008 DGCL.

[376] Rapport du sénat, *rapport d'étape sur la réorganisation territoriale fait au nom de la mission Collectivités territoriales*, déposé le 11 mars 2009.

[377] Dans les années 50, l'Autriche réduit de moitié le nombre de communes, la Suède divise ce nombre par huit ; en 1968 et 1978 l'Allemagne divise par trois le nombre de communes et par deux le nombre des kreise, en 1975 la Belgique réduit de2359 à 596 le nombre de communes et plus récemment mêmes réformes en Grèce, au Danemark et en Lettonie.

nombre de communes dans les années 50 à 70 et actuellement pour les élargissements de 2004 et 2007) presque inchangé depuis l'ancien régime[378] au motif d'un « attachement identitaire très fort aux communes »[379] ainsi que des départements (une centaine) dans la même « légitimité historique »[380] mais surtout dans la superposition des circonscriptions administratives de l'État au niveau des départements et des régions et des échelons intermédiaires de groupement intercommunaux et autres subdivisions administratives (cantons, zonages de littoral ou de montagne,..). Toutefois, l'importance nouvelle donné au cadre régional[381] (22 régions en métropole et 4 en outre-mer) correspond bien à une nécessité née de la construction communautaire et historique (grandes provinces d'Ancien régime), comme l'illustre le discours du Général de Gaulle en 1968 en ces termes « L'effort multiséculaire de centralisation qui fut longtemps nécessaire à notre pays pour réaliser et maintenir son unité, malgré les divergences des provinces qui lui étaient successivement rattachées, ne s'impose plus désormais. Au contraire, ce sont les activités régionales qui apparaissent comme les ressorts de sa puissance économique de demain. »

Trois lois de décentralisation[382] rendent plus d'autonomie aux régions notamment sous l'impulsion des avancées dans le domaine du cadre juridique international élaboré par le Conseil européen dans la convention de Madrid de 1980[383]. Il s'agit de la loi de décentralisation du 2 mars 1982 relative aux droits et libertés des communes, départements et régions permettant notamment aux conseils régionaux de nouer des contacts avec les collectivités locales étrangères limitrophes mais sous réserve d'approbation de la part du gouvernement, de la loi du 2 février 1992 relative à l'administration territoriale et permettant aux collectivités territoriales de conclure des conventions avec les collectivités territoriales étrangères dans un cadre délimité et enfin la loi du 4 février 1995, loi d'orientation pour l'aménagement et le développement du territoire qui autorise les collectivités territoriales françaises ou leur groupement à adhérer à un organisme public de droit étranger ou de participer au capital d'une personne morale de droit étranger.

---

[378] La loi du 14 décembre 1789 créant les municipalités correspondant aux 44000 anciennes paroisses ou « communautés d'habitants », réseau constitué à partir du XIè siècle.

[379] Rapport du Sénat 11/03/2009, « ancrage historique et identitaire des structures territoriales ».

[380] Décret du 26 février 1790 instituant 83 entités selon un critère spatial (chef lieu accessible en une journée de cheval) correspondant souvent aux cités gallo-romaines.

[381] Loi du 2 mars 1982 et 6 janvier 1986 ont transformé les régions en collectivités territoriales librement administrées par des conseils élus au suffrage universel direct.

[382] La loi de 1972 ayant été soumise à un référendum négatif sous le président De Gaulle.

[383] Convention-cadre européenne sur la coopération transfrontalière des collectivités ou autorités territoriales.

La France entend toutefois faire respecter le principe territorial au regard notamment du principe d'égalité républicaine dans le traitement du territoire[384].
La France a posé des règles de délimitation de territoire « d'un seul tenant et sans enclave » notamment dans la loi n°1999-586 du 12 juillet 1999 relative au renforcement et à la simplification de la coopération intercommunale et concernant la règle selon laquelle le périmètre des établissements publics de coopération intercommunale (EPCI) à fiscalité propre. Toutefois, la loi 2004-809[385] relative aux libertés et responsabilités locales apporte une exception à la règle citée plus haut permettant de constituer une enclave dans la seule hypothèse où cette situation résulte du refus d'une commune isolée de participer au groupement. Le caractère restrictif de cette loi a amené un des député à posé une question écrite au gouvernement[386] en lui demandant « si l'on doit considérer que la configuration géographique, en zone de montagne, peut entrer dans le champ dérogatoire de l'article » L5211-18 de la loi de 2004-809 « lorsqu'une commune n'est pas, sur le plan cadastral, dans la continuité territoriale du groupement auquel elle souhaite adhérer, alors que celui-ci constitue son bassin de vie, d'emploi et de services aux habitants et même si la stricte application de la continuité territoriale, définie par le cadastre, lui imposerait d'adhérer à un groupement avec lequel la topographie ne lui permet pas d'avoir les échanges et la mutualisation des moyens offerts par le groupement considéré ». Un refus d'exception au principe territorial lui a été adressé[387]. Ce refus est fondé sur la définition de la continuité territoriale fondée sur des bases juridiques[388] que constituent les limites cadastrales et non sur des éléments physiques telles qu'une zone de montagne ou la présence de liaison routière et rappelé dans de nombreuses jurisprudences.
Toutefois, dans les années 70 apparaissent des « pays », définis comme des territoires de projets et institutionnalisés par la loi du 4 février 1995 et renforcés par la loi du 25 juin 1999[389] et caractérisés par une cohérence et une cohésion géographique, culturelle, économique et sociale à l'échelle

[384] Rapport du Sénat session 2002-2003 au nom de la délégation à l'aménagement et au développement durable du territoire sur l'état du territoire par M. Jean-François Poncet, sénateur, président de la délégation.
[385] Loi 2004-809 du 13 août 2004, article 175 codifié à l'article L5211-18 du CGCT.
[386] Question écrite n°43235 de M. Daniel Spagnou (UMP Alpes de Haute Provence) publiée dans le JO AN du 03/ 03/ 2009 adressée à mme le ministre de l'intérieur, de l'outre mer et des collectivités territoriales.
[387] Réponse du ministère de l'intérieur, de l'outre mer et des collectivités territoriales publiée dans le JO AN du 12/05/2009.
[388] CAA de Marseille du 2 avril 2007, réq. n°05MA01902 ; CCA de Bordeaux du 28 février 2006, réq.n°03BX00499, CCA de Nancy du 1er juin 2006, réq. n°05NC00621.
[389] Loi du 25 juin 1999 dote les pays d'un conseil de développement réunissant élus et représentants des milieux économiques et sociaux, culturels et associatifs ainsi que d'une charte fixant les objectifs et le projet commun.

d'un bassin de vie ou d'emplois perçus comme pertinent. Le succès de ces territoires de projets concerne 371 pays couvrant 81% du territoire métropolitain au 1er janvier 2008. Toutefois, l'utilité de leur existence est remise en cause par le sénateur Jean-Luc Warsman[390] au motif de voir s'institutionnaliser certains de ces pays. Tous les sénateurs ne partagent pas cette opinion, notamment Allain Fouché pour qui les pays ne constituent pas de nouvelles strates au « millefeuille » territorial français. Mais le rapport du Sénat de 2009 fait état que « l'existence de ces structures peut constituer une source de complexité supplémentaire de notre architecture locale ».

2-L'autonomie régionale et la réduction des inégalités locales

L'Union européenne a encouragé les mouvements de décentralisation en se fixant pour objectif de limiter les différences de niveau de développement économique et social entre régions. Cette influence a été particulièrement forte vis-à-vis des pays se préparant à l'entrée dans l'Union européenne, notamment dans les pays d'Europe centrale et orientale, mais partout limitée par le principe unitaire territorial.

En Roumanie, pays fortement centralisé, la loi sur l'administration publique locale 215/2001 pose le principe d'autonomie, en définissant l'autonomie locale en ces termes dans son article 3 « le droit et la capacité effective des autorités de l'administration publique locale de résoudre et de gérer dans son intérêt la communauté locale qu'elles représentent ». Ainsi, les structures administratives territoriales au sein desquelles 20% au moins de la population est issue de l'une des minorités nationales peuvent utiliser la langue des minorités[391]. Toutefois, cette même loi rappelle les limites de l'autonomie dans l'article 1er de la Constitution « la Roumanie est un État national souverain et indépendant, unitaire et indivisible ». Ainsi, l'autonomie locale en Roumanie se limite à des questions administratives et financières[392].

Au sein des grands États, le niveau de décentralisation et d'autonomie régionale est corrélé avec l'ampleur de la concentration de l'activité économique. La plupart des grands pays connaissent trois niveaux : les communes, les collectivités intermédiaires (provinces, comté, districts, départements) et les régions. Il s'agit de l'Allemagne, de l'Espagne, la France, l'Italie, la Pologne, le Royaume-Uni et un petit État, la Belgique. Plus un État connaît une forte autonomie régionale, plus le phénomène de concentration économique sera amoindri comme en Allemagne et en Italie. Tandis qu'en France, la concentration est très élevée, la région Ile de France

---

390 Rapport du Sénat 11/03/2009.

391 Il s'agit de la requête des minorités hongroises portées par le parti politique UDMR.

392 Sorina Soare et Cristian Preda, La Roumanie, extrait de l'ouvrage de Jean-Michel De Waele et Paul Magnette, *Les démocraties européennes*, Armand Colin, 2010.

représentant 18,2% de la population en 2006, concentre 28,2% du PIB national et accapare 45% des dépenses dans le domaine de la recherche ou des emplois liés à l'économie du savoir, de l'innovation et de la décision. De plus, Seulement quatre des vingt-six régions françaises totalisent plus de la moitié de la richesse produite et les deux tiers des activités les plus qualifiées (Ile de France, Rhône-Alpes, Provence-Alpes Côte d'Azur, Nord-Pas-de-Calais)[393].
L'autonomie régionale la plus forte réside en Allemagne, en Belgique et au Royaume-Uni.

Plusieurs États membres de l'Union européenne[394] disposent de deux niveaux à savoir les communes et l'échelon régional ou le comté. L'échelon régional est depuis peu créé pour la République tchèque, la Slovaquie et le Danemark. La Finlande[395] dispose de 20 régions et de 416 communes. Cet État unitaire connaît de grandes disparités régionales entre la région d'Uusimaa dans laquelle se trouve la capitale, Helsinki et disposant d'une densité démographique forte (plus de 210 habitants au km^2) par rapport aux autres régions variant de moins de 2 habitants au km^2 pour la Laponie à 42,6 pour la Finlande du sud-ouest.

Peu d'États ne disposent que d'un seul niveau de collectivités « infranationales »[396], celui des communes. Les îles de Chypre et Malte, l'Estonie, la Lituanie, la Slovénie, la Bulgarie, le Luxembourg sont toutefois encore dans cette situation en raison souvent de leur taille.

Des pays comme la France limitent les pouvoirs de leurs collectivités territoriales dans leur capacité à signer des conventions interétatiques.[397] Quant aux groupements d'intérêts publics, la France accorde une certaine liberté[398] aux collectivités sous condition de limitation dans le temps[399],

---

393 INSEE, http://www.insee.fr

394 Deux études sur la comparaison des collectivités territoriales dans l'UE se contredisent, celles d'Eurostat en 2003 et celle de Dexia de 2008 (douze Etats ne comporteraient que deux échelons selon Dexia contre six pour Eurostat) et l'article parue dans vie-publique sur les collectivités locales confirment l'étude de Dexia.

395 http://www.vie-publique.fr, article *Les collectivités locales au sein de l'UE.*

396 Etude de Dexia en 2008, *les collectivités territoriales dans l'Union européenne.*

397 Article L1115-5 des conventions de coopération, 'Aucune convention, de quelque nature que ce soit, ne peut être passée entre une collectivité territoriale et un groupement et un Etat étranger'.

398 *Article L1115-2,* Des groupements d'intérêt public peuvent être créés pour mettre en œuvre et gérer ensemble, pendant une durée déterminée, toutes les actions requises par les projets et programmes de coopération interrégionale et transfrontalière intéressant des collectivités locales appartenant à des Etats membres de l'Union européenne.

399 *Article L1115-3,* Les collectivités locales appartenant à des Etats membres de l'Union européenne peuvent participer aux groupements d'intérêt public créés pour exercer, pendant

d'association d'une personne morale de droit public en présence au moins, et de présence minoritaire des collectivités étrangères[400] dans la convention. Quant à la création d'un district européen[401], un groupement local de coopération transfrontalière, la France conditionne la possibilité des collectivités territoriales ou de groupements à la création d'un district européen avec d'autres collectivités étrangères à la délivrance d'un arrêt de la part d'un représentant de l'État dans la région dans laquelle siège le district.
Si la France n'a apparemment laissé qu'une autonomie partielle aux régions notamment en matière de coopération transnationale, les collectivités italiennes, ne peuvent néanmoins pas adhérer à un district européen à l'heure actuelle.

Ainsi, nous posons le principe que plus un État de grande taille dispose d'un fort degré de centralisation, plus il s'éloigne d'un scénario fédéral. On peut aussi imaginer que si un scénario fédéral devait se mettre en place, les régions limitrophes verraient probablement leurs pouvoirs d'autonomie s'accroitre.

B-Coopérations régionales transnationales en augmentation sous l'effet du marché unique et des réseaux transeuropéens

L'importance croissante des fonds structurels rend compte d'une redéfinition des objectifs, des moyens et des stratégies de configuration des régions.
Le financement européen des infrastructures transnationales illustre une logique non plus nationale mais bien dans un cadre communautaire.

Depuis la création du tunnel sous la Manche, les français qui travaillent au Royaume-Uni ont été beaucoup plus nombreux, accentuant cette tendance déjà existante (en 1998, 10,9% des Français expatriés étaient en

---

une durée déterminée, des activités contribuant à l'élaboration et la mise en œuvre de politiques concertées de développement social urbain.

[400] Dispositions introduite en 1992. Ces groupements d'intérêt public sont créés pour une durée limitée, par arrêté conjoint du ministre de l'intérieur et du ministre du budget, sur la base d'une convention constitutive. La composition exige au moins une personne morale de droit public. Des personnes privées peuvent y participer. Les collectivités locales étrangères sont nécessairement minoritaires. Le nombre de voix est proportionnel aux droits statutaires eux-mêmes proportionnels aux apports de chacun. La responsabilité est limitée aux droits statutaires entre les membres et vis-à-vis des tiers. Les contrôles sont importants (commissaire aux comptes, contrôleur d'Etat, Cour des Comptes).

[401] Article L1115-4-1, Dans le cadre de la coopération transfrontalière, les collectivités territoriales et leurs groupements peuvent créer avec des collectivités territoriales étrangères et leurs groupements un groupement local de coopération transfrontalière dénommé district européen, doté de la personnalité morale et de l'autonomie financière.

Angleterre)[402] mais, dans le contexte de globalisation, portant toutefois en 2010 la proportion des français expatriés en Angleterre à seulement 7,5%[403]. Dès le XVIIIe siècle, la liaison entre l'Angleterre et la France suscita ce type de projets[404] mais qui ne se concrétisera qu'en 1994 (inauguration de l'Eurostar).
Les régions transfrontalières vivent une logique européenne qui leur permet de redéfinir les enjeux économiques et sociaux dans une logique qui n'est plus exclusivement nationale mais bien européenne. Le projet ferroviaire prévoyant la liaison de Lyon à Turin permettra sans doute à ces deux villes de redéfinir les flux commerciaux et sociaux dans une logique européenne par exemple.

Toutefois, l'ouverture des frontières et du commerce renforce parfois la convergence entre régions déjà avancées. Et, dans le même temps, le développement du commerce ne favorise pas toujours les zones les moins avancées, et peuvent ainsi renforcer une position régionale dominante et creuser des différences entre les localités les plus riches de celles les plus pauvres. Aussi, les capitales européennes demeurent les villes les plus riches malgré l'expansion de certaines grandes villes.
D'après les nouvelles théories de la croissance endogène[405], la croissance d'une économie est déterminée par différents investissements. Par exemple, pour Romer, la croissance dépend de l'accumulation de savoir-faire technologique[406]. Les régions qui convergent vers un niveau de revenu élevé sont celles qui sont dotées de ressources d'éducation et de grands pôles de développement. Si les découvertes nationales restent dans le pays, il n'y aura pas de convergence régionale au sein de l'Union européenne, raison pour laquelle une procédure de coopération renforcée a été lancée sur les brevets récemment. Le transfert de technologie devenant un enjeu relatif à la convergence économique des États membres de l'Union européenne et interrégionale, la politique de transferts technologiques et de recherche et développement européenne sert à favoriser l'ensemble des pays membres à

---

[402] Jean François Poncet, rapport du Sénat n°388, *L'expatriation des jeunes français*, Session 1999-2000.
[403] http://www.expatries.senat.fr/chiffres_expatriation.html
[404] En 1751, l'Académie d'Amiens décerna le premier Prix à l'ingénieur Nicolas Desmarets pour son projet de tunnel. En 1868 création du Channel Tunnel Committee, 1875 concession pour la construction, interruptions pour des raisons militaires. En 1972 le groupe du tunnel sous la Manche signe une Convention entre les 2 gouvernements pour entreprendre la construction du tunnel mais en 1975 Wilson interrompt les travaux pour des motifs financiers. En 1986 les 2 gouvernements de l'époque décident de reprendre les travaux en choisissant le projet Eurotunnel.
[405] Dominique Gellec et Pierre Ralle, *Les nouvelles théories de la croissance, Paris,* Editions La découverte, 1997.
[406] Dominique Guellec et Pierre Ralle, *Les nouvelles théories de la croissance*, Paris, La Découverte, Repères, 1997.

condition que la capacité d'absorption des pays, le niveau d'éducation, soit à la hauteur.

1-Les pôles régionaux transnationaux : un dépassement de l'échelle nationale

Dès 1965, un Congrès international des planifications pour les régions a été créé, donnant le jour à dix régions frontalières concentrées le long du Rhin au sein des six pays fondateurs de la Communauté européenne. Six ans plus tard, sera ainsi créé l'Association des régions frontalières européennes (ARFE)[407] puis, en 1990, sera aussi créé le LACE (*Linkage Assistance and Cooperation for the European Border Regions*), un observatoire chargé de centraliser la collaboration transfrontalière pour régler des problèmes spécifiques et, notamment, intégrer les pays d'Europe centrale et orientale en 2004[408].

Ces centres de coopérations frontalières et transfrontalières ont bénéficié de l'appui des fonds structurels européens par le financement des programmes INTERREG[409] du Fonds européen de développement régional (FEDER)[410] au titre de l'article 10 relatif aux projets pilotes de coopération transfrontalière.

Parmi les régions de l'ARFE, se trouve la Communauté de travail des pays alpins[411] (ARGE ALP), la Communauté de travail d'Alpen-Adria[412], l'Eurorégion des Carpathes[413] et le Nordisk Ministerrand[414].

Le cas de la *Regio TriRhena*, un espace économique, politique et culturel tri-national est un vif exemple de la perméabilité des régions frontalières à leurs voisines. Cet espace réunit trois grandes villes, Bâle dans la Suisse du nord-est, Fribourg dans le sud du *land* de Bade en Allemagne et Mulhouse dans le sud de l'Alsace en France. Un important réseau de transport autoroutier,

---

[407] Les 17 et 18 juin 1971 est créée l'ARFE dans la ville de Gronau.

[408] Thèse de Pierre Hillard, *Les ambiguïtés de l'Allemagne dans la construction européenne*, Professeur Edmond Jouve (dir.) de l'Université Paris V, présentée le 09/12/2006, p.216.

[409] L'objectif des initiatives INTERREG est de « stimuler la coopération transfrontalière, transnationale et interrégionale ».

[410] Le FEDER est créé par un règlement 725-75 du 18 mars 1975 en tant qu'instrument de la politique régionale.

[411] Tyrol, Sud-Tyrol, Bavière, Grisons, Lombardie, Salzbourg, Voralberg, Trentin, St Gall, Tessin, Bade-Wurtemberg.

[412] Bavière, Länder autrichiens de Styrie, Haute Autriche, Salzbourg, Carinthie, Burgenland ; en Suisse le Tessin ; en Italie la Lombardie, Haut Adige, Vénétie, Émilie-Romagne, Frioul Vénétie.

[413] Née le 14/02/1993 avec les régions de Hongrie, de Slovaquie, de Pologne, d'Ukraine et de Roumanie.

[414] Coopérations inter-nordique, avec l'Union européenne et avec les territoires limitrophes (de Russie).

routier et de chemin de fer favorise ce pôle de développement autant que la présence de l'Euroairport. Ce dernier dessert quinze pays européens.
En France, il existe cinq structures de coopération transnationale du même type que celui de la *Regio TriRhena* : la *SaarLorLuxRhin*, le *Schedemond*, la Rives-Manche Region (*East Sussex*/ Seine- Maritime / Somme), la Conférence Franco-germano-suisse du Rhin supérieur.
La Grande Région rend compte d'une proximité géographique en regroupant deux régions allemandes, la Sarre et la Rhénanie-Palatinat, une région française, la Lorraine, une région belge, la Wallonie, et un État, le Grand-Duché de Luxembourg. Elle draine 40% des flux frontaliers de l'Europe des Quinze[415]. D'après une étude récente[416], cet espace est intégré de part ses infrastructures de transport (routes, train, avion) mais aussi du fait d'un marché du travail commun. Si en 1968, déjà 7.000 lorrains travaillaient à l'étranger, en 2004 ils sont 84.000 attirés par des emplois (contexte de restructurations industrielles[417]) et des salaires attractifs, en particulier au Luxembourg[418] (67% y travaillent), en Allemagne (28%) et 5% en Belgique. En 2005 au Luxembourg, 40% des emplois correspondent au travail frontalier.

La chute de l'Union soviétique, l'intégration accélérée de nombreux pays d'Europe centrale et Orientale a permis aux espaces de se recomposer dans une logique non plus nationale mais géographique, climatique, économique, historique et culturelle. La mer Baltique et ses espaces riverains, excepté les quatre régions Russes, font partis de l'Union européenne. De nombreuses associations régionales telles le Conseil des États riverains de la Baltique et l'Organisation des ports de la Baltique se sont développées afin de faciliter les échanges. L'Union européenne a co-financé des projets relevant des fonds structurels tels *Via Baltica* reliant Tallinn, Riga et Kaunas à Varsovie par un corridor de transport routier et le projet Rail Baltica.
Actuellement, le pont de l'Oresund reliant Malmö (en Suède) et Copenhague (au Danemark) est emprunté par une moyenne quotidienne de onze mille huit cent véhicules.

L'organisation régionale du Benelux comprend trois des six États fondateurs de la Communauté européenne, la Belgique, le Luxembourg et les Pays-Bas.

---

415 OIE- Office International Emploi chiffres de 2005.

416 Rachid Belkacem, Monique Borsenberger, Isabelle Pigeron, « Les travailleurs frontaliers lorrains », *Travail et Emploi* de avril juin 2006 N°106.

417 Entre 1968 et 1975, les mines lorraines perdent 4000 emplois, la sidérurgie 2000 et les houillères 10000, entre 1975 et 1982 dans les deux premiers secteurs suppriment 43000 emplois, d'après revue N°106 *Travail et Emploi.*

418 Stratégie du Luxembourg de diversification activités dans services financiers et bancaires et politiques attractives d'implantation entreprises a permis une hausse de 88,3% de l'emploi entre 1985 et 2004, d'après Revue N°106 *Travail et Emploi.*

Cette union a d'ailleurs précédé la construction de la Communauté européenne. Ces trois pays signent en 1944 une convention d'Union douanière, réalisant ainsi dès 1948 un marché commun sur la base de la libre circulation des biens, des services et des personnes.

Ces évolutions régionales peuvent renforcer ainsi la crédibilité d'un scénario fédéral. Aussi, les proximités régionales peuvent contribuer à former un groupe de pays fédéré. Enfin, dans 70% des cas, les instances régionales sont chargées de mettre en œuvre la législation européenne[419]. La construction européenne accorde ainsi une place importante aux régions au regard de la part croissante des dépenses budgétaires liées à la politique régionale afin de répondre à trois objectifs (convergence, compétitivité, coopération territoriale européenne) ainsi que dans la consultation du Comité des régions[420].

Dans le cas de la France, le choix des langues étrangères en fonction de la proximité des régions avec un voisin européen est un élément déterminant. Si les étudiants universitaires français sont en moyenne 28,5%[421] à choisir l'espagnol en langues étrangères, ils sont près de 40% dans le sud- ouest. La moyenne nationale pour l'allemand étant de 13% s'élève dans l'Est à plus de 30%. Il en est de même pour l'italien dans le sud-est, la proportion étudiant cette langue passant de 6% à 30%.

Patrice Meyer-Bisch[422] étend la « nation » à l'échelle européenne tout en réarticulant le rôle des États-nations. Une des conditions d'exercice de la démocratie consiste à « donner une cohérence d'échelle à l'imbrication des espaces publics ». Un système politique « doit respecter et organiser une souveraineté différenciée à chaque échelle ». Il préconise la mise en place de sous-systèmes politiques qui n'ont pas forcément de compétences législatives mais disposent d'une réelle autonomie d'interprétation et d'action en étant structuré en espaces publics partiels qui « interagissent sans que les frontières soient une considération déterminante ».

2-Jumelages : une logique dépassant les proximités géographiques et culturelles

Parallèlement et précédent la construction communautaire, la coopération décentralisée entre communes ou régions de pays différents avait pour objectif initial d'échanger des connaissances, des expériences, du savoir-

---

[419] Armel Pecheul, « Le cadre européen de l'expérience régionale », Jean Fougerousse (dir.), *L'État régional, une nouvelle forme d'État ?*, Bruxelles, Bruylant, 2008, pp121-132.

[420] Créé par le Traité de Maastricht de 1992.

[421] Louis-Jean Calvet, *Le marché aux langues. Les effets linguistiques de la mondialisation*, Plon, 2002.

[422] Patrice Meyer-Bisch, « Communauté politique et complexité : la « Nation » européenne », *La cohabitation culturelle en Europe*, Paris, CNRS Éditions, Hermès, 1999, p.35-48.

faire dans tous les domaines de la vie locale. Aujourd'hui, mouvement représenté dans de puissantes organisations telles que le CCRE (Conseil des communes et des régions d'Europe) apporte un regard différent sur la gouvernance à différentes échelles et défend le principe d'autonomie des collectivités locales par un pouvoir de lobby limité dans de simples réponses à la consultation auprès de la Commission européenne qui accorde plus d'importance aux pratiques contractuelles et concurrentielles des marchés publics[423].

Une initiative franco-allemande lancée dès l'après Deuxième Guerre mondiale pose les premières bases du jumelage, entre la commune de Montbéliard[424] et Ludwigsburg[425] notamment dans les échanges linguistiques entre le lycée G. Cuvier et *Mörike Gymnasium*. Cet échange s'inscrit dans le mouvement fédéraliste français « la fédération » fondé en 1944, mouvement qui se concrétise par deux organisations internationales, en 1951 par la fondation du Conseil des communes d'Europe réunissant alors cinquante maires européens et devenant par la suite le Conseil des communes et régions d'Europe (CCRE) enfin, en 1957 fut créé, à Aix-les –Bains, la Fédération mondiale des villes jumelées, une association de collectivités locales aujourd'hui intégrée dans l'organisation internationale cités et gouvernements locaux unis réparties dans plus de quatre vingt pays notamment en Europe, Amérique latine et Afrique.
En 2007, on décompte 32.740 jumelages[426] dans l'Union européenne avec une importance particulière pour la France et l'Allemagne qui comptabilisent près de 37% des jumelages totaux de l'Union européenne des vingt-sept. Il est constaté d'une part, les proximités entre certains pays de type géographique mais pas seulement puisque, par exemple, le pays avec lequel la Grèce a conclu le plus de jumelages est l'Italie et, pour la Hongrie, son premier partenaire en termes de jumelages est la Roumanie et vice et versa.

Dans les pratiques de coopérations décentralisées de collectivités locales à collectivités locales on distingue deux types de partenariats. Le jumelage est un serment qui engage deux villes à « maintenir des liens permanents, à favoriser en tous domaines les échanges entre leurs habitants pour développer par une meilleure compréhension mutuelle le sentiment de fraternité ». Le jumelage doit ainsi être distingué du partenariat qui est une

---

[423] Le président du CCRE, Michael Häupl déclare que la future « stratégie UE 2020 » telle que proposée par la Commission européenne va nous mettre sur la mauvaise voie en réponse à la consultation du CCRE.
[424] Montbéliard du département du Doubs de la région Franche-Comté, dont le maire Lucien Tharradin en qualité d'ancien résistant et de rescapé de Buchenwald eu cette idée.
[425] La ville Ludwigsburg, un arrondissement (Landkreis) du district de Stuttgart est situé dans le Land du Bade-Wurtemberg.
[426] *L'Europe locale et régionale en 2007 : chiffres clés*, Dexia Edition 2008.

déclaration écrite entre deux villes affirmant une volonté d'entretenir des relations privilégiées dans les domaines culturel, universitaire, économique,..

En 2010 les deux cités universitaires française et allemande d'Aix en Provence et de Tübingen fêtent cinquante années de jumelage. Elles ont concrétisé la réussite de ce partenariat en proposant aux étudiants en histoire, considéré comme une matière majeure, un programme commun permettant l'obtention d'un double diplôme, Master et Magister Artium, avec un cursus dans lequel les étudiants consacrent la moitié de leur temps dans l'Université partenaire. La matière mineure offre un choix entre l'histoire de l'art, lettres modernes, l'allemand, la géographie. L'université franco-allemande, DFA-UFA, subventionne[427] le séjour de l'étudiant au nom de la promotion de la recherche universitaire. Près de la moitié de ces étudiants poursuivent leurs études en doctorat ou sciences politiques après ce cursus. Les diplômés ont trouvé du travail[428] principalement dans le secteur culturel (27%), le journalisme (18%), l'enseignement supérieur (16%), en entreprise (14%), dans une organisation internationale (13%) et en enseignement secondaire (12%).

La plupart des jumelages et partenariats se concrétisent dans des événements d'échanges soit scolaire (49 lycéens aixois et 4 professeurs à la découverte de Grenade en avril 2009 pendant une semaine pour y découvrir ses merveilles mais aussi les sensibiliser à un problème commun aux deux villes, l'eau) soit rencontres et partage de loisirs (entre Aix et la ville anglaise de Bath groupe de bridgeurs en juillet 2009 et de pétanque en mai la même année), rencontres sportives, rencontres culturelles (groupe folklorique italien pérugin à Aix 29 avril- 3 mai 2010 et chants le 8 mai 2010 à l'occasion du 40è anniversaire du jumelage Aix- Perouse), échanges artisanaux (en novembre 2009, Aix organisait le marché international des villes jumelles).

Ainsi, ces exemples de jumelages illustrent les pratiques transnationales dont, certaines, contribuent à favoriser la mobilité professionnelle et géographique au sein du marché unique. Mais, dans le même temps, ces expériences sont assez peu fréquentes et donnent lieu, le plus souvent, à de simples échanges culturels.

3-Accroissement de l'autonomie territoriale en Europe

Le CCRE[429] fait un bilan positif des avancées dans la coopération décentralisée au regard du traité de Lisbonne signé le 19 octobre 2007 qui

[427] Allocation mensuelle de 270 euros pendant le séjour.
[428] Situation des diplômés en 2008 d'après le site tubaix.com.
[429] CCRE 2006-2009 : trois années de réalisations en Europe et au-delà, http://www.ccre.org.

renforce le rôle des collectivités locales et régionales via l'élargissement des principes de subsidiarité et le nouveau protocole sur les services d'intérêt général. Le CCRE fait référence à l'article relatif aux « valeurs partagées de l'Union en matière de services d'intérêt économique général (...) » comprenant « en particulier le rôle essentiel et le large pouvoir d'appréciation des autorités nationales, régionales et locales pour la prestation, la mise en service et l'organisation des services d'intérêt économique général, au plus près possible des besoins des usagers. ».

En France, une loi du 6 février 1992 relative à l'administration territoriale de la République, titre IV 'de la coopération décentralisée' traite du jumelage. Sur les 36.783 communes françaises, 3.800 d'entre elles sont jumelées[430]. Si elles ne représentent que 10% des communes françaises, elles pèsent pour un quart des communes dans la totalité des communes jumelées en Europe.

Toutefois, la thèse de Pierre Hillard est de différencier une vision allemande de la construction européenne, une Europe des régions politique ne pouvant nuire à la permanence du monde germanophone, d'une vision française selon laquelle une ambition politique et régionale de l'Europe pourrait nuire à l'unité nationale. Selon lui, « Dans la vision allemande de l'Europe, l'État - nation n'a pas sa place. Il s'agit de favoriser l'émergence d'une entité politique européenne. Cette ambition ne nuirait pas à la permanence du monde germanophone. En effet, à la différence de la France, où l'État a précédé la nation ; dans le cas allemand, la nation a précédé l'État »[431]. Toutefois, la France n'a pas pour autant renoncé à la construction européenne, mais elle pourrait y voir une Union des États-nations avec accroissement de l'autonomie régionale. L'Allemagne, comme tout pays membre de l'Union européenne, n'envisage pas d'avancée politique sans partenaire de poids auquel correspond un pays comme la France. Il faut ainsi envisager une véritable décentralisation en France pour envisager un scénario fédéral.

C-Rapprochements législatifs hors contrainte communautaire

Dans ce paragraphe, il est traité des avancés dans le domaine législatif ayant la particularité de favoriser la liberté communautaire sans en être contrainte par le droit européen mais bien pour répondre à une réalité sociale croissante consécutive notamment à la construction européenne.et rappelé dans les motifs de convention de ce type.

[430] Source AFCCRE- Association française du conseil des communes et régions d'Europe.

[431] Thèse de Pierre Hillard, *Les ambiguïtés de l'Allemagne dans la construction européenne*, Professeur Edmond Jouve (dir.) de l'Université Paris V, présentée le 09/12/2006, p.212.

1-Harmonisation législative franco-allemande en droit familial

Une réforme du régime matrimonial spécifique pour les couples franco-allemand ou pour les couples allemands vivant en France ou couples français vivant en Allemagne ou tout étranger pouvant choisir entre le droit allemand ou le droit français témoigne d'une volonté de favoriser la libre circulation entre ces deux pays voisins. Jusqu'à cette loi, les couples devaient choisir entre les deux régimes matrimoniaux. Désormais, ils bénéficieront d'un régime commun à mi-chemin entre le droit allemand et le droit français. Une des principales différences entre les deux régimes était le régime de participation réduite aux acquêts en Allemagne, les biens acquis en communs étaient ainsi limités chaque partenaire restant ainsi propriétaire de ses biens propres tandis qu'en France, si les époux n'avaient pas prévu de contrat de mariage de séparation des biens, ils étaient sous le régime de la communauté des biens réduite aux acquêts, ce qui pose des problèmes supplémentaires en cas de divorce et d'héritage. Les justifications de cette convention[432] reposent sur la croissance des mariages mixtes « près de 13 % des mariages célébrés (en 2006) et des divorces prononcés (en 2005) en Allemagne concernaient des époux de nationalités différentes. En France, 14,59 % des mariages célébrés en 2006 concernaient des couples mixtes. En outre, en France, les mariages franco-allemands ont représenté en 2003 2 % des mariages binationaux célébrés ».

Ce traité bilatéral fut signé le 4 février 2010 lors du Conseil des ministres franco-allemand et est ouvert à la signature de tout pays membre de l'Union européenne qui le souhaite.

Ce traité rappelle celui de Sarrebruck en 1984 sur la suppression des contrôles aux frontières internes précédant les accords de Schengen.

2- Coopération inter-étatique : une pratique plus ancienne que l'Union européenne

Différentes formes de coopération se nouent entre États notamment sur des questions de rapprochement juridique en matière d'éthique.

La réunion trilatérale des conseils d'éthique allemand, anglais et français du 17 décembre 2009 à Berlin[433] présente leurs travaux réciproques et traite des révisions législatives dans divers domaines scientifiques tels la démence, la bioéthique, les testaments de patients, les cellules souches ainsi que leurs projets à venir tels les bio-carburant, la gestion des données médico-légales,.. ou encore des sujets de débat de type « comment encourager les dons d'organe ? ». Cette réunion organisée à l'initiative de l'Allemagne a pour

---

[432] Source CIDAL Centre d'information et de communication en Allemagne.

[433] Source site du ministère des Affaires étrangères et européennes en France, http://www.bulletin-electronique.com.

origine la loi du Conseil d'éthique du 16 juillet 2007 prévoyant une coopération internationale.

L'Allemagne a ainsi présenté sa nouvelle loi[434] sur la réalisation et l'utilisation des diagnostics génétiques sur l'homme. Trois partis politiques allemands ont soulevé un problème lié au traitement des étrangers en Allemagne soumis à cette loi. Le parti des verts, le FPD (parti libéral) et le parti de gauche (Die Linke) ont critiqué le fait que les étrangers vivant en Allemagne, et souhaitant que leur famille les rejoigne, doivent désormais, en cas de doute, prouver leur filiation par des tests génétiques.

La loi française devant réviser tous les cinq ans sa législation relative à la bioéthique s'intéresse aux travaux internationaux dans ce domaine et plus particulièrement sur le thème de la gestation pour autrui (GPA)[435] qui présente les arguments en faveur du maintien en France d'une prohibition comme en Allemagne, en Autriche, en Italie, en Suisse et en Espagne de la GPA ainsi que les arguments opposés. La GPA est ainsi tolérée en Belgique, aux Pays-Bas et au Danemark et réglementé au Royaume-Uni et en Grèce. Dans le contexte de mondialisation, se pose le problème de la filiation d'un enfant issu d'une fécondation in vitro dans un pays étranger et revenant dans un pays de l'Union européenne au sein de laquelle la GPA est interdite comme en France. Dans l'avis du CCNE 105, il est souligné que « la diversité des législations ne saurait justifier un alignement sur le plus permissif en matière d'éthique. De même que le fait que les pratiques existent ne doit pas conduire nécessairement la France à les organiser à son tour sur le plan législatif ». Selon le CCNE la question de la légitimité des pratiques reste du ressort des législateurs et préconise le maintien de la législation actuelle. Cet avis est notamment motivé par le fait qu'il faut tenir compte de la vie du fœtus et de la relation mère naturelle-enfant pendant la grossesse, le respect du principe de dignité de la personne humaine, primauté de l'intérêt de l'enfant, non-commercialité du corps. Aussi, de grandes différences entre pays qui autorisent la GPA subsistent. En Grande-Bretagne le certificat de naissance désigne la femme qui accouche comme la mère de l'enfant et le transfert de filiation ne peut pas s'effectuer avant six mois tandis qu'en Grèce ce transfert peut être immédiat dès que l'accord de GPA existe.

Ces différences en matière d'éthique illustrent ainsi d'un côté l'attachement des nations à leurs choix législatifs mais, d'un autre côté, la mobilité des

---

[434] Source site du ministère des Affaires étrangères et européennes en France, bulletin-electronique.com

[435] Avis N°110 du Comité consultatif national d'Ethique pour les sciences de la vie et de la santé relatif aux problèmes éthiques soulevés par la GPA du 01 avril 2010.

personnes, même si elle est faible, soulève des questions de compatibilité et amènent les États à confronter leurs avis. Un scénario de type fédéral pourrait tout aussi bien permettre le maintien des différences législatives entre nations mais tout en prévoyant les procédures et règlements de litiges transnationaux.

D-Nouvelles méthodes de gestion territoriale : influences du Conseil de l'Europe et de l'Union européenne

Ce paragraphe s'intéresse aux instruments internationaux ayant un caractère obligatoire au regard du droit international et du droit européen.
Dans la préface du livre blanc sur le dialogue interculturel de 2008, le secrétaire général du Conseil de l'Europe, Terry Davis, justifie ce travail en ces termes « Dans un monde de moins en moins sûr et où la diversité est de plus en plus grande, il nous faut dépasser les clivages ethniques, religieux, linguistiques et nationaux pour assurer la cohésion sociale et prévenir des conflits ». Ainsi le Conseil de l'Europe veut asseoir un avenir commun aux 47 Etats membres[436] du Conseil de l'Europe sur leur « capacité à protéger et développer les droits de l'Homme tels qu'entérinés dans la Convention européenne des droits de l'Homme, la démocratie et la primauté du droit à promouvoir la compréhension mutuelle ». Un des moyens d'atteindre cet objectif repose sur un modèle de gestion de la diversité culturelle, une identité européenne reposant sur « des valeurs fondamentales partagées, le respect de notre patrimoine commun et la diversité culturelle ainsi que le respect de la dignité de chaque individu ».

1-Conseil de l'Europe et coopération transnationale en Europe

Le Conseil de l'Europe appui ses actions en matière de dialogue interculturel sur des conventions, des déclarations et des recommandations signés et ratifiés parfois par l'ensemble des membres, parfois par une partie de ses membres.

Trois conventions relatives au dialogue interculturel ont été ratifiées par l'ensemble des quarante sept membres du Conseil de l'Europe soit la Convention de sauvegarde des droits de l'Homme et des libertés fondamentales de 1950, la Convention culturelle européenne de 1954 et la Convention sur la reconnaissance des qualifications relatives à l'enseignement supérieur dans la région européenne.

[436] 47 Etats membres : les 27 membres de l'Union européenne plus Albanie, Andorre, Arménie, Azerbaïdjan, Bosnie-Herzégovine, Croatie, Géorgie, Islande, Liechtenstein, Macédoine, Moldavie, Monaco, Monténégro, Norvège, Russie, San Marin, Serbie, Suisse, Turquie , Ukraine.

Certaines conventions ont bénéficié d'une ratification des trois quarts des membres du Conseil de l'Europe mais, d'autres, n'ont obtenu le soutien que d'États représentant une minorité des membres. Nous évoquons les conventions relatives à l'autonomie et la coopération des collectivités locales ou celles liées aux activités transfrontalières ou encore aux domaines de spécificités sociales et sociétales. Parmi les conventions relatives à l'autonomie des collectivités locales, nous évoquons la Convention-cadre européenne sur la coopération transfrontalière des collectivités ou autorités territoriales de 1980 ratifiée par trente six États, la Charte européenne de l'autonomie locale de 1985 ratifiée par quarante trois États.
La Convention-cadre européenne sur la coopération transfrontalière des collectivités ou autorités territoriales stipule dans son article 1 « chaque partie contractante s'engage à faciliter et à promouvoir la coopération transfrontalière entre les collectivités ou autorités territoriales relevant de sa juridiction et les collectivités ou autorités territoriales relevant de la compétence d'autres parties contractantes ». Parmi les États signataires, un certain nombre d'entre eux a émis des réserves notamment sur la capacité des collectivités territoriales à signer des accords interétatiques[437]. C'est le cas de la France[438] qui s'y oppose, de l'Espagne qui reconnaît ce droit aux collectivités mais avec condition d'approbation des gouvernements des parties concernées, de l'Italie qui accepte les dispositions de cet article 3 mais encadre ce droit[439] en fonction d'un critère géographique. Toutefois, sur les trente six États signataires, neuf d'entre eux[440] ont élaboré un protocole en 1995 permettant la création d'organismes de coopération transfrontalière dotés de personnalité juridique. Trois ans plus tard, dix-neuf d'entre eux[441] signaient un deuxième protocole permettant d'offrir un cadre juridique à la coopération interterritoriale, soit la coopération entre collectivités locales non contiguës. Il s'agit des protocoles additionnels à la Convention de Madrid du 9 novembre 1995 et du 5 mai 1998.
La Convention de Madrid de 1980 du Conseil de l'Europe a ainsi donné un cadre juridique facilitant la mise en place d'accords bilatéraux ou

---

[437] Article 3, paragraphe 2 de la Convention-cadre européenne sur la coopération transfrontalière des collectivités ou autorités territoriales de 1980.

[438] Déclaration lors de la signature, le 10 novembre 1982.

[439] Déclaration du 29 mars 1985, '2.La profondeur de la zone à l'intérieur de laquelle doivent être situées les entités territoriales italiennes habilitées à conclure des accords et arrangements visés par la présente convention est de 25 km à partir de la frontière, à moins qu'elles ne soient directement limitrophes d'Etats étrangers.'

[440] Six Etats ont signé le protocole Luxembourg, Suisse, Allemagne, France, Belgique, Italie, l'Espagne, Andorre et Monaco s'y refusant.

[441] Quatre des six Etats signataires du 1er protocole, Allemagne, France, Luxembourg et Suisse, ainsi que de Monaco, parmi les Etats membres de l'Union européenne les Pays-Bas, la Slovaquie, la Suède, la Lituanie, la Slovénie, la Bulgarie, l'Autriche, enfin d'autres Etats membres du Conseil de l'Europe mais pas de l'Union, la Russie, la Bosnie-Herzégovine, l'Ukraine, l'Azerbaïdjan, l'Arménie, l'Albanie, la Moldavie.

multilatéraux concernant la France et ses voisins. Un accord du 26 novembre 1993 est signé à Rome[442] entre l'Italie et les régions Rhône-Alpes, Provence-Alpes-Côte d'Azur et Corse mais ne permet toutefois pas la possibilité de créer des organismes de coopérations dotés de personnalité juridique à la différence des accords avec les autres voisins de la France. En effet, un traité du 10 mars 1995 signé à Bayonne[443] entre l'Espagne et concernant les régions françaises Aquitaine, Languedoc-Roussillon et Midi-Pyrénées a permis une coopération entre collectivités locales beaucoup plus étendue. Quant à l'accord conclu le 23 janvier 1996 à Karlsruhe[444] avec l'Allemagne, le Luxembourg et la Suisse et les régions françaises Alsace et Lorraine puis étendu en 2005 à la Franche-Comté et Rhône-Alpes, il permet aux collectivités de créer des organismes de coopération décentralisés transfrontalière. Il en est de même de l'accord conclu avec la Belgique le 16 septembre 2002 à Bruxelles[445] pour permettre la création de groupement local de coopération transfrontalière (GLCT).
Un troisième protocole[446] est à l'étude. Le Conseil de l'Europe entend promouvoir le concept des euro-régions.

Parmi les conventions et chartes sur les activités transfrontalières, la Convention européenne sur la télévision transfrontière de 1989 n'est ratifiée que par trente deux États.
Concernant les conventions relatives à la protection des minorités et spécificités locales, la Convention-cadre pour la protection des minorités

[442] Conformément aux dispositions de l'article 3 de l'accord, les collectivités territoriales françaises et italiennes peuvent conclure des accords et arrangements de coopération transfrontalière. L'accord ne prévoit pas expressément que les collectivités territoriales françaises et italiennes peuvent créer des organismes de coopération transfrontalière dotés de la personnalité juridique.
[443] Ce traité permet aux collectivités territoriales françaises et espagnoles de conclure des conventions pour créer et gérer des équipements ou des services publics et de coordonner leurs décisions. Il prévoit également la possibilité de créer des organismes dotés ou non de la personnalité juridique. Pour ce qui concerne les organismes dotés de la personnalité juridique, les collectivités territoriales peuvent créer des sociétés d'économie mixte locales, des groupements d'intérêt public (droit français) ou des consorcios (droit espagnol).
[444] Parmi les accords conclus dans le domaine de la coopération décentralisée transfrontalière, l'Accord de Karlsruhe apporte une grande innovation puisque, outre la possibilité offerte aux collectivités territoriales des quatre pays de créer des organismes de coopération décentralisée transfrontalière ayant ou non la personnalité juridique selon le droit interne des parties, il permet également la création d'un organisme sui generis : le groupement local de coopération transfrontalière (GLCT). Les établissements publics locaux peuvent participer à ces GLCT. Les GLCT sont régis par les dispositions de l'Accord de Karlsruhe et subsidiairement par le droit du lieu du siège (régime des syndicats mixtes côté français).
[445] Régions françaises concernées Nord-Pas-de-Calais, Picardie, Champagne-Ardenne, Lorraine et régions belges flamandes et wallonnes.
[446] Projet de protocole n° 3 à la Convention-cadre européenne sur la coopération transfrontalière des collectivités ou autorités territoriales relatif aux groupements euro-régionaux de coopération (GEC).

nationales de 1995 fut ratifiée par trente neuf États mais la Charte européenne des langues régionales ou minoritaires de 1992 n'est ratifiée par seulement vingt-trois États.

2-Actions conjointes Conseil de l'Europe, Commission européenne : les cités interculturelles

En 2008, onze villes pilotes participent au programme des villes interculturelles, action conjointe du Conseil de l'Europe et de la Commission européenne. Ces onze cités appartiennent à des pays membres du Conseil de l'Europe dont six d'entre elles sont membres de l'Union européenne (le district de Berlin Neukölln, la ville française de Lyon, La ville italienne Reggio Emilia, la ville Grecque de Patras, celle polonaise de Lublin, la ville hollandaise de Tilburg), les autres étant la capitale de la Norvège, Oslo, Neufchâtel en Suisse, Subotica en Serbie, Melitopol en Ukraine et Izhesk en Russie.

L'objectif du projet est de développer une identité pluraliste afin de faire de la diversité culturelle un atout et non un handicap par la mise en place de structures de gouvernance appropriées à ces situations de cohabitation multiculturelles et multiconfessionnelles.

3-Procédures de coopérations renforcées : vers une Europe à géométrie variable ?

Le mécanisme de coopération renforcé introduit par le traité d'Amsterdam offre une évolution juridique potentielle vers un scénario fédéral pour un groupe de pays, le traité de Lisbonne favorise aussi cette procédure.

Le traité d'Amsterdam de 1997 introduit un mécanisme de coopération renforcée, la possibilité pour les États membres de l'Union qui le souhaitent d'établir entre eux une intégration plus avancée. Cette voie est une ouverture sur une « Europe à plusieurs vitesses » et suscite l'opposition des fédéralistes[447]. L'article 43 du traité d'Amsterdam présente les dispositions générales encadrant ce mécanisme par le respect des principes relatifs aux objectifs de l'UE et à l'acquis communautaire, par l'usage en dernier recours de ce type de mécanisme, requérir une majorité d'États membres et rester ouvert à tous les États membres, ne pas affecter les droits, compétences, obligations et intérêts des États participant. L'article 11 introduit la procédure de la coopération sur la base d'une demande devant être adressée à la Commission, laquelle pourra soumettre ou non[448] cette demande au Conseil qui statuera alors à la majorité qualifiée[449] après consultation du

[447] Ouvrage collectif dirigé par P. Avegri, M-P. Magnillat, *Enjeux et rouages de l'Europe actuelle*, Paris, Sup'Foucher, 2009, p.71.

[448] Si la Commission décide de ne pas soumettre la demande au Conseil elle devra motiver son refus aux États concernés.

[449] Seuls les États membres participant à la coopération renforcée prennent part au vote.

Parlement européen. Il existe une limite à ce processus lorsqu'un État s'y oppose pour des raisons de politique nationale importante, le Conseil de l'UE ne statue pas, seul le Conseil européen peut statuer à l'unanimité. Compte tenu des élargissements planifiés en 2004 et 2007, le traité de Nice a non seulement réformé en ce sens les institutions mais a aussi prévu de rendre possible la coopération renforcée en diminuant le nombre d'États minimum pour instaurer ce mécanisme à huit (au lieu d'une majorité) et en supprimant le droit de veto permettant à un État de faire obstacle à ce mécanisme et, enfin, a élargi son recours à la politique extérieure et de sécurité commune tout en excluant toutefois en vertu de l'article 27B « les actions ayant des implications militaires ou dans le domaine de la défense ».
Le traité de Lisbonne a renforcé le processus de coopération renforcée en permettant à un minimum de neuf États de progresser sur de nouvelles dispositions dans un domaine de compétence non exclusif de l'Union européenne lorsque l'unanimité dans ce domaine n'a pu être trouvée au Conseil de l'UE. Depuis son entrée en vigueur, deux procédures de coopérations renforcées ont été obtenues en 2010 dans le domaine du droit familial et en 2011 pour le brevet communautaire.

Au sein du Conseil de l'Europe, des initiatives sont suivies par un groupe d'États de la même façon que les conventions et chartes ne sont pas toujours signées par l'ensemble des membres du Conseil de l'Europe.
Le 10 mai 1990, dix huit États membres du Conseil de l'Europe ont pris l'initiative de créer un organe consultatif sur les questions constitutionnelles nommé « la Commission européenne pour la démocratie par le droit » plus connue sous le nom de « Commission de Venise ». Son succès a attiré cinquante six membres.

On constate ainsi une avancée progressive de partenariats dans différents cadres (Conseil de l'Europe, Union européenne, coopération renforcée) sous l'effet de la globalisation (problèmes de différences de droit et de leur applicabilité dans des pays différents) et de la régionalisation (rapprochement des localités frontalières ou des localités partageant un intérêt commun).

Section 3- Nouveau cadre juridique extra- territorial et limitation de ce cadre

La frontière géographique ne correspond pas toujours à la frontière politique. Cette dernière a souvent connu des déplacements au fur et à mesure de l'histoire mais demeure la principale référence pour délimiter l'applicabilité des droits des nations. Aussi, dans le contexte de mondialisation et de régionalisation, ces frontières territoriales ne justifient pas toujours la non application des droits étrangers notamment au regard du droit international.

A-Droit international, le principe territorial

Le principe territorial remonte à l'Antiquité grecque. En droit international, l'intégrité territoriale évoque le droit d'un État à préserver ses frontières de toutes influences extérieures. Il en résulte notamment l'impossibilité pour une région de s'autodéterminer autonome et ainsi la légitimité d'un État en droit interne d'empêcher toute tentative séparatiste de l'un de ses territoires.

La Charte des Nations-Unies a consacré le principe d'autodétermination, le droit des peuples à disposer d'eux-mêmes, le droit de déterminer la forme de son régime politique, indépendamment de toute influence étrangère. Parmi les buts des Nations-Unies, est consacré celui de « développer entre les nations des relations amicales fondées sur le respect des principes de l'égalité des droits des peuples et de leur droit à disposer d'eux-mêmes »[450]
Une limite de ce principe demeure toutefois l'absence d'aide extérieure autre qu'humanitaire lorsqu'un peuple subi une dictature politique sans avoir les moyens de la contester. En effet, le principe de l'intégrité territoriale et de l'intangibilité des frontières est une limite à l'autodétermination des peuples. Il est consacré dans le paragraphe 6 de la résolution 1514[451] en ces termes « toute tentative visant à détruire partiellement ou totalement l'unité nationale et l'intégrité territoriale d'un pays est incompatible avec les buts des Nations-Unies ». Ce principe a été rappelé en 1970 dans la résolution 2626[452].
Toutefois, à partir de 1990, les résolutions 1514 et 2625 ont été transgressées concernant la dislocation de l'URSS, de la Yougoslavie et la reconnaissance internationale de l'Erythrée en 1993 et plus récemment du Kossovo en 2008 et de l'intervention en Libye en 2011.

Le principe de non- ingérence consacré dans l'article 2.7 de la Charte des Nations-Unies s'exprime en ces termes « aucune disposition de la présente charte n'autorise les Nations-Unies à intervenir dans les affaires qui relèvent

---

[450] Article 1, Alinea 1 de la Charte des Nations-Unies de 1945.
[451] Résolution 1514 adopté le 14 décembre 1960 par l'Assemblée générale des Nations-Unies.
[452] Résolution 2625 du 24 octobre 1970 par l'Assemblée générale des Nations-Unies.

essentiellement de la compétence nationale d'un État ». Les Nations-Unies s'autorisent toutefois d'intervenir dans deux cas extrêmes : dans le cas de menace contre la paix ou de non-respect des droits de l'Homme.

B-Influence des droits fondamentaux sur les droits nationaux et européens

Il est constaté une influence des droits fondamentaux et des droits nationaux dans le dépassement des conceptions territoriales car la mondialisation des échanges s'est traduite par une « mobilité du droit »[453]. Le droit franchi les frontières pour sécuriser les flux d'échanges mais aussi en raison d'une « ambition éthique à travers la propagation des droits de l'Homme » (référence 117). Pour Mireille Delmas Marty[454] cette évolution du droit procède d'une dialectique entre l'universel et le particulier vers une réflexion sur l'universalisme des valeurs sous l'impulsion d'une « triple évolution : l'évolution biologique, éthique et technologique »[455].

A la différence des autres traités internationaux, la Convention européenne des droits de l'Homme impose à tout État signataire des obligations à l'égard des particuliers et non des obligations exclusivement entre États.

1-Convention européenne des droits de l'Homme

Les grands États européens comme la France ont toujours été autant moteur dans la construction européenne (pays membre fondateur du Conseil de l'Europe en 1949, de la CECA –Communauté européenne du charbon et de l'acier- en 1954, de la CEE – Communauté économique européenne- en 1957) que pays réticent à une trop grande intégration régionale. Si le siège de la Cour européenne des droits de l'Homme (CEDH), organe du Conseil de l'Europe, se situe à Strasbourg, la France n'a ratifié la Convention européenne des droits de l'Homme créée en 1950 que seulement vingt quatre années plus tard, en 1974, et n'a permis à ses résidents de saisir la CEDH qu'en 1981. Ce délai s'explique pour des raisons internes liées notamment à la crise algérienne[456] mais surtout pour des obstacles juridiques soulevés par les gouvernements successifs et certains parlementaires[457].

---

[453] Julie Allard et Antoine Garapon, *Les juges dans la mondialisation, la nouvelle révolution du droit, La République des idées*, Seuil, 2005.

[454] Mireille Delmas- Marty, *Le relatif et l'universel*, Seuil, 2004.

[455] Mireille Delmas-Marty, Etudes juridiques comparatives et internationalisation du droit. Cours : vers une communauté de valeurs ?- Les droits fondamentaux, Collèges de France, 2009.

[456] 1953et 1956 projets de loi tendant à autoriser la ratification de la convention, 3 mois après l'adoption du projet par l'Assemblée nationale survient la crise de mai 1958 à Alger et arrivée au pouvoir du Général de Gaulle interrompant ainsi le processus législatif, et tout au long de cette période incompatibilités juridiques soulevés par gouvernements et parlementaires.

[457] Incompatibilité de l'article 2 du 1er protocole concernant le droit à l'instruction avec la volonté de certains parlementaires de faire prévaloir le principe de laïcité ; incompatibilité de

Le Conseil de l'Europe est une organisation intergouvernementale[458] qui a précédé la construction de l'Union européenne. Cette organisation internationale dotée d'une personnalité juridique reconnue en droit international public s'est spécialisée dans les normes juridiques[459] en matière de protection des droits de l'Homme et du renforcement de la démocratie mais aussi dans les domaines culturel[460], économique[461] et social[462]. Elle représente 47 États membres, les 27 États membres de l'Union européenne ainsi que les États candidats officiels (la Turquie depuis 1987, la Croatie depuis 2004, la Macédoine depuis 2005, l'Islande depuis 2009, le Monténégro depuis 2010) et potentiels à l'intégration de l'Union européenne (l'Albanie, la Bosnie-Herzégovine, la Serbie, le Kosovo) ainsi que des États partenaires de ces derniers en Europe, la Norvège, la Suisse, le Liechtenstein, Saint-Marin, Andorre, Monaco, la Moldavie, l'Ukraine, la Russie, et en Asie centrale, la Géorgie, l'Arménie, l'Azerbaïdjan. Les 800 millions de ressortissants de ces 47 États membres peuvent introduire des requêtes auprès de la Cour européenne des droits de l'Homme[463] s'ils estiment qu'un État membre a enfreint leurs droits.

Ces obligations d'État partie ont un caractère quasi-absolu car le non respect par un État ne dispense pas les autres d'exécuter les dispositions de la convention. Ces droits énoncés dans la convention et ses protocoles sont considérés comme directement applicables, sans nécessaire acte de transposition dans le droit interne des États. En dernier lieu, le caractère obligatoire des décisions de la CEDH suite au recours en manquement par un État ou un ressortissant d'un État partie constitue une entorse au principe

---

certaines dispositions de la convention (articles 5 et 6) avec le dispositif pénal concernant les règles de la discipline militaire, l'incompatibilité de l'article 10 concernant la liberté d'expression avec ce qui était à l'époque le régime de monopole de radiodiffusion, obstacle lié à l'article 15 de la convention relatif aux circonstances exceptionnelles pouvant affecter la souveraineté nationale lors de l'usage par la présidence française de l'article 16 de sa Constitution. Rapport n°22 de M. Gérard Gaud du 11/10/1995 publié sur le site du Sénat, Projet de loi autorisant la ratification du protocole N°11 à la convention européenne des droits de l'Homme et des libertés fondamentales, portant restructuration du mécanisme de contrôle établi par la convention, III- La France et la Convention européenne des droits de l'Homme.

[458] Le Conseil de l'Europe fondé le 5 mai 1949 par le traité de Londres.

[459] La Convention européenne des droits de l'Homme créée le 4 novembre 1950 et entre en vigueur en 1953.

[460] La Convention culturelle européenne est créée en 1954.

[461] Le Fonds de rétablissement est créé en 1956 et connu sous le nom de Banque de développement du Conseil de l'Europe.

[462] La Charte sociale européenne est créée en 1961.

[463] La CEDH est créée le 18 septembre 1959. L'article 25 de la convention ouvre à chaque individu la possibilité de saisir la Commission européenne des droits de l'Homme d'une requête relative à la violation par l'un des États parties d'un des droits consacrés par la convention.

de souveraineté. Toutefois, les États peuvent préserver leur souveraineté en utilisant leur faculté à émettre des réserves à la convention ou formuler des déclarations interprétatives. De plus, les États ont la possibilité de ne pas reconnaître la compétence obligatoire de la Commission ou de la Cour. Enfin, ces droits peuvent faire l'objet d'une application modulée en fonction des circonstances exceptionnelles mettant en cause l'ordre public par exemple.

D'après le rapport du Sénat 22[464], depuis la reconnaissance en 1981 du droit de recours individuel, la France est, avec l'Italie, le pays le plus souvent mis en cause par des particuliers devant ces instances. Entre 1988 et 1995, la CEDH a rendu cinquante arrêts concernant la France dont trente concluaient à une violation de la Convention. Il est fréquent que ces condamnations soient ensuite suivies d'une adaptation de la législation nationale ou d'une influence sur la jurisprudence des instances judiciaires nationales.
L'article 8 de la Convention européenne des droits de l'Homme relatif au droit au respect de sa vie privée et familiale, de son domicile et de sa correspondance a conduit la CEDH à condamner des États pour violation de ce droit lors d'écoutes téléphoniques. La CEDH a toutefois rejeté une requête contre la République fédérale d'Allemagne puisque cet État avait mis en place dès 1968 un système de contrôle des écoutes administratives jugé conforme aux exigences de la convention, mais ce ne fut pas le cas pour le Royaume-Uni et la France qui furent condamnés respectivement en 1984 et en 1990 mais qui adaptèrent moins d'un an après leur législation aux exigences de la Convention. Le Royaume-Uni a promulgué la loi du 25 juillet 1985 après l'arrêt Malone du 2 août 1984. La France a promulgué la loi du 10 juillet 1991 suite à l'arrêt Huvig et Kruslin du 24 avril 1990[465]. Toutefois, la France fut de nouveau condamnée par la CEDH dans son arrêt du 24 août 1998.
La violation du principe du procès équitable a contraint l'État français à instaurer un décret pour permettre la publicité des débats pour les sessions disciplinaires des ordres des médecins, pharmaciens et des sages-femmes.
La CEDH a été saisie par des ressortissants étrangers et les États condamnés n'ont toutefois pas pour autant adapté leur législation sur ces questions. Les articles soulevés le plus fréquemment sont : l'article 8 de la Convention relatif au droit au respect de la vie familiale et privée pour contester des mesures d'éloignement qui les séparaient de leurs familles ; l'article 5 interdit les expulsions arbitraires, le protocole 4 de la Convention

---

[464] Rapport n°22 de M. Gérard Gaud du 11/10/1995 publié sur le site du Sénat, projet de loi autorisant la ratification du protocole N°11 à la Convention européenne des droits de l'Homme et des libertés fondamentales, portant restructuration du mécanisme de contrôle établi par la convention.

[465] Roger Errera, conseiller d'Etat honoraire, Les origines de la Loi française du 10 juillet 1991 sur les écoutes téléphoniques.

européenne des droits de l'Homme a posé l'interdiction des expulsions collectives d'étrangers, principe complété par le protocole 7 qui énumère les garanties procédurales spécifiques en cas d'expulsion d'étrangers. L'Italie a été condamné par la CEDH pour violation des articles 3 (« nul ne peut être soumis à la torture ou des traitements inhumains ou dégradants »), 4 et 13 en remettant aux autorités libyennes un nombre imprécis de migrants sans vérifier et avoir d'éléments probants excluant que ces personnes aient été soumises à des traitements inhumains et dégradants dans leur pays d'origine et/ ou y risquaient leur vie et aucune de ces personnes n'a pu présenter une demande d'asile politique (en violation aussi de l'article 1 de la Convention de Genève de 1951 et du règlement CE n°562/2006 du Parlement européen et du Conseil du 15 mars 2006) dans l'arrêt Saadi de mars 2008.

2-Influence de la CEDH sur la CJUE

Le traité d'Amsterdam entré en vigueur le 1er mai 1999, donne compétence à la Cour de justice européenne (CJCE) pour veiller au respect des droits de l'Homme conformément à la Convention européenne des droits de l'Homme et dans tous les domaines concernant les premier et troisième pilier du traité de Maastricht[466].

Dans l'interprétation du droit européen, la jurisprudence de la Cour de justice européenne s'inspire parfois de la Cour européenne des droits de l'Homme (CEDH). En un an, entre le 1er novembre 2006 et le 31 octobre 2007, le professeur de droit à l'Université Robert Schuman de Strasbourg Jiri Malenovsky, ancien ambassadeur de la République tchèque auprès du Conseil de l'Europe, a dénombré[467] vingt-et-un arrêts rendus par la Cour de justice européenne faisant référence, dans ses motivations, aux arrêts de la CEDH, ce qui représente 6% de la totalité des arrêts rendus sur cette même période. Aussi, la CJCE a statué sur la question de compatibilité de l'obligation faite à un étranger souhaitant acquérir un domaine agricole au Danemark de fixer sa résidence principale sur ce domaine, pendant au moins huit ans, avec le principe de libre circulation des capitaux. Dans l'arrêt Festersen du 25 janvier 2007, la CJCE se réfère à l'article 2, paragraphe 1, du protocole 4 à la CEDH pour consacrer le droit de tout acquéreur de choisir librement sa résidence. La mesure nationale visant des objectifs d'intérêt général d'aménagement du territoire, de nécessité de maintenir la population en milieu rural et de lutte contre la spéculation foncière étaient des arguments jugés disproportionnés avec la loi aussi.

---

466 Seul le deuxième pilier relatif à la politique extérieure commune y est exclu.

467 Jiri Malenovsky, « Les répercussions de certains arrêts récents de la CEDH sur la jurisprudence communautaire », sur le site www.echr.coe.int

Avec l'entrée en vigueur du traité de Lisbonne, l'Union européenne intègre comme norme contraignante le respect par les États membres de l'Union européenne de la Convention européenne des droits de l'Homme ainsi que de la jurisprudence de la CEDH. Le préambule de la Charte des droits fondamentaux de l'Union européenne « réaffirme (...) les droits qui résultent notamment (...) de la Convention européenne des droits de l'Homme et des libertés fondamentales (...) de la jurisprudence (...) de la Cour européenne des droits de l'Homme ». La Charte des droits fondamentaux proclamée par le Parlement européen, le Conseil et la Commission lors du sommet de Nice le 7 décembre 2000 ne fut pas intégrée dans le traité de Nice mais dans le traité de Lisbonne, l'article 6 lui « reconnaît la même valeur juridique que les traités », sauf pour les deux États ayant exigé un protocole pouvant ainsi limiter les compétences de la CJCE sur le contrôle de l'application de la Charte, le Royaume-Uni et la Pologne.

Il est ainsi intéressant de constater que certaines évolutions politiques, économiques et sociales se déroulent simultanément dans la plupart des pays membres de l'Union européenne. Des pays comme la France ou l'Italie ont tenté de freiner la mise en place d'espaces transnationaux tout en ne les interdisant pas. Et, au sein de l'ensemble des pays étudiés il est constaté des actions étatiques, locales, associatives en faveur aussi d'un rapprochement des échanges. On peut se demander jusqu'où ce mouvement va –t-il nous mener ?

3-Rapprochements juridiques vers un droit universel ?

Au-delà du fait que le droit international connaît une extension de part les institutions internationales en charge des litiges commerciaux (OMC[468]), des litiges de voisinage ou de conflits d'intérêts ou des problèmes de développement avec l'ONU[469] disposant d'une multitude d'organes dont la Cour internationale de justice en qualité de principal organe judiciaire, et la création aussi de la Cour pénale internationale[470] pour les crimes contre l'humanité ou les crimes de guerre, sont autant d'étapes vers une convergence des droits. Deux exemples peuvent soutenir cette thèse, les États se sont accordés sur un modèle commun de procès équitable correspondant à l'article 6 de la Convention européenne des droits de l'Homme et, d'autre part, il existe une procédure « de compétence

[468] OMC- Organisation mondiale du commerce créé à l'issue du dernier cycle de négociation du Gatt (General Agreement on Tarifs and Trade) par le traité de Marrakech de 1994, voit le jour le 1er janvier 1995.

[469] ONU- Organisation des Nations-Unies dispose de compétences issues de la Charte des Nations-Unies signée le 26 juin 1945 à San Francisco.

[470] CPI – Cour pénale internationale- issue de la Convention de Rome du 17 juillet 1998.

universelle » résultant généralement[471] « d'une convention internationale donnant mandat à tous les pays signataires de reconnaître ses juridictions nationales compétentes pour juger certains crimes commis à l'étranger, alors même qu'elle n'aurait pas de critère de rattachement territorial ou personnel à faire valoir»[472].

Toutefois, les droits nationaux demeurent la principale source qui régit les sociétés, mais les juges sont de plus en plus ouverts ou confrontés à l'échange d'arguments. A titre d'exemple, lors d'une affaire jugée par la Cour suprême des États-Unis relative à un projet de loi visant à plafonner les dépenses électorales de 2002, une association américaine[473] a déposée une étude comparative de soixante pays révélant que 70% d'entre eux financent les campagnes électorales[474]. Dans d'autres affaires, certains juges sont allés jusqu'à citer des jugements étrangers, comme dans l'affaire Pretty au Royaume-Uni dans laquelle la Chambre des Lords confirma la décision du directeur des poursuites judiciaires de ne pas permettre au mari d'une femme atteinte d'une maladie dégénérative incurable d'aider celle-ci à mettre fin à ses jours en s'appuyant sur un arrêt de la Cour suprême du Canada[475]. Pour Anne Marie Slaughter[476], la mondialisation a pour effet de réarticuler les pouvoirs exécutif, législatif et juridique des États dans une nouvelle configuration en créant des « réseaux de gouvernement ».
Dans ce nouvel ordre juridique, la hiérarchie des sources est en faveur du droit international et du droit européen. La primauté du droit européen sur le droit national a obligé les États à transposer les règles communautaires dans leurs droits nationaux jusqu'à réformer parfois leurs constitutions nationales pour les mettre en conformité au droit européen. Par exemple, l'article 23 de la Loi fondamentale allemande de 1949 a introduit un transfert possible de souveraineté par la fédération aux institutions européennes et dans l'article 24 un transfert possible de souveraineté à des institutions internationales[477].

---

[471] La loi belge donnait une compétence universelle à ses juridictions nationales mais les conflits diplomatiques qui en découlèrent obligèrent la Belgique à limiter la porter de cette loi en subordonnant sa compétence à une règle de droit international.
[472] Julie Allard et Antoine Garapon, *Les juges dans la mondialisation, la nouvelle révolution du droit, La République des idées*, Seuil, 2005, p.16.
[473] The Lauterpacht Research center for International Law, basée en Angleterre.
[474] Julie Allard et Antoine Garapon, *Les juges dans la mondialisation, la nouvelle révolution du droit, La République des idées*, Seuil, 2005, p.19.
[475] Julie Allard et Antoine Garapon, *Les juges dans la mondialisation, la nouvelle révolution du droit, La République des idées*, Seuil, 2005, p.18.
[476] Anne-Marie Slaughter, *A New world Order*, Princeton University Press, 2004.
[477] Loi fondamentale du 23 mai 1949, article 23 « Pour l'édification d'une Europe unie (...) la Fédération peut transférer des droits de souveraineté par une loi approuvée par le Bundesrat.(..) ».

Conformément à l'analyse du professeur Mireille Delmas Marty sur l'évolution des réflexions sur les « biens publics mondiaux»[478] , en particulier concernant les couples tels que le droit à la vie et le droit à la mort, les droits humains et les droits des non humains (animaux en particulier), on constate une convergence des pays qui adoptent par exemple l'abolition de la peine de mort dans le monde, à commencer en Europe, mais il demeure encore de nombreux points de divergences sur l'avortement, l'euthanasie, l'usage des cobayes non humains, les recherches sur les embryons humains, les OGN, le nucléaire,... Et à l'échelle européenne, se pose ainsi les mêmes confrontations entre une entente sur des valeurs communes et le respect des différences culturelles et de pensées. Mais la pratique des hommes à travailler ensemble et à confronter leur point de vue nous rapproche vers des scénarii politiques jusqu'ici peu envisagés.

C-Le cas des travailleurs frontaliers en faveur du droit européen

Ce paragraphe traite d'une limitation de la souveraineté nationale face à des règles de droit européen plus adaptées pour régir le travail transfrontalier devenu plus fréquent avec la mise en place du marché unique.

Les dispositions européennes déterminent la législation compétente dans les cas de travail frontalier et de droits aux prestations de sécurité sociale et de traitement fiscal. Ainsi, faute d'harmonisation des législations, le droit européen pose des principes différenciés de compétence législative nationale en s'attachant plus, parfois, au lieu de résidence plus qu'au lieu de travail mais, parfois, l'inverse. Il s'agit de toutes les dispositions favorisant ici les libertés communautaires du marché unique et particulièrement la libre circulation des travailleurs.

En matière fiscale, la plupart des États ont conclu des conventions bilatérales pour éviter la double imposition du travail et du capital conformément à la convention de l'OCDE de 1963. Selon cette convention, la règle pour les personnes qui résident dans un État et travaillent dans un autre[479] est celle de l'imposition dépendante du lieu de travail. Mais beaucoup de conventions bilatérales ne suivent pas cette règle et préconisent une imposition dépendante du lieu de résidence comme celle franco-allemande[480].

En matière de protection sociale, le principe est que les périodes d'assurance ou de cotisations, quel que soit l'État membre où elles ont été réalisées, sont

[478] Mireille Delmas-Marty, Etudes juridiques comparatives et internationalisation du droit. Cours : vers une communauté de valeurs ?- Les droits fondamentaux, Collèges de France, 2009.

[479] Sous condition concernant le lieu de travail que l'employeur y réside et présence du travailleur de plus de 183 jours.

[480] Convention fiscale entre France et Allemagne du 21 juillet 1959.

prises en compte et totalisées comme si le travailleur avait effectué sa carrière d'assurance dans un seul et même État. Jusqu'à présent, la jurisprudence de la CJCE a permis d'apporter des solutions aux litiges soulevés par le travail frontalier.
Les articles 69 et 71 du règlement européen 1408/71 relatif à l'application des régimes de sécurité sociale des travailleurs migrants posent le principe de l'État de résidence et non l'État du dernier emploi pour déterminer l'État compétent dans le versement des allocations chômages. La CJCE[481] a condamné le royaume des Pays-Bas à verser à un travailleur frontalier néerlandais les allocations chômage même si ce dernier recherche un emploi dans un autre État membre de l'Union européenne et compte y résider. Ce cas de figure n'avait pas été envisagé par le règlement. L'interprétation de la CJCE du droit européen privilégie ici le territoire de résidence d'origine au motif que l'article 69 a pour but de favoriser la mobilité de l'emploi et ainsi à contribuer à assurer la libre circulation des travailleurs conformément à l'article 42 du traité.

Toutefois, deux problèmes majeurs subsistent concernant la retraite, les droits aux allocations sociales et la définition de l'invalidité notamment, sans lister l'ensemble des autres problèmes juridiques indirectement liés comme le droit à la famille, le droit contractuel, le droit pénal.
Seul un scénario fédéral permettrait une harmonisation des législations, et ainsi favoriserait la libre circulation et ferait coïncider les prélèvements sociaux et fiscaux avec les droits acquis.
Toutefois, l'accroissement des cas de travail frontalier implique une normalisation des droits[482].

D-Liberté d'établissement comme limite des droits nationaux

Le processus d'intégration communautaire encourage une harmonisation des règles juridiques et fiscales afin de limiter les effets négatifs d'une concurrence dans ces domaines. Toutefois, les avancées majeures ne se retrouvent essentiellement que dans la taxe sur la consommation, le droit des sociétés et le maintien de droits à prestations même si la personne ne réside plus sur le territoire.

Certains arrêts de la Cour de justice européenne invitent les États membres de l'Union européenne à harmoniser leur législation en matière de droit des sociétés. L'arrêt Cartesio[483] d'une part reconnaît que la législation du pays

---

[481] CJCE arrêt du 06/11/2003, Commission des communautés contre royaume des Pays-Bas.
[482] Rachid Belchasem, Monique Rosenberger, Isabelle Pigeron, « Les travailleurs frontaliers lorrains », *Travail et Emploi* n° 106 avril juin 2006.
[483] CJCE, Gde Ch., 16 décembre 2008, Cartesio Oktato es Szolgaltato bt, aff. C-210/06, Rec. I-9641.

d'origine (la Hongrie) « peut continuer à imposer ses exigences en cours de vie sociale tant que la société vit sous l'empire de la loi » mais, d'autre part, précise que « la société souhaitant émigrer définitivement, en transférant à l'étranger (Italie) le siège et en changeant la loi applicable à la structure de la société, peut contester au regard de la liberté d'établissement l'entrave opposée par le pays d'origine ». Si une harmonisation du droit des sociétés n'est mise en place il est toutefois à craindre une « migration des entreprises vers ceux des États membres qui apparaissent comme des paradis sociétaires »[484]. On constate aussi que certains États ont renoncé à des éléments contraignants de constitution de société comme en France, par exemple, avec la SARL à un Euro.

Ainsi, sous l'effet de la mise en place des libertés communautaires du marché unique, une pression sur les États membres de l'Union européenne s'exerce afin qu'ils fassent converger leur législation fiscale et sociale. C'est le cas pour les taux de TVA pour lesquels une convergence s'est exercée depuis la mise en application de l'Acte unique. Mais pour les prélèvements obligatoires ou les règles de droit de société ou droits sociaux (en particulier ceux à la charge des entreprises lesquelles étant plus mobiles que les travailleurs), la concurrence fiscale et sociale nuit finalement aux États imposant les contraintes les plus fortes dans ce domaine, et cette pression ne les oblige pas pour autant à exercer une réforme commune.

Le règlement 1408/71 relatif à la sécurité sociale des travailleurs migrants énonce que le droit aux prestations sociales de la famille d'un travailleur d'un État membre s'exerce même si la dite famille réside sur le territoire d'un autre État membre. Ici encore, le principe territorial ne s'exerce plus, un État ne peut suspendre le versement de prestations aux motifs que le bénéficiaire ne réside plus sur son territoire sauf en vertu de la règle anti-cumul de l'article 76 du règlement 1408/71 comme l'a rappelé la CJCE[485].

Sous l'effet de la mondialisation et de la régionalisation, les juristes et les politiques travaillent de plus en plus en se concertant. Cette tendance traduit une convergence vers l'adoption de valeurs communes et de prise en compte de ses « voisins ». Si le principe territorial n'est pas totalement remis en cause, il est moins imperméable qu'autrefois aux règles de droit concurrents. Le professeur Mireille Delmas Marty explique l'importance de la dialectique entre les règles universelles et celles particulières imprégnées des diversités d'interprétation des notions de justice et de protection des individus. Ce courant d'échange nous rapproche potentiellement d'un scénario fédéral

---

[484] Michaël Karpenschif, Cyril Nourissat, *Les grands arrêts de la jurisprudence de l'Union européenne*, PUF, Thémis droit, 2010.
[485] CJCE, 26/11/2009, Slanina, C-363/08.

dans la mesure où il correspond aussi à des rapprochements d'individus ou d'acteurs locaux privés ou publics comme dans les cas de jumelages ou de travail ou de mariages dans un pays différent que celui dont l'un des acteurs est originaire.
Il est également constaté que la jurisprudence de la CJCE (Cour de justice européenne) est souvent plus favorable à l'Union européenne qu'aux États membres. Selon Michel Fromont[486], la CJCE « a posé le principe de l'interprétation extensive des dispositions d'attribution de compétence en adoptant la théorie de compétences implicites pour aligner les compétences externes sur les compétences internes et en donnant un sens large à certaines expressions employées par le traité ». D'après cet auteur, ces extensions ont toutefois été voulues par les États, mais il demeure un contrôle de constitutionnalité croissant notamment dans les grands États européens comme l'Allemagne et, dans une moindre mesure, la France, l'Italie, la Grande-Bretagne, l'Autriche et l'Espagne. Les États accordent une supériorité du traité sur la loi mais pas sur la constitution. Il en découle un contrôle de constitutionalité préférable avant que les États ne soient engagés. Ainsi, un scénario fédéral nécessiterait sans doute une réforme constitutionnelle avec tous les blocages possibles qu'elle impliquerait au niveau des parlements. La CJUE a toutefois rendu un arrêt favorable à la coopération de communes en 2009[487]. Elle a rejeté le recours en manquement de la Commission européenne contre l'Allemagne en autorisant les communes à coopérer entre elles sans être soumises aux règles de libre concurrence afin de remplir des missions d'intérêt général, ici le traitement des déchets. Dans le cadre d'une union fédérale, les possibilités de coopérations communales et régionales transnationales seraient élargies. On assisterait à l'émergence d'un véritable service public européen soumis non pas aux règles du marché privé mais aux seules règles de droit européen afin de favoriser l'efficacité de mise en place des missions d'intérêt général.

Une des conséquences de la mondialisation et de la croissance des principes universels, du droit international et des flux transfrontaliers d'ordre culturels, économiques, politiques et sociaux est l'émergence d'un courant contraire reflétant une partie de l'opinion publique qui se refuse à toute remise en cause de la souveraineté nationale et aux principes de territorialité. Il s'agit notamment de la croissance récente des mouvements populistes dans toute l'Europe aujourd'hui, mouvements toutefois minoritaires (en moyenne 15% en Union européenne), généralement. Ce courant va dans le sens d'un refus de fédéralisme en Europe et en faveur d'un retour à la souveraineté des États-nations.

---

486 Michel Fromont, *La justice constitutionnelle dans le monde*, Paris, Dalloz, 1996, p 111-112.
487 CJCE, arrêt du 09/06/2009, C-480/06, Commission/Allemagne.

Comment ainsi concilier des courants aussi différents dans une construction commune d'avenir ?

Chapitre 4- Opinions publiques en faveur d'une Europe des États-nations ?

Les libertés politiques ont la capacité d'agir comme un puissant facteur d'incitation et d'information dans leur fonction instrumentale. Une des grandes causes des faibles taux de participation aux élections européennes est imputée à un manque d'information voir une « mésinformation » sur la thématique européenne.

Le critère de jugement de bien fondé d'une politique ou d'une réforme de Dan Usher[488], à savoir, « le critère de renforcement d'une démocratie », nous sert de base pour étudier les raisons du rejet du projet de traité de constitution pour l'Europe notamment en France et aux Pays-Bas ou encore du fort taux d'abstention pour les élections des députés européens. Mais ce mécontentement populaire ne concerne pas exclusivement l'Europe, il est constaté également des niveaux d'abstention importants aux élections nationales et locales, ainsi que des votes protestataires en faveur de groupes politiques marginaux.
Le rôle des opinions publiques n'est pas toujours positif, raison pour laquelle, parfois, l'action politique précède les mentalités. C'est une opinion défendue par Pascal Boniface et Hubert Védrine[489] lorsqu'ils citent, pour illustrer cette affirmation, le cas de l'accord signé récemment entre la Turquie et l'Arménie alors que les dirigeants de ces deux pays « sont allés à l'encontre de leurs opinions publiques ». L'ancien président de la République française, Valéry Giscard d'Estaing, remarque également, dans une interview de 2008, que certaines réformes politiques européennes suscitent des vagues de protestation au moment où elles sont prises puis ne font plus l'objet de protestation notamment au moment où ces réglementations entrent en vigueur, il a cité le cas de la libre circulation des travailleurs issus de l'élargissement de 2004 (« le plombier polonais ») et la directive Bolkestein[490]. Dans le même temps, il ne faudrait pas déduire une justification du bien fondé d'une politique parce qu'elle ne génère plus de manifestations une fois mise en place. Les protestations se révèlent au moment où les réglementations ne sont pas encore votées. Elles espèrent ainsi modifier avant qu'il ne soit trop tard les projets de réglementation.

---

[488] Dan Usher, Personal Goods, Efficiency and the Law, European Journal of Political Economy, 17, 2001, p.673-763.

[489] Pascal Boniface, Hubert Védrine, *L'Atlas des crises et des conflits*, http://www.paris-europe.eu, conférence du 13 octobre 2009 sur leur ouvrage organisée par la Maison de l'Europe.

[490] Interview de Valéry Giscard d'Estaing : ses regrets concernant la Convention sur l'avenir de l'Europe, Paris 17/11/2008, http://www.ena.lu/resume_avant_projet-constitution_union_europeenne_bruxelles_decembre_2002-01-18484

Concernant la directive Bolkestein, par exemple, cette dernière concerne les services qui pèsent près de 70% en moyenne dans le PIB de l'Union européenne. Compte tenu des différences de salaires et de prélèvements obligatoires notamment entre les pays d'Europe centrale et orientale et les pays européens de l'ouest, il est légitime que les populations s'inquiètent des conséquences de l'application d'une telle directive en termes notamment d'emplois et après avoir constaté le mouvement de délocalisation des industries depuis la chute de l'URSS (et ainsi la fermeture successive des usines en Europe de l'ouest).

Si un scénario d'avancée politique ou de recul sur l'Union européenne devait arriver, les dirigeants des pays membres de l'Union européenne pourraient toutefois difficilement se passer de l'opinion publique. L'usage croissant des référendums relatifs à l'Union européenne confirme cette tendance.

Section 1- Opinions publiques sur l'Europe

L'analyse des votes au Parlement européen révèle différents types d'attentes des populations au regard des institutions européennes. Certaines opinions réclament un renforcement des politiques nationales d'autres, au contraire, attendent une plus grande intervention des institutions européennes. En réalité, la majorité des peuples attendent des politiques, qu'elles soient nationales, locales ou européennes, une amélioration de leur condition d'existence sur le plan économique et social ainsi que sécuritaire. Aussi, les populations sont peu informées de ce qui se traite à l'échelon des instances européennes. Enfin, elles entendent de nombreuses critiques à l'égard notamment du faible poids du Parlement européen dans le processus législatif, élément qui renforce aussi le désintérêt vis-à-vis de cette institution.

A-Vote populaire aux élections européennes : un désintérêt pour l'UE ou une déception vis-à-vis de la construction européenne ?

L'analyse des votes aux élections pour les députés européens ou lors de référendums relatifs à des projets de traités européens s'analyse en termes de participation mais aussi de motifs de mécontentement ou, inversement, d'attentes supérieures à ce que les institutions européennes peuvent leurs accorder.

1-Abstention aux élections européennes : un constat inégal au sein des populations et entre pays

Les taux de participation aux élections des députés européens diminuent de façon régulière pour passer lors de celles de 1999 de 52,4% à 46,14% dix ans plus tard en 2009. Aussi, ces moyennes seraient plus faibles si, parmi les pays membres de l'Union européenne, le vote n'était pas obligatoire, comme en Belgique et au Luxembourg[491]. Les taux de participation sont inférieurs à la moyenne européenne parmi les nouveaux membres de l'Union européenne d'Europe centrale et orientale (taux de participation inférieurs à la moyenne européenne variant de 19,64% pour le plus faible à 43,90% pour le plus haut, mis à part la Lituanie 53,70%). Mais certains pays membres fondateurs de la construction européenne connaissent aussi un faible taux de participation et, de surcroît, en diminution comme en Allemagne (43%) et en France (40%). Aux Pays-Bas, le taux est très bas mais il a augmenté entre 1999 et 2009 passant de 29,90% à 36,75%. Et inversement, en Italie le taux de participation est élevé mais diminue passant sur la même période de plus de 70% à 65%. Pour les autres pays membres de l'Union européenne on peut distinguer ceux dont le taux de participation aux élections européennes

[491] Taux de participation de 90% en Belgique et au Luxembourg.

augmente entre 1999 et 2009, soit le Danemark, la Finlande, l'Irlande, le Royaume-Uni, la Suède de ceux qui bénéficient d'un taux décroissant comme en Autriche, en Espagne, en Grèce et au Portugal.

L'analyse des élections européennes des 10-13 juin 2004 de Corinne Deloy et Dominique Reynié[492] nous révèle combien le manque d'information et l'insuffisance de poids du Parlement européen sont en cause dans les niveaux record d'abstention des démocraties européennes. Le taux de participation de 2004 est de 44,03%, il est ainsi inférieur de 6 points à celui de 1999. De plus, ce chiffre est grossi par les taux de participation dans les pays pour lesquels le vote est obligatoire comme en Belgique, au Luxembourg ou en Grèce.
Les élections des députés européens de 2004 sont marquées par l'abstention, le vote sanction et, dans le même temps, un soutien aussi aux partis européens. Ces résultats s'expliquent notamment par des « campagnes marquées par la confusion ». Une confusion liée à une nationalisation de la campagne électorale, à une institution au « statut inachevé », une « offre de candidature pléthorique »,…
L'éditorial de « la lettre du courrier des pays de l'Est »[493] en 2004 commentait le fort abstentionnisme de ces mêmes élections en donnant pour hypothèse interrogative que « l'exercice de la citoyenneté européenne » semblait « un exercice sinon inutile, de moins superflu ? ». Il faut souligner que le taux de participation des nouveaux membres de l'Union européenne a atteint en moyenne seulement 26,34%.

Les forts taux d'abstention aux élections des députés européens sont le reflet de la puissance des États-nations sur l'Europe. Depuis les premières élections des députés européens, le taux d'abstention n'a cessé de croître pour culminer à l'élection de 2009 à 56%.

Pourtant, les États-nations ont transféré une partie de leur souveraineté à des instances supranationales. Mais les débats politiques demeurent nationaux.
Le Danemark, qui généralement bénéficie de taux de participation importants, connaît lui aussi des taux d'abstention très forts lors des élections européennes. Aux élections européennes de 2009, le taux de participation n'a pas dépassé 48%[494]. Il est ainsi reproché à l'Union européenne de favoriser une perte de contrôle souverain du peuple dans les domaines agricole et environnemental notamment. Les premières élections

---

[492] Dominique Reynié, *L'opinion européenne en 2009*, Editions lignes de repères, 2009.

[493] La lettre du courrier des pays de l'Est, n°02/06/2004, Les élections européennes du 13 juin : la fin des illusions, Revue de la Documentation française.

[494] Jean-Michel de Waele et Paul Magnette, *Les démocraties européennes*, Sciences politiques, Armand Colin, 2010, p.114.

parlementaires européennes dans les pays qui ont intégré l'Union européenne en 2004 révèlent des résultats contrastés. Pour des pays comme l'île de Chypre, ces élections[495] furent caractérisées par un taux de participation plus élevé, un vote de protestation contre les partis au pouvoir en faveur des petits partis. Mais ce fut aussi l'événement qui a permis à un parti créé quelques mois avant l'élection, *For Europe*, d'obtenir 10,80% des voix, dépassant ainsi le parti *AKEL*. Ce qu'il faut souligner aussi, c'est un vote au sein duquel les appartenances ethniques et religieuses n'entraient pas dans les critères de vote.

2-Attachement à la souveraineté nationale et craintes de certaines orientations politiques européennes

Concernant les raisons des échecs des référendums français et hollandais de 2005 sur le traité instituant une constitution pour l'Europe elles sont liées à la crainte des faibles bénéfices qu'ils peuvent en retirer dans une union solidaire vis à vis de pays plus pauvres ou encore d'un affaiblissement de la souveraineté nationale. Pourtant, en France, ce référendum a mobilisé 70% des électeurs avec un taux de 54,68 % de rejet du traité. D'après le rapport de l'Assemblée parlementaire de l'UEO[496] les principales raisons du « non » se résument ainsi « un texte trop complexe mais également le manque de visibilité des réalisations concrètes de l'Union européenne, les lacunes du texte concernant les aspects sociaux ainsi que le contexte interne morose de la France »[497].

Trois jours après le référendum Français, 61,6% des Néerlandais ont rejeté également ce traité avec un taux de participation de seulement 63,3%. D'après le même rapport, il semblerait que la population n'ait pas bénéficié d'informations suffisantes sur le traité aussi, que les Pays-Bas n'avaient pas la place qu'ils souhaitent au sein de l'Union européenne en considérant « la perte de souveraineté et les coûts engendrés par l'UE ». Il faut souligner que ce référendum fut le premier aux Pays-Bas, qu'il a été demandé par le Parlement contre l'avis du gouvernement, ainsi que les principaux partis politiques soutenant ce traité. Mais les nouveaux partis, qui n'ont cessé de connaître une augmentation des suffrages, étaient contre, à savoir la gauche radicale (SP), la droite populiste (LPF et Wilders) ainsi que les partis protestants (CU et SPG)[498]. On peut constater que les Hollandais ont fait

---

495 Jean-Michel de Waele et Paul Magnette, *Les démocraties européennes*, Sciences politiques, Armand Colin, 2010, p.95.

496 Union de l'Europe Occidentale, rapport de l'Assemblée parlementaire, La ratification du traité établissant une constitution pour l'Europe : suivi parlementaire et orientation de l'opinion publique, document C1893 du 11/05/2005.

497 Rapport du 05 /12/2005 Les débats parlementaires et l'orientation de l'opinion publique sur la construction européenne.

498 Jean-Michel de Waele et Paul Magnette, *Les démocraties européennes*, Sciences politiques, Armand Colin, 2010, p.305.

savoir pour la première fois à leurs dirigeants politiques qu'ils ne partageaient pas le même enthousiasme pour l'Europe, ce qui explique aussi pourquoi les dirigeants politiques ont tendance à ne pas aborder le sujet aux Pays-Bas et ailleurs.

Mais parmi les populations qui ont majoritairement dit oui à ce projet de constitution pour l'Europe comme le Luxembourg, nombre d'entre elles demeurent toutefois très attachées à la souveraineté nationale. Philippe Poirier concluait dans sa participation[499] en ces termes « les effets de l'européanisation du système réglementaire propre à chaque État membre de l'Union (...) inquiète par ailleurs désormais de nombreux Luxembourgeois, attachés à leur souveraineté fiscale... ».

Lors du référendum populaire irlandais du 12 juin 2008, les principales raisons[500] du rejet du traité de Lisbonne s'expliquent pour des motifs de connaissances insuffisantes du texte soumis (22% des sondés), des motifs liés à la souveraineté nationale (protection de l'identité irlandaise 12% ; principe de neutralité de l'Irlande dans les affaires de défense 6% ; souveraineté fiscale 6% ; diminution des représentants à la Commission européenne 6% ; un avis unifié sur les affaires mondiales 4%) et le manque de confiance dans les hommes politiques irlandais (6%). Les autres motifs invoqués portent sur le modèle de la construction européenne avec soit le rejet d'une Europe unifiée (5%) soit la crainte de voir les grands États y jouer un rôle croissant. Si le second référendum a emporté le « oui », c'est en raison de l'obtention de la part du gouvernement irlandais de garanties auxquelles les populations sont attachées à savoir la neutralité militaire de l'Irlande, son régime fiscal et l'interdiction de l'avortement[501].

3-Confiance en l'Union européenne : les PECO

Les taux d'abstention ne traduisent pas obligatoirement un désintérêt pour l'Union européenne. D'après les sondages Eurobaromètre[502], la plupart des pays d'Europe centrale et orientale (PECO) soutiennent leur appartenance à l'Union européenne, et cette volonté d'intégration a progressé depuis les élargissements de 2004[503] et de 2007[504] puisqu'ils étaient 59% en 2001 à voir

---

[499] Jean-Michel de Waele et Paul Magnette, *Les démocraties européennes*, Sciences politiques, Armand Colin, 2010, p.285.

[500] « Post-Referendum Survey in Ireland », Eurobarometer, 18 juin 2008. Sondage mené entre le 13 et le 15 juin 2008, par téléphone, par l'institut Gallup, sur un échantillon de 2000 personnes âgées de plus de 18 ans.

[501] www.egeablog.net. EGEA – Études Géopolitiques Européennes et Atlantiques.

[502] Eurobaromètre Pays candidats, automne 2001 ; Eurobaromètre 69, printemps 2008.

[503] Les pays sondés sur les dix qui ont intégré l'Union européenne en 2004 sont seulement les huit PECO, les trois pays baltes, la Hongrie, la Pologne, la Slovaquie, la Slovénie, la République Tchèque.

[504] Bulgarie et Roumanie.

l'avenir de leur pays lié à l'Union européenne, et 66% sept ans plus tard. Les deux pays sur les dix dans lesquels la majorité de la population est sceptique quant au bénéfice de l'intégration à l'Union européenne sont la Hongrie et la Lettonie (leur soutien à l'appartenance à l'UE est passé de 2001 à 2008 respectivement de 60% à 32% et de 33% à 29%). Il faut également souligner la forte diminution en faveur du soutien à l'appartenance à l'UE pour les Bulgares, leur taux de confiance est passé de 74% à 51% entre 2001 et 2008. Les bénéfices évoqués par ces populations en faveur de l'Union européenne reposent sur les libertés du marché unique et l'Union européenne symbolise pour nombre de ces populations la prospérité économique, la démocratie et les droits de l'Homme, ce qui ne veut pas dire pour autant qu'ils estiment bénéficier de ces concepts démocratiques dans leur quotidien. Une enquête[505] de 2007 révèle, par exemple, que si 84% des Tchèques considèrent l'égalité devant la justice comme un principe important, seulement 8% d'entre eux estiment qu'elle est bien appliquée dans leur pays. Les arguments des populations sceptiques vis-à-vis de l'Union européenne reposent sur des problèmes économiques et sociaux non résolues tels que le chômage, le système santé et de sécurité sociale, l'inflation[506]. En effet, les Hongrois et les Bulgares qui se disent satisfaits de leur niveau de vie sont minoritaires, respectivement 47% et 40%, tandis que les autres PECO en faveur des bénéfices de l'UE sont majoritaires sur ce point[507]. La corrélation entre le degré de satisfaction des populations des PECO à être membre de l'Union européenne et une amélioration ressentie de leur pouvoir d'achat aurait pu être montrée si les Lettons étaient minoritairement satisfaits de leur pouvoir d'achat, mais ce n'est pas le cas car 63% des Lettons ont déclaré être satisfait sur ce point. Il semble en fait que ce sont les classes d'âges et les catégories professionnelles qui rendent compte le mieux du degré de satisfaction à l'égard de l'Union européenne. Les populations les plus favorables à l'UE sont les jeunes (25-44 ans) et les catégories socio-professionnelles les plus élevées (chefs d'entreprises, travailleurs indépendants, de façon plus générale, les salariés percevant un revenu supérieur à la moyenne nationale, plus de 1000 euros mensuels). Tandis que les plus de 55 ans et les catégories ouvriers (et plus généralement les personnes percevant un faible revenu ou se retrouvant sans travail) semblent majoritairement regretter l'ancien régime. Ainsi, la corrélation entre la reconnaissance des populations à connaître une amélioration de leur pouvoir d'achat et l'enthousiasme pour l'Union européenne semble se confirmer. Mais d'autres préoccupations internes et externes, si elles s'accroissent ou ne

[505] "World Publics Welcome Global Trade – but not immigration", Pew Global Attitudes Survey, 10 avril 2007.

[506] Mirabela Lupaescu, « Les Européens de l'Est vingt ans après la chute du mur de Berlin », sous la direction de Dominique Renyé, *L'opinion des européens en 2009*, Paris, Éditions Lignes de Repères, 2009, p.142.

[507] Slovènes 89%, Tchèques 82%, Polonais 75%, Slovaques 69%, Lituaniens 60%.

trouvent pas d'issues, pourraient aussi faire basculer une majorité de satisfaction en une minorité, « les jeunes acquis à l'économie de marché déplorent l'absence ou la lenteur des réformes, l'écart existant entre les plus riches et les plus pauvres et la faiblesse de leur niveau de vie. Les bas revenus, le système de retraite, l'inflation, l'inadaptation du système éducatif, la corruption et la criminalité sont les problèmes qu'ils mentionnent le plus fréquemment »[508].

B-Revendications populaires vis-à-vis de l'Union européenne

Il est ici traité du décalage entre les attentes des populations avec les discours et les actes politiques nationaux et européens. Il est ainsi évoqué les arguments les plus forts soulevés par les populations vis-à-vis des questions européennes en termes de déficit d'information, du recul de l'État providence ou du moins de sa capacité à corriger les déséquilibres économiques, sociaux et sécuritaires comme le chômage, la faiblesse du pouvoir d'achat, les insuffisances de moyens dans les services publics (santé, éducation, sécurité intérieure,..), l'absence de débats face aux élargissements (en particulier la candidature de la Turquie) et, enfin, les attentes d'intervention de la part des instances européennes.

1-Déficit démocratique et sous-information

Un des rapports d'Eurobaromètre[509] estime que 73% des Européens interrogés pensent que les citoyens de leur pays sont mal informés sur les questions européennes[510], soit la majorité de l'ensemble des pays membres de l'Union européenne mis à part le Luxembourg. En particulier, les pays dont les sondés se considèrent comme étant les moins bien informé sont l'Espagne et Chypre (85%), la France, la Grèce et les Pays-Bas (81%) et la Suède (80%). Selon ce rapport, ce sentiment d'être 'mal informé' est plus important parmi les couches modestes de la population[511].

L'analyse contradictoire du contenu philosophique du projet de constitution pour l'Europe et des différentes attentes des populations peut révéler également une des causes des échecs des deux référendums négatifs de 2005 en France et aux Pays-Bas. De nombreux souverainistes, tel Georges

---

[508] Mirabela Lupaescu, « Les Européens de l'Est vingt ans après la chute du mur de Berlin », sous la direction de Dominique Renyé, *L'opinion des européens en 2009*, Paris, Éditions Lignes de Repères, 2009, p.144.

[509] Eurobaromètre 74, Automne 2010, L'information sur les questions politiques européennes, http://ec.europa.eu/public_opinion/archives/eb/eb74/eb74_info_fr.pdf, Rapport février 2011.

[510] Et à titre individuel ils sont 66% à s'estimer mal informés sur les questions européennes.

[511] A titre individuel le sentiment d'être mal informé est de 77% parmi les personnes ayant arrêté leurs études avant 16 ans (contre 56% parmi les personnes ayant poursuivi leurs études après 19 ans).

Berthu[512], ont dénoncé un décalage entre le déficit démocratique de l'Union européenne et les attentes de la population. La présentation générale du livre de Georges Berthu s'intitule *La démocratie en péril* et explique qu'une « gestion supranationale » (entendue comme projet fédéral « principe directeur de l'actuel projet ») sensée « maximiser l'efficacité de la coopération » aurait pour effet de se couper des peuples ce qui génèrerait une insuffisance du soutien populaire et ainsi une perte d'efficacité. Cet auteur propose ainsi de « gérer la diversité par la géométrie variable », entendue comme un système de coopération entre nations, rappelant les principes de respect des souverainetés nationales, seul cadre respectueux des démocraties. Paul Magnette[513] évoque le problème de la double interprétation du discours politique sur l'Europe afin de heurter le moins possible tant les souverainistes (dont Georges Berthu fait partie) que les partisans d'une Union européenne politique. Cette analyse de Paul Magnette donne ainsi une explication sur le faible niveau d'information de la classe politique sur les questions européennes. Mais, dans le même temps, ce choix politique de 'sous-information' donne du poids aux arguments des souverainistes au regard du déficit démocratique.

Le troisième critère d'évaluation de la démocratie de Amartya Sen[514] est le rôle constructif des libertés politiques. Il fait référence non seulement à l'expression politique des besoins économiques mais aussi à la « conceptualisation qui inclus la compréhension des besoins économiques ». Il s'agit de créer un débat sur la définition des problèmes politiques, économiques ou sociaux. A l'échelle de l'Union européenne, ce dernier critère est totalement absent. Si certains ouvrages (livre blanc par exemple) écrits par la Commission européenne tentent de poser des problèmes à l'échelle européenne, ils ne sont pas accessibles « au grand nombre ».
C'est cette absence d'information qui, par exemple, inquiète les luxembourgeois attachés à leur modèle de concertation sociale[515]. Le poids d'une démocratie se mesure à son « importance directe pour la vie humaine, en relation avec les capacités élémentaires » de type capacité de participation sociale et politique, conformément au premier critère de la démocratie de Amartya Sen[516].

---

[512] Georges Berthu, *L'Europe sans les peuples. L'essentiel sur le projet de constitution européenne*, François-Xavier de Guilbert, Paris, 2004.
[513] Paul Magnette, *Le régime politique de l'Union européenne*, Paris, Sciences Po Les presses, 2009.
[514] Amartya Sen, *Un nouveau modèle économique*, Paris, Odile Jacob, 1999.
[515] Jean Michel de Waele et Paul Magnette, *Les démocraties européennes*, Armand Colin, 2010, p.285.
[516] Amartya Sen, *Un nouveau modèle économique*, Paris, Odile Jacob, 1999

2-Politiques européennes jugées trop favorables à l'ultra-libéralisme

L'échec du référendum du projet de constitution européenne en France trouve ses sources dans les arguments des défenseurs du non. Ces derniers, en particulier l'extrême gauche mais aussi certains membres du parti socialiste, ont dénoncé les dérives ultra-libérales. Les arguments ne portaient pas souvent sur les aspects novateurs de ce projet. Avec ce traité (présentant une refonte de l'ensemble des traités), il était difficile de distinguer la nouveauté des textes déjà ratifiés. Comme le souligne Etienne de Poncins[517], était dénoncé le libéralisme « gravé dans le marbre » et les principes de « concurrence libre et non faussée ». La grande majorité des Français connaissant le chômage ou appartenant à la catégorie socio- professionnelle au pouvoir d'achat faible, a voté massivement non à ce Traité. Ainsi, 80% des chômeurs ou personnes sans qualification, 79% des ouvriers et 70% des agriculteurs ont dit non au traité. Cette fracture sociale se retrouve également entre les habitants des petites communes et ceux des grandes agglomérations. Dans les premières le non l'emporte et inversement dans les communes de plus de 250.000 habitants.

Les effets de la transition d'une économie planifiée à une économie de marché sont ressentis avec amertume dans les structures agricoles et industrielles de petite taille qui n'ont pas survécu à ces réformes. Parmi les populations des dix pays d'Europe centrale et orientale (PECO), deux ont été majoritairement déçues par leur intégration dans l'Union européenne, la Hongrie et la Lettonie[518]. Pour les Hongrois, il est reproché aux institutions européennes de Bruxelles d'avoir contribué à démanteler le monde rural et les petites entreprises, d'avoir désengagé l'État de l'économie au bénéfice des multinationales et sans que les salaires en aient bénéficié[519]. Les Lettons dénoncent une faible redistribution des richesses également, mais s'est le cas aussi de l'ensemble des populations européennes.

Cette revendication sociale trouve son fondement sur un aspect objectif quant aux critères de convergence économique d'une part, et un fondement philosophique quant à la notion de justice sociale.

Sur le premier point, le traité de Maastricht de 1990 instituant une Union économique et monétaire a établi des critères économiques[520] pour réaliser la troisième phase de la monnaie unique en omettant complètement ainsi les critères sociaux tels que le chômage. Il en découle des politiques de rigueur

---

[517] Etienne de Poncins, *Le traité de Lisbonne en 27 clés*, Editions Lignes de Repères

[518] D'après Eurobaromètre les hongrois et les lettons sont passés respectivement de 60% et 30% en faveur de l'UE en 2001 à 32% et 29% en 2008.

[519] Mirabela Lupaescu, « Les Européens de l'Est vingt ans après la chute du mur de Berlin », sous la direction de Dominique Renyé, *L'opinion des européens en 2009*, Paris, Éditions Lignes de Repères, 2009, p.146.

[520] Limitation du déficit public à 3% du PIB, limitation de l'endettement public à 60% du PIB, limitation de l'inflation, respect des marges d'ancrage à l'Euro.

économique budgétaire devant limiter le déficit public et l'endettement public, du moins pour les pays membres de la zone Euro, et de rigueur monétaire devant lutter avant tout contre l'inflation, la croissance devenant un critère secondaire. La politique monétaire du SEBC (système européen des banques centrales) s'interdit tout soutien aux États et aux collectivités publiques et établissements publics, conformément à l'article 123 du traité de Lisbonne (même principe que dans le traité de Maastricht), ce qui laisse ainsi les États les plus endettés à la merci des taux d'intérêt élevés des marchés financiers et des banques (mais la plupart des États notamment la France et l'Italie avaient dès les années 70 établis ce type de principe d'indépendance de leurs banques centrales).

Sur le plan philosophique, John Rawls[521] dans sa « théorie de la justice » a connu un vif succès populaire. Il s'agit de privilégier les bases d'une justice conforme à l'équité, l'égalité des chances devant être une condition garantie mais non un principe en soi. Aussi, si on analyse le marché du travail, on constate de fortes inégalités entre les salariés. Sont ainsi privilégiés les salariés du secteur public et ceux des grandes entreprises. Les autres salariés bénéficient généralement d'un salaire inférieur et, souvent, disposent aussi d'un statut précaire (contrats de travail à durée déterminée, contrats en alternance, contrats inter-mi-temps,..) et d'autres travailleurs sont en statut de travailleur indépendant (sans couverture chômage et avec une retraite très inférieure). Ainsi, ces différences de traitement pour un même travail ne s'expliquent pas par des différences d'efficacité au travail mais par une réglementation plus favorable à certaines structures. Lindbeck et Snowers[522] expliquent ces différences dans leur théorie *Insiders outsiders* en raison de la législation. Selon eux, se sont les lois et les acteurs syndicaux qui privilégient les grandes entreprises au détriment des chômeurs et des PME. Le philosophe Armartya Sen[523] perçoit la liberté comme un facteur déterminant du changement. Il intègre dans l'analyse du processus au développement l'évolution d'une éthique sociale ou d'une formation des valeurs au même titre que les institutions. Il pose comme principe : « la promotion des libertés individuelles et de l'engagement social peuvent favoriser le processus de développement ». Mais dans le cadre européen, une partie des travailleurs est marginalisée en raison d'une rigidité du marché du travail issue d'une réglementation protectrice en faveur des salariés mais qui génère ainsi un frein à l'embauche. Par exemple, depuis plus de vingt ans en France, il existe un taux de chômage élevé (en moyenne entre 8% et 9%)

---

[521] John Rawls, *La justice comme équité*, La Découverte, Paris, 2008.

[522] Anne Perrot, *Les nouvelles théories du marché du travail*, Paris, La Découverte, Repères, 1998.

[523] Amartya Sen, *Un nouveau modèle économique*, Paris, Odile Jacob, 1999.

malgré un contexte de départs en retraite non compensés par une arrivée sur le marché du travail d'une population jeune moins nombreuse[524].

Pour Jean Paul Fitoussi[525] « La démocratie et le marché », justice sociale et efficacité économique ne sont pas incompatibles. Il pose le problème du discours rhétorique de la légitimation du capitalisme libéral et dominateur qui considère la démocratie et le politique comme des obstacles au développement. Malheureusement il s'agit d'un discours dont certaines règles communautaires sont « empruntées » au regard des règles de concurrence et des règles de fonctionnement de l'Union européenne.

3-Crainte d'une intégration de la Turquie

Une autre catégorie des arguments des détracteurs du traité résidait dans le rejet de la candidature turque. Pour des raisons culturelles (pays peuplé majoritairement de musulmans) mais aussi par le sentiment d'un nécessaire arrêt des élargissements pour approfondir l'Union européenne et donner du temps à l'intégration de dix nouveaux membres en 2004 et les deux autres de 2007, tous connaissant des niveaux économiques inférieurs au PIB moyen par habitant de l'Union européenne des Quinze, le temps de converger vers des niveaux de richesse supérieurs. La candidature d'un petit pays dont les habitants seraient majoritairement de confession musulmane (comme la Bosnie-Herzégovine ou l'Albanie) susciterait moins de craintes. Car dans le cas de la Turquie, la population est quasiment aussi importante que celle de l'Allemagne ce qui leur accorderait le même nombre de députés européens. A la différence du chef de l'État de l'époque, Jacques Chirac, Nicolas Sarkozy se positionna comme n'étant pas favorable à la candidature turque. Il faut aussi souligner qu'aucun référendum n'a été soumis aux votes populaires pour demander aux populations si elles étaient favorables ou non aux élargissements successifs de la Communauté européenne. De cette union de six pays à vingt-sept pays, il en découle un sentiment que les décisions politiques se prennent sans consulter les peuples.

---

[524] En 1960, le rapport des 65 ans ou plus aux moins de 15 ans était égal à 44% en France, 38% en Suède, 38% en Italie, 30% en Espagne, en 2000, il s'élève à 85% en France, 95% en Suède, 127% en Italie, 115% en Espagne. Sources Nations Unies, *Projections de population mondiale, révision 2004*, Conseil de l'Europe, 2005. Thomas Barnay et Catherine Serrmet (dir.), *Le vieillissement en Europe. Aspects biologiques, économiques et sociaux*, 2007, La Documentation française, 2007, p.31.

[525] Jean Paul Fitoussi, *La démocratie et le marché*, Grasset, 2004.

4-Attentes d'une plus grande intervention européenne

Près des trois quarts des européens sondés par Eurobaromètre[526] pensent que l'Union européenne d'une part est « indispensable pour répondre aux défis mondiaux (changements climatiques, terrorisme,...) » (sauf en Irlande et en Finlande, pays dans lesquels seulement respectivement 47% et 49% des sondés partagent cette opinion), d'autre part que « ce qui rapproche les citoyens des différents pays est plus important que ce qui les sépare » mais ils sont près de la moitié à penser aussi que l'Union européenne « a grandi trop vite » (ils sont 56% en moyenne, mais 83% au Luxembourg, 73% à Chypre, 72% en Grèce) et qu'elle « manque d'idées, de projets » (41% en moyenne mais cette proportion est la plus élevée en France avec 61%, en Grèce 58% et en Autriche 54%).

Le sondage Eurobaromètre[527] de 2009 révèle que le renforcement du sentiment européen dépend du transfert au niveau européen de certaines prérogatives souveraines nationales dans les domaines régaliens de la politique sociale (39% des sondés ont répondu en faveur d'un système de protection sociale harmonisé[528], cette politique arrive en tête sauf en Finlande, en Irlande, à Malte, aux Pays-Bas, en Suède, et de peu au Royaume-Uni), de la sécurité (24% d'entre eux y verraient un service civil de lutte contre les catastrophes naturelles), mais aussi de la légitimité politique (20% des sondés en faveur d'une présidence européenne élue au suffrage universel direct et 19% le droit de vote dans tous les pays membres à toutes les élections), d'une politique de citoyenneté européenne (18% en faveur et d'un cours d'éducation civique européenne dès le primaire et une carte d'identité européenne, enfin, 8% en faveur d'ambassades européennes à l'extérieur). Mais les objectifs prioritaires ressentis par les sondés[529] sont d'abord d'ordre économique (23% perçoivent cet objectif de « développement économique et de la croissance de l'UE » comme prioritaire pour l'UE mais seulement 17% le voudraient, 18% ressentent cet objectif « améliorer le niveau de vie » comme prioritaire pour l'UE mais 23% souhaitent qu'il le soit) puis d'ordre sécuritaire (16-17% « préserver la paix et la stabilité »).

---

526 Eurobaromètre 303, QD16 *Pouvez vous me dire si vous êtes d'accord ou pas d'accord avec les affirmations suivantes à propos de la construction européenne*, Les élections européennes 2009.

527 Eurobaromètre 303, QD20 *Parmi les éléments suivants, quels sont ceux qui renforceraient le plus votre sentiment d'être citoyen européen ?*, possibilité de donner 3 réponses, élections européennes 2009.

528 Vingt-deux États sur les vingt-sept font apparaitre cette politique en tête.

529 Eurobaromètre 303, QD1 8ab, *Objectifs perçus, QD 19ab objectifs souhaités*, élections européennes 2009.

Des études[530] révèlent que les jeunes des PECO ont des attentes vis-à-vis du pouvoir d'intervention de l'Union européenne dans des politiques à compétence, à l'heure actuelle, nationale. Il s'agit du domaine politique des affaires étrangères, de l'énergie et environnement mais aussi en politique intérieure (dans le règlement de la question des minorités notamment tsiganes et russes) et en politique économique bancaire. Un des sondages Eurobaromètre révèle d'une part que 77% des jeunes des PECO en 2005 sont ouverts à une union politique contre 65% pour les jeunes de l'Union européenne des Quinze et que 67% des jeunes des PECO souhaitent voir l'UE jouer un plus grand rôle dans leur vie quotidienne contre 51% pour les jeunes de l'UE des Quinze.

D'après les sondages d'opinion Eurobaromètre, le principal argument des eurosceptiques serait toutefois d'ordre socio-économique tandis qu'une majorité des sondés fait confiance à l'Europe pour assurer sécurité et protection contre les menaces externes. Ces derniers jugent le cadre européen plus approprié mis à part les Britanniques. Javier Solana en qualité de Haut représentant pour la PESC a déclaré dans une conférence de l'Institut d'études de sécurité de l'Union européenne de septembre 2005 que les citoyens de l'Union européenne veulent une politique extérieure plus forte et même un politique de défense que l'on pourrait appliquer dans la PESC et la PESD.

Si on se base sur les résultats des sondages, les États les plus éloignés d'un scénario fédéral européen sont le Royaume-Uni, l'Autriche et l'Irlande car la grande majorité des sondés originaires de ces trois pays a déclaré ne pas souhaiter que le processus de la construction européenne aille plus loin dans les proportions suivantes respectivement 63%, 65% et 66% alors que la moyenne européenne est de 35% (19% en faveur d'une union économique et 16% souhaitent le maintien de la construction actuelle en l'état)[531]. Aussi, la majorité des opinions des populations des pays scandinaves ainsi que du Royaume-Uni sont d'avantage favorable à des intégrations économiques à différentes échelles (régionales et internationales) qu'en attente de gouvernance sociale et politique à une autre échelle que celle nationale.

---

530 Mirabela Lupaescu, « Les Européens de l'Est vingt ans après la chute du mur de Berlin », sous la direction de Dominique Renyé, « L'opinion des européens en 2009 », Paris, Éditions Lignes de Repères, 2009, p.144-145.

531 19% pensent que la construction européenne « a été trop loin, il faut revenir en arrière » et 16% qu'elle « ne doit pas aller plus loin ni revenir en arrière », QD17, Eurostat 303, élections européennes 2009.

Section 2- Attentes populaires vis-à-vis des représentants politiques

Les revendications populaires s'adressent généralement directement aux représentants politiques nationaux. Aussi, si certaines opinions dénoncent les mesures européennes comme étant la cause de leurs insatisfactions, la plupart des réclamations portent sur des mesures nationales ou une absence d'intervention attendue à cette échelle. En fonction des pays, les opinions peuvent toutefois différer dans de fortes proportions sur leurs attentes en termes de politique.

A-Mécontentement populaire vis-à-vis des représentants politiques nationaux

Sont analysés dans ce paragraphe les indicateurs de mécontentement de type faible taux de participation, mouvements de grèves, rejet de référendums, soutien à des partis extrémistes, volatilité de l'électorat.

1-Montée des partis d'extrême droite

Plusieurs pays membres de l'Union européenne connaissent une montée des partis d'extrême droite. Au Danemark, lors des élections parlementaires nationales de 1973, le parti d'extrême droite nommé parti du progrès gagna 15% des voix pour se hisser comme deuxième force politique au Parlement. Lors des élections de 2007, un nouveau parti d'extrême droite nommé parti populaire danois obtint 13,9% des voix. Les thèmes qui ont trouvé un écho favorable auprès des danois soutenant ces partis furent en 1973 une hostilité envers l'impôt et en 2007 l'immigration[532]. Depuis son adhésion en 2004, Malte connaît une forte croissance de l'immigration illégale, ce qui a eu pour conséquence une hausse des partisans pour des partis politiques de droite radicale comme l'*Imperium Europa* de Normal Lowel et l'*Alleanza Nazzjonali Republikana*[533].

Il faut aussi souligner l'importance de modification de choix de votes en faveur d'un parti entre deux élections qui est passé de 10% dans les années 1950-1960 à 30% lors des élections de 2002[534] en faveur souvent des nouveaux partis (les verts par exemple depuis les années 1980). Compte tenu des faibles marges de manœuvre des politiques au pouvoir issus des partis majoritaires de droite ou de gauche, les partis extrémistes représentent aux yeux des électeurs mécontents un réel pouvoir contestataire. Aussi, les

---

532 Jean-Michel de Waele et Paul Magnette, Les démocraties européennes, Sciences politiques, Armand Colin, 2010, p.104.

533 Jean-Michel de Waele et Paul Magnette, Les démocraties européennes, Sciences politiques, Armand Colin, 2010, p.296.

534 Jean-Michel de Waele et Paul Magnette, Les démocraties européennes, Sciences politiques, Armand Colin, 2010, p.425.

populations les plus mécontentes trouvent un écho à leurs problèmes dans les arguments des partis d'extrême droite. Selon eux, l'immigration est la cause du chômage, de l'insécurité et de la fiscalité élevée. Ce discours populiste est récurrent. Il consiste à donner une solution simple aux problèmes d'une partie de la population. Malheureusement, il trouve un écho croissant du fait que le pouvoir politique en place éprouve des difficultés à résoudre ces problèmes énoncés.

2-Faibles taux de participation nationale : désintérêt pour la politique ou déceptions ?

Si les taux d'abstention aux élections européennes sont particulièrement élevés, il faut aussi souligner que ceux existant dans les élections nationales sont également inquiétants.

Les comparaisons entre les différents régimes des vingt-sept États membres de l'Union européenne nous permettent d'analyser les pratiques démocratiques notamment dans les échelons locaux et centraux et aussi au regard des participations des populations dans les votes aux instances représentatives nationales. Sur ce dernier point, la diminution des taux de participation aux votes des instances législatives ou exécutives peut répondre à deux hypothèses. Une première hypothèse supposera que les populations de plus en plus satisfaites du régime en place ne se donnent plus la peine de se déplacer aux urnes dans la mesure aussi où les partis majoritaires sont modérés. Une deuxième hypothèse avance la thèse selon laquelle les populations ne croient pas que leur vote modifiera leur quotidien dans la mesure où les États-nations ont moins de pouvoir et que les partis majoritaires, de droite comme de gauche, pratiquent une continuité dans la mesure où ils n'ont pas de réelle marge de manœuvre.

Lors des élections parlementaires en Lituanie de 1996, certains districts n'avaient pas atteint le seuil des 40% de participation. En 2008, le taux de participation aux élections parlementaires du 2e tour est au plus bas 32,4% (au 1er tour 48,6%) depuis les élections libres de 1990 et ce taux de participation est inférieur au taux de participation des élections locales, présidentielles et européennes[535]. Lorsque les Néerlandais ont obtenu du pouvoir central que le vote ne soit plus obligatoire, le taux de participation aux élections municipales n'a atteint que 60%[536] et de 50% pour les élections provinciales. Au Royaume-Uni, le taux de participation aux élections locales est généralement inférieur à 40%.

---

[535] Les élections européennes et présidentielles de 2004 montrent un taux de participation respectivement de 48,4% et 48,4% au 1er tour et 52,5% au 2e tour. Le taux de participation aux élections locales de 2002 est de 53,8%.

[536] Jean-Michel de Waele et Paul Magnette, Les démocraties européennes, Sciences politiques, Armand Colin, 2010, p.306.

Si l'Union européenne est parfois dénoncée comme étant loin des préoccupations des populations, il faut aussi soulever l'insatisfaction des populations vis-à-vis aussi de leur propre système politique, malgré de notables améliorations pour certains pays.
En Lettonie, comme dans beaucoup d'autres États, en Lituanie, en Roumanie par exemple, la loi sur les élections au Parlement (*Seima*) a limité le nombre de partis pour éviter les dérives parlementaires d'entre deux guerres en introduisant en 1992 un seuil électoral de 4% rehaussé à 5% en 1995, mais aussi des réformes qui tendent à améliorer la démocratie en limitant les dépenses de campagnes électorales aux fins de limiter l'influence de puissants donateurs en 2004, et en limitant en 2009 la possibilité d'un candidat de se présenter dans plusieurs circonscriptions[537]. Il n'a pas été modifié l'usage de listes flexibles permettant de choisir les candidats préférés sur une liste mais il a été supprimé la possibilité de rajouter d'autres candidats appartenant à différentes listes du même département. Il n'a pas été modifié le principe du vote direct avec représentation à la proportionnelle. D'après un sondage[538] de mars 2006, les Lettons attendent d'un nouveau système électoral un rapprochement des électeurs de leurs élus ainsi qu'une promotion de la responsabilité des partis et des députés. D'après ce sondage, les résidents de Lettonie satisfaits du système électoral ne seraient que 26%. Il faut remarquer que la durée de vie d'un gouvernement en Lettonie n'est que de douze mois en moyenne entre 1993 et 2006, ce qui, toutefois, est une amélioration par rapport à la moyenne de neuf mois entre 1922 et 1934.

L'usage des référendums en Lituanie a souvent été utilisé par des partis d'opposition permettant ici à la population de protester mais non de soutenir ou discuter des alternatives politiques[539] comme l'atteste les résultats des douze référendums posés depuis 1991 puisque quatre des douze questions ont été avalisées.
Le faible taux de participation peut aussi souligner un faible intérêt pour la participation dans la vie politique. En Pologne par exemple, les référendums locaux pratiqués pour proposer la révocation de maires ou présidents de villes ont souvent été déclarés nuls en raison d'un trop faible taux de participation[540].

---

537 Jean-Michel de Waele et Paul Magnette, Les démocraties européennes, Sciences politiques, Armand Colin, 2010, p.242.
538 Un sondage d'opinion réalisé par ELJA50, une ONG des expatriés lettons, menée par le Centre de recherche sur l'opinion et le marché SKDS en mars 2006 sur un échantillon de 1023 résidents lettons.
539 Jean-Michel de Waele et Paul Magnette, Les démocraties européennes, Sciences politiques, Armand Colin, 2010, p.268.
540 Jean-Michel de Waele et Paul Magnette, Les démocraties européennes, Sciences politiques, Armand Colin, 2010, p.321.

3-Origines des insatisfactions populaires vis-à-vis du politique

Certains motifs d'insatisfaction sont communs à un grand nombre de personnes vivant dans l'Union européenne. Ils sont d'ordre politique (entraves à la transparence démocratique et au problème de détournement d'argent ou d'enrichissement catégoriel), économique (une amélioration d'un niveau de vie et d'accès à un emploi décent est attendu de la part des populations d'Europe de l'ouest qui avaient connu un rapide et haut niveau d'enrichissement durant les Trente Glorieuses ; mais aussi de la part des populations des pays d'Europe centrale et orientale et des îles méditerranéennes qui souhaitaient atteindre les niveaux de richesse de leurs voisins), sécuritaire (la mondialisation accentue d'une part les flux migratoires mais aussi les flux financiers et criminels ce qui peut renforcer un sentiment d'insécurité).

a-Fiabilité des instances politiques

Il est reproché à différents hommes politiques de tous les pays membres de l'Union européenne de servir des intérêts catégoriels ou de ne pas éliminer efficacement la corruption.

1§ Corruption

Il existe de nombreuses enquêtes à travers le monde pour évaluer un indice de corruption au regard des affaires et du secteur public. Par exemple, l'ONG *Transparency* utilise des hommes d'affaires locaux ou en déplacement en plus d'autres types d'enquêteurs afin d'évaluer la légalité des services administratifs en rapport avec les affaires notamment tandis que l'enquête Gallup est un sondage d'opinion auprès des populations[541].

Certains pays membres de l'Union européenne souffrent de corruption. L'indice CPI[542] de l'ONG *Transparency*[543] donne des résultats contrastés en Europe en 2010. Si les pays nordiques bénéficient des meilleurs résultats (Suède et Finlande 9,2/10 ; Danemark 9,3), certains pays d'Europe centrale et orientale (Bulgarie 3,6 ; Roumanie 3,7) et pays méditerranéens (Grèce 3,5 ; Italie 3,9) affichent des résultats inquiétants.

Le classement de l'index *Gallup*[544] de corruption place trois des pays membres de l'Union européenne parmi les neuf pays les plus corrompus sur les cent pays du monde étudiés. Il s'agit de la Roumanie, de la Pologne et de la Lituanie. Toutefois, l'indice de *Transparency* situe la Lituanie et la Pologne dans la moyenne avec respectivement 5/10 et 5,3/10.

[541] Deux questions : Est-ce que la corruption est répandue au sein du gouvernement de votre pays ? Est-ce que la corruption est répandue dans les entreprises de votre pays ?

[542] Corruption Perceptions Index

[543] http://www.transparency.org/policy_research/surveys_indices/cpi/2010/results

[544] http://www.prnewswire.co.uk/cgi/news/release?id=185836

Dans les deux tests, la Bulgarie est toutefois dénoncée comme un des pays les plus corrompus. La corruption et la criminalité en Bulgarie sont perçues comme les principaux problèmes du pays en raison notamment des faibles revenus des fonctionnaires ou de leur manque de compétence[545].

Parfois, les problèmes de corruption et la perte de confiance sont liés. En Grèce, trois familles se partagent le plus souvent le poste de chef de gouvernement. Cette particularité rend compte ainsi des intérêts catégoriels qui peuvent peser dans le cadre politique grec.

2§ Perte de confiance

En Roumanie, « le Parlement souffre d'un véritable déficit d'image, conséquence directe de son assimilation à une arène de collusion partisane »[546] à la différence de l'exécutif jugé plus efficace. Il faut souligner d'une part que l'initiative législative du parlement roumain s'élève à près de seulement 10% de l'initiative législative totale décomptée entre 1990 et 2005[547] et, d'autre part, que le gouvernement a recours à un nombre croissant d'ordonnances d'urgence, pratique jugée par la Commission européenne comme propre à limiter le pouvoir du Parlement. Celui-ci conserve toutefois sa fonction de contrôle sur l'exécutif au regard d'un nombre croissant de questions et de motions[548]. Il est également dénoncé la politisation de la Cour constitutionnelle au profit du parti politique majoritaire au Parlement, le PSD[549].

En Belgique, à la mi-janvier 2011, après plus de 200 jours d'absence de gouvernement, un mouvement belge de mécontentement s'est organisé sur internet, déclenché par le rejet de la note du conciliateur royal, pour la deuxième fois, par les partis politiques. Mouvement initié par des acteurs médiatiques, un journal titrait « crise politique : la contre-attaque citoyenne »[550]. Les internautes belges appellent à la mobilisation pacifique

---

545 Mirabela Lupaescu, « Les Européens de l'Est vingt ans après la chute du mur de Berlin », sous la direction de Dominique Renyé, « L'opinion des européens en 2009 », Paris, Éditions Lignes de Repères, 2009, p.145.

546 Jean-Michel de Waele et Paul Magnette, Les démocraties européennes, Sciences politiques, Armand Colin, 2010, p.352.

547 Entre 1990 et 2005, sur les 4822 lois adoptées, 89,88% proviennent d'une initiative gouvernementale, 5,72% des députés, 2,57% des sénateurs et 1,80% d'une initiative conjointe sénateurs et députés.

548 En 2005, la Chambre a émis 949 questions et 985 interpellations ; entre 1992 et 1996, 7 motions simples sont déposées, entre 1996 et 2000, 20 motions, entre 2000 et 2004, 32 motions.

549 D'après Jean-Michel de Waele et Paul Magnette, Les démocraties européennes, Sciences politiques, Armand Colin, 2010, p.355, 7 des 9 juges actuels sont liés au parti politique PSD.

550 www.rue89.com. My Europe, article du 13/01/2011 de Sébastien Lefebvre.

dans la rue[551] ou à un remboursement de ce que les représentants politiques ont bénéficié s'ils ne forment pas un gouvernement au bout de trois cents jours. Il faut souligner que les difficultés des partis à former un gouvernement remontent en 2007, date à laquelle une crise similaire avait bloqué le pays. La Belgique ne réussira à former un gouvernement qu'au premier décembre 2011.

b-Appauvrissement de la classe moyenne

Les statistiques en matière de pouvoir d'achat montrent une amélioration en Europe. Mais il s'agit de moyennes, il n'est pas pris en compte la hausse des inégalités de revenus qui pourtant progresse pour les deux tiers des populations de l'OCDE au cours de la période 2000 à 2005[552] ainsi que la distinction d'évolution des prix à la consommation entre biens et services de première nécessité des autres qui donne un taux d'inflation moyen souvent en décalage avec la perception des populations (d'autant plus que les indices d'inflation ne prennent pas en compte les prix de l'immobilier en achat). Les principales causes liées à cet appauvrissement des populations sont liées à l'évolution des salaires (les revenus salariaux représentent 70% des revenus des ménages) et ainsi au partage entre rémunération du capital et du travail, en faveur du capital depuis la libéralisation des marchés des capitaux (depuis les années 80), mais aussi à une évolution sociale de croissance des divorces, enfin une inflation dans les secteurs principaux de consommation correspondant à des dépenses « pré-engagées »[553] comme le logement ou l'alimentation ou les transports ou l'éducation ou l'énergie (la part de ces dépenses dans la consommation totale des ménages est passé de 22,1% en 1996 à 25,3% en 2008) et enfin la diminution de prestations sociales (diminution des pensions retraites) et avantages sociaux (accès aux logements sociaux). L'évolution du taux d'inflation concernant les produits à haute fréquence d'achat (achats répétés une à plusieurs fois par mois) est bien supérieure à l'évolution du taux d'inflation des produits à basse fréquence d'achat (achat moins d'une fois par an) et ainsi de l'évolution du taux d'inflation officiel de la zone Euro sur la période courant de janvier 2001 à janvier 2009[554]. Enfin, la forte inflation qui a touché le secteur immobilier notamment dans les grandes villes (et capitales surtout) n'est pas

[551] Appel à manifester du 23 janvier 2011.

[552] Étude de l'OCDE, décembre 2008.

[553] L'INSEE considère les dépenses pré-engagées comme des dépenses négociées dans le cadre de contrats difficilement renégociables à court terme comme les abonnements de téléphone, services financiers, assurances, transports et les frais d'habitation (loyer, eau, gaz, électricité).

[554] Alberto Balboni, « Le pouvoir d'achat des Européens », sous la direction de Dominique Reynié, « L'opinion européenne en 2009», Paris, Éditions lignes de Repères, 2009, p.55.

pris en compte dans le calcul d'indice des prix tandis que le poste logement est le premier poste de dépenses des ménages en Europe et ailleurs[555].
Ainsi, les populations qui souhaitent accéder à la propriété ou qui veulent augmenter leur surface habitable ou emménager dans des quartiers riches peuvent ne pas y accéder et ainsi souffrir d'un pouvoir d'achat insuffisant.
Avec la crise de surendettement public, les gouvernements en place ont mis en place des mesures d'austérité qui vont ainsi sans doute réduire le pouvoir d'achat de certains ménages. Au Royaume-Uni, la forte hausse des tarifs universitaires initiée par le nouveau gouvernement de Cameron a suscité de forts mécontentements d'autant plus que beaucoup d'étudiants s'endettaient déjà sur plusieurs années avant de travailler pour se former. En France, la réduction de certains acquis sociaux suscite des mouvements de grèves et des manifestations importants à l'annonce de la réforme sur les retraites du gouvernement actuel. Le gouvernement grec a du supprimer de nombreux acquis sociaux tels que les treizième et quatorzième mois dans la fonction publique et le gel des salaires des fonctionnaires pendant trois ans et augmenter la fiscalité (hausse de la TVA à 23%).
La crise économique de 2009 se traduisant par une récession, il faut s'attendre à une dégradation du pouvoir d'achat plus importante sur cette période. D'une part, les salaires n'augmenteront pas mais, en plus, le nombre de personnes au chômage augmente et ainsi leurs revenus subissent un très fort recul. Dans nombre de pays européens l'endettement des ménages a fortement augmenté depuis le début des années 2000, il dépasse les 100% du revenu disponible au Royaume-Uni et en Espagne en raison de l'usage de prêts à taux variables, d'un accès facilité à la propriété.
Les préoccupations les plus fortes révélées par les sondages Eurobaromètre[556] portent sur les domaines économiques et social (l'inflation en premier suscite 45% en moyenne dans l'Union européenne des vingt sept en 2009 la première préoccupation sauf dans les pays nordiques, au Royaume-Uni, en Irlande, aux Pays-Bas, au Luxembourg et en Estonie , suivie de la situation économique (27%), du chômage (19%) et des systèmes de santé[557] et de retraite (17% et 15%) et d'impôt (11%)). Viennent ensuite des inquiétudes relatives au système éducatif (9% en moyenne, mais beaucoup plus importantes dans certains pays nordiques[558] et au Luxembourg[559])., mais aussi en matière de sécurité (crime 8%, terrorisme 2%), de condition de logement et de transport (habitat 6%, énergie 6% en

[555] Définition de l'indice des prix selon l'INSEE.
[556] Eurobaromètre 308, QA5b *personally, what are the two most important issues you are facing at the moment ?*, The Europeans 2009.
[557] Particulièrement important dans les pays nordiques Suède 31%, Finlande 30%, Danemark 23% mais aussi en Allemagne 26%, en Pologne 26%, aux Pays-Bas 27%, en Irlande 27% et en Roumanie 24%.
[558] Danemark 21%, Suède 18%.
[559] Luxembourg 19%.

moyenne mais 30% à Malte), de protection de l'environnement (5%) et d'immigration (3% en moyenne mais 14% à Malte). Il s'agit de domaines soit relevant de la compétence exclusive des États (systèmes de protection sociale, systèmes de santé et éducatif, logement, fiscalité) soit de compétences partagées (économie, politique de sécurité commune, justice et affaires intérieures, environnement et énergie).
Il semble donc que les populations ne savent pas comment, à travers leur vote, ils peuvent réellement avoir une influence sur la gestion de leurs préoccupations.

Une des origines de leur insatisfaction tient au fait que les populations dénoncent le manque de mesures protectionnistes pour sauvegarder les emplois et redistribuer les richesses (sentiment d'appauvrissement ou de non enrichissement) dans le cadre de la mondialisation.

c-Craintes de la mondialisation et de la régionalisation européenne

Des études d'opinion[560] montrent que les pays dans lesquels de forts taux de chômage existent sont plus réticents que les autres à la mondialisation (entendu comme le libre échange à l'échelle mondiale). Par exemple, en France et en Grèce, deux pays fortement réticents à la mondialisation contrairement aux pays nordiques[561], ne sont respectivement que 27% et 30% (contre une moyenne de 40%) à estimer que la mondialisation aura un effet positif sur l'emploi (en raison des délocalisations) et connaissent des niveaux de chômage importants (en 2008 avant la crise économique, le taux de chômage en France est de 9,4% et en Grèce de 10, 3%, trois ans plus tard en 2011[562], le taux de chômage est respectivement de 9,9% et de 14,2%). La majorité des européens est plutôt pessimiste quant à l'avenir de leur économie nationale mais pense aussi que « l'économie de l'Union européenne soutient plutôt bien la comparaison avec le reste du monde » et, dans le même temps, que la mondialisation profite aux pays en développement (54% des européens interrogés) et accroît aussi dans le même temps les inégalités de richesses (63% des européens estiment que la mondialisation profite aux grandes entreprises et non aux citoyens ; 61% qu'elle ne les protège pas de l'inflation et 56% qu'elle accroît les inégalités sociales)[563].

---

[560] Dominique Reynié (dir.), *L'opinion européenne en 2009*, Paris, Éditions Lignes de repères, Fondation Robert Schuman, Fondation Innovation politique, 2009.

[561] 78% des Danois, 64% des Suédois considèrent que la mondialisation constitue une opportunité pour leurs entreprises contre 41% des Grecs.

[562] Chiffres Communiqué de presse Eurostat du 31/10/2011, http://epp.eurostat.ec.europa.eu/cache/ITY_PUBLIC/3-31102011-BP/FR/3-31102011-BP-FR.PDF

[563] Dominique Reynié (dir.), *L'opinion européenne en 2009*, Paris, Éditions Lignes de repères, Fondation Robert Schuman, Fondation Innovation politique, 2009

D-Regroupement des pays en fonction des opinions

Il faut ainsi distinguer les pays membres de l'Union européenne dont les populations sont majoritairement favorables au processus en place de ceux dont les populations sont très opposées et de ceux dont les population changent d'opinion au regard notamment des référendums sur l'adhésion à l'Union européenne ou sur les traités de Maastricht, le traité instituant une constitution pour l'Europe, le traité de Lisbonne. L'étude des référendums est assez exhaustive au regard du taux de participation des populations (67,1% en moyenne pour les 44 référendums relatifs à l'Union européenne) et de leur usage croissant[564] mais présente deux limites : la première tient au fait que les populations répondent dans le cadre d'un contexte national (et peuvent ainsi répondre de façon négative juste pour signifier leur mécontentement), la deuxième tient au fait que tous les pays n'ont pas utilisé ce système consultatif (vingt États sur les vingt sept États membres de l'Union européenne). Afin de pallier ces limites, les sondages seront aussi utilisés dans ce regroupement car ils portent sur l'ensemble des pays membres de l'Union européenne.

1-Groupe favorable à une régulation renforcée par l'échelon européen

Il s'agit du groupe de pays dont les populations sont les plus favorables au processus de transfert de souveraineté dans des politiques gérées par les institutions européennes

Dans cette catégorie, la majorité des sondés des pays souhaite que le Parlement européen développe en priorité deux des quatre politiques présentant un transfert important de souveraineté : une politique de sécurité et de défense (il s'agit de la politique ayant obtenu le plus de suffrages soit 36% des sondés de l'UE des vingt-sept), une politique étrangère permettant à l'UE de parler d'une seule voix, une coordination des politiques économiques, budgétaires et fiscales et une politique énergétique commune (nous baisserons le seuil des résultats des sondages à partir de 40% en raison de la faible majorité sur ces questions)[565]. La plupart des pays de ce groupe ont révélé une attente dans la politique de sécurité et de défense et dans la lutte contre le changement climatique avec une des trois autres comme l'Autriche et l'Allemagne avec la politique énergétique commune (respectivement 41% et 43%) et, pour l'Allemagne, la politique étrangère (45%) avec les Pays-Bas (41%). La majorité des Hongrois et des Lituaniens accordent une priorité au Parlement européen en faveur de la politique

[564] Les peuples n'ont jamais été consultés avant les années 70, soit quinze ans après le Traité de Rome, on décompte six consultations populaires dans les années 70, 4 dans les années 80, quinze dans les années 90 et dix huit entre 2001 et 2008.

[565] Eurobaromètre 303, *Les élections européennes de 2009*, QD12 Le Parlement européen défend le développement de certaines politiques au niveau de l'Union européenne. Parmi les politiques suivantes, quelles sont celles qui, selon vous, devraient être prioritaires ?

énergétique commune (respectivement 52% et 42%) et de la coordination des politiques économiques, budgétaires, fiscales (respectivement 50% et 49%).

2-Groupe favorable au maintien des souverainetés nationales

Il s'agit du groupe de pays dont les populations sont fortement réticentes au transfert de souveraineté

Dans cette catégorie, la grande majorité (réponses positives inférieures à 30%) des sondés ne souhaitent pas que le Parlement européen développe trois parmi les quatre politiques présentant un transfert important de souveraineté citées plus haut (une politique de sécurité et de défense, une politique étrangère permettant à l'UE de parler d'une seule voix, une coordination des politiques économiques, budgétaires et fiscales et une politique énergétique commune). Les Britanniques ont même été les moins enclins dans les quatre politiques citées. Les autres sondés proviennent d'Irlande, d'Espagne, de Malte et du Portugal[566].

Toutefois, nous n'obtenons pas les mêmes résultats concernant les réticences ou non des populations en faveur d'un système fédéral ou d'un système européen laissant plus de place aux États. Si bien que des pays comme l'Espagne qui était favorable au maintien des souverainetés nationales fait dans le même temps parti du groupe favorable à une plus grande intégration politique.

3-Groupe identifié comme réticent à un transfert de souveraineté

Il s'agit du groupe de pays dont on sait que les populations étaient réticentes à une plus grande intégration, la majorité s'étant exprimée dans ce sens à un moment donné.

Il s'agit des populations consultées sur le traité établissant une constitution pour l'Europe ou concernant la troisième phase de l'Union économique et monétaire.

Lors des référendums de 2005, les Français[567] et les Néerlandais[568] ont majoritairement dit non au traité établissant une constitution pour l'Europe. Les référendums danois[569] et suédois[570] relatif à la monnaie unique ont été

[566] Respectivement pour le Royaume-Uni, l'Irlande, l'Espagne, Malte, le Portugal en faveur de la politique de sécurité et de défense (23%,28%, - , 19%, -) ; politique énergétique (19%, 26%, 13%, 13%, 20%) ; coordination politiques économiques, budgétaires et fiscales (21%, 25%, 20%, 14%, 21%), politique étrangère (17%, 30%, 22%, 13%, 15%).

[567] Le 29/05/2005, 54,67% des Français ont rejeté le traité établissant une constitution pour l'Europe.

[568] Référendum consultatif du 01/06/2005, 61,6% des néerlandais ont rejeté le traité établissant une constitution pour l'Europe.

[569] Le référendum relatif à l'adhésion du Danemark à la CE tenu le 02/06/1992 rejeta le traité, raison pour laquelle le Danemark négocia une clause d'exception (Accords d'Edimbourg) pour obtenir un référendum favorable le 18/05/1993. Un référendum sur l'adhésion à l'Euro

défavorables également. Le Royaume-Uni, n'a pas consulté la population mais a exigé lors de la signature du traité de Maastricht une clause d'exemption pour la troisième phase de l'Union économique et monétaire, ce qui nous laisse penser que les Britanniques étaient majoritairement opposés à la monnaie unique.
Les Irlandais ont rejeté le traité de Lisbonne lors du référendum du 12 juin 2008 mais ont fini par l'accepter lors du référendum suivant le 02 octobre 2009 avec des clauses d'exceptions (de la même façon que cela s'était produit lors du traité de Nice). Ces résultats placent les Irlandais parmi les plus réticents dans le processus d'intégration européenne.
Toutefois, les sondages d'opinion d'Eurobaromètre ne confirment pas toujours ces regroupements. En 2007, les Irlandais, les Néerlandais et, dans une moindre mesure, les Français comptaient parmi les populations les plus enthousiastes mais, inversement les Britanniques les moins[571].

4-Groupe favorable à une plus grande intégration européenne
Il s'agit du groupe de pays dont on sait que les populations étaient favorables à une plus grande intégration
Les référendums en faveur du traité établissant une constitution pour l'Europe concernent l'Espagne[572] et le Luxembourg[573].
Les sondages d'opinion d'Eurobaromètre montrent que les pays parmi lesquels il y a le plus fort soutien à l'appartenance à l'Union européenne[574] on retrouve le Luxembourg (82%) et, dans une moindre mesure, l'Espagne (68%) mais aussi des pays comme la Belgique et l'Irlande (74%) tandis que la moyenne européenne est de 58%[575]. Aussi, parmi les pays faisant parti du groupe '1' la plupart d'entre eux offrent des réponses supérieures à la moyenne européenne (Allemagne 67%, Lituanie 65%, Pays-Bas 79%) mais pas tous (Hongrie 40% et Autriche 38%).

---

se tint le 28/09/2000 au cours duquel les Danois réitérèrent leur refus vis-à-vis de l'Euro (53,2% défavorables).
[570] Le référendum suédois du 14/09/2003 fut en défaveur de l'Euro (56,1% négatifs).
[571] A la question QA12 d'une façon générale, pensez vous que le fait pour (NOTRE PAYS) de faire parti de l'Union européenne est une bonne chose ? Renvoi 532, 78% des Irlandais, 79% des Néerlandais, 60% des Français ont répondu favorablement et seulement 34% des Britanniques.
[572] Le 20/02/2005, 76,73% des Espagnols ont dit oui au traité établissant une constitution pour l'Europe.
[573] Le 14/07/2004, 56,52% des Luxembourgeois disent oui au traité établissant une constitution pour l'Europe.
[574] Question QA12 d'une façon générale, pensez vous que le fait pour (NOTRE PAYS) de faire parti de l'Union européenne est une bonne chose ? Renvoi 532.
[575]Eurobaromètre 68, L'opinion publique dans l'Union européenne, http://bruxelles.blog.liberation.fr/eurobarometre.pdf, Rapport novembre 2007.

Parmi les pays réticents seuls deux pays appartiennent à la fois aux groupes '2' et '3', les groupes des réticents à la construction européenne. Il s'agit du Royaume-Uni et de l'Irlande. Toutefois, peu de référendum sur l'opinion des populations concernant l'Union européenne ont été effectués (mis à part lors des adhésions pour les pays directement concernés) et ainsi il faut relativiser ces regroupements qui peuvent être perméables.

Section 3- Logiques préférentielles des populations à travers les logiques migratoires

La mise en place du marché unique relancé en 1986 par l'Acte unique a permis l'application des libertés de circulation des marchandises, des services et des capitaux mais, dans une moindre mesure, celle des personnes. On peut se demander quelles sont les raisons pour lesquelles cette libre circulation des personnes est peu utilisée mais aussi quelles sont les personnes qui en sont avantagées ainsi que les origines des freins à cette circulation, en particulier l'impact des politiques nationales dans les domaines de la naturalisation, des politiques linguistiques et tout autre encadrement politique concerné.

A-Recomposition des groupes sociaux selon des critères extra-nationaux

Selon Catherine Wihtol de Wenden, "avec 214 millions de migrants internationaux, selon le rapport sur la population de 2009 des Nations-Unies, les migrations ont triplé en trente ans"[576]. Selon cet auteur, non seulement les migrants se sont diversifiés (en plus des travailleurs hommes majeurs classiques, s'ajoutent des femmes, des enfants non accompagnés, des élites qualifiées, des étudiants, des réfugiés et des déplacés pour des raisons environnementales) mais aussi ils sont mieux répartis à travers le monde (l'Europe accueille 30 millions d'étrangers et environ 5 millions de sans-papiers. Les continents d'origine des principaux migrants vers l'Europe ne sont pas les destinations privilégiées des migrants d'Europe –pour 7,2 millions de migrants d'Afrique, 1,3 millions de migrants d'Europe sauf pour l'Asie pour qui le rapport est de 1 Européen pour 2 d'Asie). (Les migrants d'Europe sont plus de 8 millions en destination d'Amérique du Nord et un peu plus vers l'Asie, soit 16,63 millions sur 21,7 millions), et enfin les migrations internes et régionales dépassent les migrations internationales. Sur ce dernier point, en Europe les migrations intra-continentales[577] représentent 31,5 millions de migrants, certes inférieures aux migrations intra-continentales d'Asie (35,5 millions), mais nettement supérieures à celles d'Amérique du Nord (1,3 millions), d'Amérique du Sud (3,5 millions) et d'Afrique (13,2 millions). Les principaux facteurs de départ actuels sont d'ordre politique (chute du mur de Berlin et effondrement de l'Union soviétique ; conflits armés et dictatures), économique (pauvreté, chômage mais aussi baisse du coût et des facilités de transport, nouveaux pôles économiques), environnemental (inondations, tempêtes,..), social (inégalités de développement et confort de vie), culturel (attirance pour le changement de vie).

---

[576] Catherine Wihtol de Wenden, « Atlas des Mondialisations 2010-2011 », *Le Monde*.

[577] J. Jaffrelot, C. Lequesne, *L'enjeu mondial : les migrations*, Sciences Po, 2009 ; Human Development Report, 2009.

La dynamique de l'internationalisation des échanges gomme un peu les clivages culturels et d'un côté balaye les repères de civilisation et de rassemblement de l'autre, ouvre des perspectives de rapprochement des peuples sur des critères d'échelle géographique (les habitants des littoraux Méditerranéens ; les habitants des capitales ;..), sociale (les personnes exerçant une même profession ; les retraités ; les étudiants, les femmes, les services publics et privés santé, éducation, sécurité...), économiques (l'émigration pour des raisons professionnelles), culturelle (les proximités historiques et linguistiques, les adeptes des loisirs sportifs, les mélomanes du jazz,..), juridiques (traditions juridiques communes) et politiques (gouvernement participatif, les choix politiques, ceux qui approuvent certains hommes politiques qui ne sont pourtant pas dirigeants de leur pays, les partisans de partis internationaux, les alter-mondialistes, les écologistes,…). Les raisons des choix migratoires nous révèlent combien ces aspects dépassent les appartenances nationales d'origine.
La culture est ici entendue comme traitant de l'ensemble des traits linguistiques et coutumiers, les aspects techno-économiques, les diverses formes d'arts. La thèse défendue est celle d'une autonomie relative du culturel vis-à-vis du politique. Les régions transfrontalières sont ici riches en témoignage d'une proximité culturelle et géographique supérieure à une proximité d'appartenance à une nation. Les habitants du Roussillon de Perpignan en particulier sont attachés à la culture espagnole catalane. Les Strasbourgeois partagent une culture germanophone avec leurs voisins du Bade allemand.

1-Les logiques migratoires des européens dans le marché unique et dans le monde

L'étude des flux migratoires des européens nous permettra de valider des critères autres que ceux d'appartenance nationale pour établir une proximité entre groupes sociaux et évaluer son importance. Les critères évalués dans cette recherche seront ceux linguistiques, économiques et relatifs à la protection sociale. Le critère politique ne peut être retenu ici en raison de la trop grande fréquence de changement de gouvernement et de couleurs politiques en place.

L'ensemble des pays membres de l'Union européenne privilégient majoritairement en destination de pays de résidence un pays européen pour 60%, moyenne de l'Union des 27 sur la totalité des émigrants originaires de l'Union. Toutefois, cette proportion varie de plus de 83% en Slovaquie à 22% au Royaume-Uni[578]. Aussi, le taux d'émigration est très faible, de 8%

[578] Statistiques de 2002, *rapport mondial sur le développement humain 2009*, tableau émigrants internationaux par zone de résidence.

en moyenne de l'UE des 27, variant toutefois de 2,9% de la population française à plus de 22% des Maltais.

La logique migratoire intracommunautaire ne répond pas à un clivage nord sud en Europe. La nationalité luxembourgeoise est l'une des nationalités les plus mobiles de l'Union des 15 avant les élargissements de 2004 et 2007. Les critères qui expliquent ces flux sont d'ordre tant économique (travail intérimaire frontalier ; infrastructures de transport) et social (pratiques communes industrielles) que historique, géographique et culturel (multilinguisme).
Le fondateur de la géographie scientifique en France à la fin du XIXè, Vidal de la Blache, avance la thèse selon laquelle les choix migratoires sont orientés par des principes de civilisation, les caractéristiques économiques et sociales. Pour cet auteur, la circulation des personnes et au delà des idées est un enjeu qui conditionne l'évolution des civilisations. Selon cette thèse, « un pays isolé serait un pays arriéré ».

La proportion la plus importante des émigrés originaires de l'un des pays membre de l'Union européenne se retrouve être au Luxembourg, en Belgique, en Allemagne dans l'Union européenne des Quinze. Cette forte concentration d'européens originaire d'un État membre de l'UE en Belgique et au Luxembourg s'explique par l'implantation des instances communautaires (La Commission européenne et la Cour européenne de justice à Bruxelles) aussi, pour le Luxembourg, il faut ajouter comme élément causal la croissance, l'enrichissement économique et l'insuffisance démographique corrélé avec la proximité frontalière et culturelle de la France, de l'Allemagne et de la Belgique. Plus d'un tiers de la population luxembourgeoise est de nationalité étrangère (51,85% en 1997 et 33,7% en 2002) et 90% sont issus de l'Union européenne. Quant à l'Allemagne, ce pays attire les travailleurs en raison de ses succès économiques, des salaires élevés offerts (salaire annuel moyen de 34.600 euros, le plus élevé de l'Union des 27 après le Danemark, le Royaume-Uni et le Luxembourg)[579] et de sa proximité géographique avec de nombreux voisins européens (Benelux, Autriche, France, Pologne, République tchèque, Danemark).
Les flux migratoires de l'ouest vers l'est s'expliquent pour des raisons de concurrence fiscale et sociale dans une logique de délocalisation. Mais ils sont modérés (non déplacement des salariés des entreprises qui délocalisent). Si en 1998, seulement 1,4% des expatriés français se trouvaient en Europe

[579] Daniel Vaughan-Whitehead, *L'Europe à 25. Un défi social*, Paris, La Documentation française, 2005.

de l'Est[580], ils ne sont que 1,9% en 2010[581] malgré les élargissements de 2004 et de 2007.
Actuellement, un pays comme la Slovénie dénombre 90% d'immigrants originaires de pays européens contre 30% pour le Royaume-Uni par exemple. Depuis les années 90, phénomène accéléré depuis l'élargissement de 2004, de nombreuses institutions financières et firmes multinationales européennes de l'ouest se sont implantées dans les pays d'Europe centrale et orientale. D'après Vaughan Whitehead[582] ces flux de délocalisation de l'ouest vers l'est s'expliquent principalement en raison des grandes différences de salaires. En effet, le salaire annuel moyen[583] est dix fois moins élevé en Lituanie (3.600 euros) qu'au Royaume-Uni (36.200 euros).

Le Royaume-Uni et la France sont aussi très fréquentés. Il s'agit en fait des trois pays, avec l'Allemagne, aux populations et aux PIB (Produit intérieur Brut) les plus importants ainsi que les niveaux de salaires du moins pour l'Allemagne et le Royaume-Uni. A titre d'exemple, le salaire minimum bulgare est 13,6 fois moins élevé que le salaire minimum français[584].

Il ne faut pas non plus négliger les flux migratoires intracommunautaires des pays d'Europe du nord vers ceux du sud. En fait, les courants migratoires vont dans les quatre sens mais se sont les pays les plus riches qui attirent le plus de flux et corollairement voient le moins leur population s'expatrier (les Français s'expatrient peu, 2,9% de la population, comparativement aux Suisses, 12%, ou aux Italiens, 11,3%)[585].

Si les Luxembourgeois sont polyglottes, ils bénéficient de trois langues officielles, ils ne sont que la troisième nationalité des quinze la plus mobile. La population portugaise est celle qui émigre le plus dans la zone européenne des Quinze (9,3% de la population dans l'UE des Quinze) en raison de critères économiques et d'opportunités de travail.
Le critère de la maîtrise de la langue joue pour le Luxembourgeois mais non pour le Portugais. On peut ainsi attribuer une logique des flux migratoires à différentes causes. Le problème d'emploi dans un pays est un critère qui joue pour le Portugal mais non pour la France. La différence de salaire est un

---

580 Jean François Poncet, rapport du Sénat n°388, *L'expatriation des jeunes français*, Session 1999-2000.

581 http://www.expatries.senat.fr/chiffres_expatriation.html

582 Daniel Vaugan Whitehead, *L'Europe à 25. Un défi social*, Documentation française, 2005.

583 Eurostat, « Salaires minima 2007, Des écarts de 92 à 1570 euros bruts par mois », *Statistiques en bref, Populations et conditions sociales*, 2007.

584 Les salaires minimum les plus élevés sont au Luxembourg (1570 euros), en Irlande (1403), au Royaume-Uni (1361), aux Pays-Bas (1301), en Belgique (1259), en France (1254), Eurostat 2007.

585 Jean François Poncet, rapport du Sénat n°388, *L'expatriation des jeunes français*, Session 1999-2000.

critère particulièrement vrai pour l'émigration des femmes. Dans l'ensemble des pays, les taux de chômage des hommes demeurent assez faibles (moins de 7% en moyenne sur 10 ans) tandis que ceux des femmes atteignent dans les pays d'Europe méditerranéenne des chiffres disproportionnés (13% sur 10 ans de 1986 à 1996 pour 5 pays). La proximité géographique et culturelle explique les choix en termes de langue ou de culture côtière ou montagneuse (la Savoie et le Val d'Aoste, le Pays-Basque, le Languedoc, le Roussillon et la Catalogne, le Nord et la Wallonie, l'Alsace et le Bade Wurtemberg,….). Depuis la construction du tunnel sous la Manche et de la mise en place d'Eurostar, les Français sont 15% plus nombreux à émigrer en Grande-Bretagne depuis 1985. Aussi, la migration de travailleurs temporaires est un phénomène qui vient diminuer la migration des travailleurs de longue durée.

L'analyse statistique en terme de corrélation révèle que dans l'Union européenne des quinze, les pays les moins riches (selon le critère du PIB/ habitant le plus faible), leur choix se tourne vers les pays au plus fort PIB/ habitant. Inversement, le choix migratoire des pays les plus riches semble être corrélé avec les pays disposant des plus fortes dépenses de protection sociale.

La population française est la moins mobile des quinze (0,45% des Français émigrés dans l'Union européenne) après l'Allemagne (0,3%) et la Grande-Bretagne (0,41%). De façon générale, la France a la proportion d'émigrés la plus faible (2,9% de la population française) des pays membres de l'UE des 27, suivie de l'Espagne et de la Suède. Tandis que les Allemands et les Anglais connaissent toutefois un taux migratoire bien supérieur (respectivement 4,7% et 6,6%) mais privilégient d'autres destinations que celles européennes. La proportion des Allemands émigrés demeure toutefois à 41% en Europe mais sont plus de 35% à aller en Amérique du Nord et 17% en Asie. Tandis que la proportion d'émigrés britanniques est majoritairement en Amérique du Nord (34,6%) puis en Océanie (30%) pour ne rester en Europe que pour 22% d'entre eux.
La situation économique de ces pays ne modifie pas beaucoup le comportement migratoire. En cas de crise, les populations restent attachées à leur territoire.
Si plus d'un million de français séjournent à l'étranger, moins de la moitié d'entre eux s'implantent dans un des pays de l'Union européenne. Les pays privilégiés par les Français demeurent ceux dans lesquels ils n'ont pas l'obstacle de la langue. La Suisse et le Canada et les pays francophones d'Afrique restent en tête, suivis depuis quelques années par des pays anglo-saxons, les Etats-Unis et la Grande-Bretagne qui ont connu les plus forts taux de croissance de ces flux. Mais, ces dix dernières années, les pays émergents ont tous connus une forte croissance des expatriés notamment français. En Afrique du Nord, les Français expatriés représentaient en 1998

seulement 3% du total des expatriés contre 6% en 2010. Si bien que la part des expatriés aux États-Unis ou au Royaume Uni a diminué (en 1998, 20,3% des expatriés français étaient en Amérique du Nord contre 12,4% en 2010 et, au Royaume-Uni, 10,9% en 1998 contre 7,5% en 2010)[586]. Au regard de ces tendances, il semble que les opportunités de travail l'emportent sur le reste dans les motifs de choix migratoires.

Aussi, les logiques migratoires des jeunes d'aujourd'hui sont un peu différentes. Sur les 23.000 étudiants allemands bénéficiant d'Erasmus[587], plus de 20% d'entre eux sont allés en Espagne, près de 18% en France et 12,5% en Grande-Bretagne. Mais pour les 4.500 étudiants allemands effectuant un stage via Erasmus le premier pays d'accueil est la Grande-Bretagne suivi de l'Espagne puis de la France.

Il semblerait qu'un scénario fédéral dépendrait d'une unification du marché du travail européen et ainsi de la maîtrise de langues de travail communes. Seulement 2,9% de la population de l'Union européenne des vingt-sept est ressortissant de l'un des pays membres de l'UE (tandis que les ressortissants non membres représentent 6,5% de la population).
Mais les trois quarts des ressortissants étrangers se concentrent sur cinq pays avec par ordre décroissant (sur un plan quantitatif) l'Espagne (les ressortissants d'un des pays membres de l'UE représentent 12% de la population espagnole), l'Allemagne (9% de la population allemande), le Royaume-Uni (7%), l'Italie (7%) et la France (6%)[588]. Mais si près de 40% de la population étrangère est de nationalité de l'un des pays membres de l'UE, les pays privilégiés sont le Luxembourg (86% de la population étrangère), l'Irlande (80%), la Belgique (68%), Chypre (66%), la Slovaquie (62%) et la Hongrie (59%).
Ces pays bénéficient ainsi d'une approche du multiculturalisme européen qui peut les rapprocher du scénario fédéral.

2-Diversités culturelles et convergences sociales : modes de regroupements identitaires non attachés à la citoyenneté nationale

Nous reprendrons la définition de « culture » et de « civilisation » de Edward Tylor[589] en 1871 comme désignant une « totalité complexe qui comprend les

---

[586] Jean François Poncet, rapport du Sénat n°388, *L'expatriation des jeunes français*, Session 1999-2000 pour les chiffres de 1998 et http://www.expatries.senat.fr/chiffres_expatriation.html pour les chiffres de 2010.

[587] Le programme communautaire Erasmus permet aux étudiants européens de bénéficier d'un séjour d'études ou de stage de 3 à 12 mois dans l'1 des 26 autres Etat membre de l'UE ainsi qu'en Islande, Norvège, Lichtenstein, Turquie ainsi qu'à des professeurs d'université ou des agents d'université de se former.

[588] Communiqué de presse Eurostat, 105/2011 du 14/07/2011.

[589] Edward Tylor, *Primitive culture*, 1873-1874.

connaissances, les croyances, les arts, les lois, la morale, la coutume, et autres capacités ou habitudes acquises par l'homme en tant que membre de la société ». Aussi, chaque membre d'une même société connaît des affinités avec les cultures voisines, voir des rapprochements liés aux cultures régionales. Un habitant d'une grande agglomération sera plus sensibilisé au mode de transmission industrialisé et donc mondialisé de la culture à la différence des habitants de petites localités rurales.
Pour Jean-pierre Warnier[590], la culture agit comme un guide permettant d'établir des rapports significatifs entre les éléments de l'environnement et facilite ainsi l'action. Ces cultures intègrent le changement auquel cas elles n'assureraient plus leur fonction d'orientation. La construction de l'Union européenne modifie les cultures nationales en les perméabilisant à une dimension transfrontière de la même façon que la culture américaine l'a fait et agit toujours. Les conflits de pouvoir et d'intérêts animent le changement des sociétés. Dans les débats politiques et sociaux, chaque groupe mobilise des moyens produisant des différences culturelles. Avec les élections des députés européens de 2009, les adhésions massives pour le parti vert de Cohn Bendit a rapproché une approche politique environnementale française des approches germaniques et nordiques.

Selon Jean-François Bayart la coopération et les conflits mobilisent et structurent les identifications culturelles en fonction des intérêts des groupes et des catégories sociales.

Selon Guy Hennebelle[591] « l'hétérogénéité culturelle, religieuse, linguistique, ethnique est partout la règle » pour expliquer que la plupart du temps la « cohabitation pacifique constitue le cas le plus fréquent ».
Nous pouvons en déduire que si les différences culturelles ne risquent pas d'être source de conflit en Union européenne, elles peuvent toutefois être l'objet de rapprochement entre les peuples.

Le politologue Alain Dieckhoff[592] décrit la construction d'un État par une alliance librement consentie entre provinces. Ce concept appelé « consociation » abouti souvent à un rassemblement de sociétés civiles distinctes par l'appartenance religieuse, par l'adhésion à un parti politique, un syndicat, une association. Il est le résultat tantôt du respect de l'autonomie des composantes, tantôt d'une coopération de tous les responsables à tous les niveaux.

---

[590] Jean Pierre Warnier, *La mondialisation de la culture*, La Découverte.
[591] Guy Henebelle, Le Tribalisme planétaire. Tour du monde des situations ethniques dans 160 pays, 1992.
[592] Alain Dieckhoff, *La Nation dans tous ses États.*

Nous émettons l'hypothèse que plus un État est multiculturel, plus les migrations sont élevées. Si cette hypothèse est vérifiée, alors nous partons de l'hypothèse que les populations les plus mobiles se rapprochent d'une construction politique de type fédérale.

Un critère qui rendrait sans doute irréversible la construction européenne, un espace où la mobilité des personnes soit une réalité aussi importante que la circulation des biens, des services et des capitaux. C'est la raison pour laquelle les États-nations pratiquent des politiques non coopératives dans ce domaine. En effet, les dirigeants politiques doivent sauvegarder la maîtrise de la fiscalité sur leur territoire pour maintenir les moyens d'une souveraineté nationale.

B-Causes des échecs de la libre circulation des personnes : une unification européenne inachevée

Un des échecs du marché unique est l'usage limité de la libre circulation des personnes et notamment des travailleurs qui n'est pas réalisée ni celle de libre établissement. Les nationaux qui séjournent dans un autre pays membre de l'Union représentent moins de 1% de la population totale. Les freins à l'exercice de ce droit sont souvent liés aux divergences juridiques et aux orientations culturelles politiques.

Si le programme européen Erasmus bénéficie d'une grande popularité auprès des jeunes, cette option d'étudier dans un autre État membre de l'Union européenne n'est envisagée que par 1% des étudiants. Deux principales raisons peuvent expliquer le bilan négatif de cette politique européenne. En premier lieu la maîtrise insuffisante de langues étrangères communes. En second lieu le fait que ces démarches soient individuelles (contrairement aux programmes des instituts privés, par exemple, qui organisent des sessions de formation à l'étranger).

Toutefois, en Allemagne, les étudiants et professeurs bénéficiant d'Erasmus sont en expansion. Les étudiants allemands étudiant en Europe furent 28.000 en 2009, soit 1.700 de plus qu'en 2008 mais moins nombreux que les français et plus que les Espagnols.

Il faut aussi souligner le manque de mobilité au sein d'un même pays. En Allemagne[593] par exemple, 92% des étudiants étudient dans leurs régions respectives privilégiant ainsi la proximité avec leur domicile. Mais dans le sondage relatif au choix de l'université, le critère le plus mis en avant est celui d'une « offre répondant aux intérêts professionnels » à 25% précédant ainsi le critère de « proximité de la maison » à 18% des réponses.

---

[593] 19è enquête sociale Studenterwerk Deutsches éditée en 2009 résultats consultables sur le site du Bundesministerium für Bildung und Forschung.

Les flux migratoires des européens répondent à des critères de langue et de sécurité en premier lieu, devant les critères de proximité géographique et culturelle.
Les Français expatriés ont pour première destination la Suisse puis le Canada, les Irlandais connaissant aujourd'hui la crise partent en Australie et auparavant aux États-Unis.

Pour les États-nations, la circulation des personnes dans le marché unique répond à un double enjeu politique : la souveraineté fiscale et l'électorat.
La volonté politique nationale de conserver leur souveraineté s'exerce en préservant un système fiscal et social national dans un contexte de libre circulation des capitaux et ainsi de délocalisation des grandes entreprises et d'évasion fiscale.
En retenant les populations sur leur territoire, les États-nations préservent leur système fiscal mis en difficulté par les délocalisations des groupes et la forte mobilité des capitaux. Le système fiscal pèse désormais lourdement sur la fiscalité des travailleurs et de la consommation notamment dans des pays tels la Belgique[594].

Un deuxième motif politique de limitation de la libre circulation des personnes et, ici, en particulier sur les freins des flux d'immigration, réside dans une contrainte politique, la méconnaissance des populations voisines et de leurs préférences électorales, et une contrainte économique, le chômage. Les professionnels de la politique se trouveraient dans la difficulté de savoir comment convaincre et satisfaire autant de populations diversifiées sur le premier point. Sur le deuxième volet, des freins déguisés à la libre circulation des personnes résident souvent dans des règles nationales ne faisant obstacle qu'aux non nationaux. Par exemple, une plainte d'un couple hispano-britannique a été portée à la Commission européenne en raison d'un refus d'accès à une crèche pour des raisons discriminatoires. La crèche flamande incriminée exigeait que le couple européen déclarent sur l'honneur pratiquer le flamand au sein de leur foyer[595].

Si une réglementation communautaire existe pour favoriser cette quatrième liberté du marché unique (par exemple, la reconnaissance mutuelle des diplômes), elle se trouve limitée par les principaux obstacles tels que la non maîtrise d'une langue étrangère commune, l'absence d'information et les obstacles administratifs pour s'implanter, se loger et trouver un travail, l'insuffisance d'harmonisation fiscale et sociale des travailleurs et des retraités, la non harmonisation du droit privé (en matière de code de la

---

[594] En Belgique, la fiscalité est lourde sauf pour les plus-values en valeurs mobilières.
[595] RTL info.

nationalité par exemple) ou les différents programmes d'éducation, la réduction des droits civiques en pays étranger.

Conclusion

Le géographe Michel Foucher raisonne à l'échelle continentale, « l'Europe s'est un espace, un projet (...) une géographie d'appartenance volontaire» et fait aussi le vœu de voir des « institutions régionales » (comme le Conseil nordique pour gérer la mer Baltique mais aussi la région de la mer Noire, espérant qu'il n'y aura pas de déplacement de rideau de fer du centre à la périphérie de l'Europe) jouer un rôle plus important[596]. Toutefois, pour que ce type de reconfiguration à différentes échelles voient le jour, il faut reconsidérer le principe de territorialité non comme une frontière rigide, qu'elle soit nationale ou européenne, mais comme un cadre souple facilitant la gestion des intérêts communs. Sur le plan international, un relatif consensus sur les grands principes attachés aux droits de l'Homme s'étend, mais ne remet pas en cause pour autant l'autonomie territoriale.

Il n'y aura pas de réelle dimension politique à l'échelle européenne tant que les enjeux électoraux et les politiques fiscales et sociales et le cadre juridique civil et pénal demeureront dans des logiques nationales, une application stricte du principe de territorialité.
L'opinion publique très négative sur les questions européennes ne semble pas être un obstacle majeur à un scénario fédéral tandis que la volonté politique demeure l'élément central. Si un transfert des compétences de l'État national en matière de régulation économique s'opérait dans les domaines sociaux, fiscaux et domaines juridiques essentiels (le droit de la famille, le droit patrimonial,..), les populations seraient sans doute plus sensibles aux décisions prises par les instances européennes et réclameraient de ce fait plus de moyens d'information et des politiques économiques, sociales et linguistiques à l'échelle européenne et, dans le même temps, plus d'autonomie et de pouvoir à l'échelon local.
Toutes les évolutions tendent à une intégration différenciée à plusieurs échelles. Sur le plan de la redistribution du pouvoir on assiste à un mouvement de délocalisation, sur le plan de la recomposition des centres économiques on assiste à des regroupements transfrontaliers, sur le plan de la pratique politique, on constate une convergence des actions entre pays membres de l'Union européenne mais aussi entre membres d'un même parti politique, sur le plan juridique, on assiste à une coopération internationale, voir à l'émergence de points de vus universels. Dans le même temps, une intégration politique est toujours reportée et fait l'objet de très vives contestations populaires et vis-à-vis de certains partis politiques aussi.

---

[596] Michel Foucher, *Les frontières de l'Europe*, Dialogue entre Michel Foucher et Bronislaw Geremek, Fondation Robert Schuman, Entretiens d'Europe n°27, 28 juillet 2008.

En tenant compte des intérêts différenciés de chaque pays membre de l'Union européenne, il faut réfléchir sur l'identification des domaines qui seraient mieux appréhendés à l'échelle européenne plutôt qu'à l'échelle nationale sur des critères de non rivalité (sa consommation n'empêche pas celle des autres) et de non exclusivité (sur des critères économiques ou techniques, son usage n'exclut pas celui des autres), critères propres à tout bien public. Les objectifs de paix, de prospérité économique, de stabilité financière, d'environnement durable et de sécurité énergétique pourraient ainsi justifier une défense commune, un budget fédéral, des règles juridiques, fiscales, bancaires et financières communes, une même politique énergétique et environnementale. Dans le même temps, à l'heure actuelle ce n'est pas le cas. Ainsi on peut se demander ce qui est plus efficient. Laisser le marché privé et les États-nations gérer ces biens publics comme dans la situation actuelle ou, au contraire, confier à l'échelon européen ces biens publics comme dans un système fédéral ?

Les analystes des sciences économiques et juridiques se rejoignent lorsqu'ils constatent un retrait de l'État providence. Selon Michel Albert[597], nous sommes entrés dans un nouvel âge du capitalisme depuis 1991, « le capitalisme à la place de l'État », après avoir connu de 1791 à 1891 « le capitalisme contre l'État » puis de 1871 à 1991 « le capitalisme encadré par l'État ». Cet auteur mettait en garde déjà en 1991 contre un modèle capitaliste au sein d'une communauté européenne à seule dimension économique favorisant un retrait des États-nations corrélé avec une dissolution de la protection sociale et du service public, une dérive selon l'auteur que seule une Europe politique permettrait de stopper. Selon Renato Treves[598], la crise de l'État providence, ou crise de la démocratie sociale, est constituée en partie par « l'affaiblissement de l'image de l'État souverain qui crée les lois et dispose du monopole de la force pour les faire respecter », ainsi que par l'apparition de l'image d'un « État médiateur » ou « spectateur » dans les conflits entre groupes et diverses organisations qui sont « parfois plus forts que l'État lui-même », l'incapacité des gouvernements à donner une réponse adéquate aux demandes que la société lui adresse et aussi l'existence d'un affaiblissement du consensus parmi les citoyens. John Rawls s'intéresse principalement aux problèmes de justice sociale (plus qu'à la légitimité du pouvoir) au regard des fins du droit afin d'organiser les inégalités économiques et sociales. Aussi, selon Florence Chaltiel[599], la jurisprudence européenne circonscrit la souveraineté nationale

597 Michel Albert, *Capitalisme contre capitalisme*, Editions du Seuil, Points, 1991.

598 Renato Treves, *Sociologie du droit*, PUF, Droit éthique société, 1995pp.259-267.

599 Florence Chaltiel, « La souveraineté vue par l'Union européenne », *Les évolutions de la souveraineté*, MAILLARD DESGREES DU LOU Dominique (dir.), Collection Grands colloques, Montchrestien, 2006, pp157-171.

et promeut une souveraineté européenne rappelant des cas de jurisprudence tels que l'application de la directive 76/207/CEE du Conseil du 09/02/76 relative à l'égalité de traitement entre hommes et femmes en ce qui concerne l'accès à l'emploi, à la formation et à la promotion professionnelle qui s'oppose à l'application de dispositions nationales contraires (en droit allemand les femmes étaient excluent des emplois militaires comportant l'utilisation d'armes).

Selon l'étude comparative de Barrington Moore[600], il faut intégrer dans l'analyse du développement des démocraties les évolutions des structures sociales. D'après cet auteur, les changements politiques intervenus aux XIXe et XXe siècle dans des pays devenus une démocratie libérale comme aux États-Unis, en Angleterre et en France mais aussi parmi les pays tombés sous régime fasciste comme en Allemagne et en Italie ou sous dictature militaire comme au Japon ou encore sous régime communiste comme en Russie ou en Chine s'expliquent par les transformations des relations sociales des sociétés pré-industrielles agrariennes en sociétés modernes. Si on part du principe que les phénomènes de mondialisation et de tertiarisation de l'économie jouent un rôle de même ampleur que le phénomène d'industrialisation dans nos sociétés, alors il faut s'attendre à une nécessaire évolution politique capable de répondre aux transformations sociales et économiques mais, dans le même temps, écarter les risques d'évolutions politiques déviantes qui s'éloigneraient des avantages des régimes démocratiques. Toute période transitoire fragilise les instances en présence et peut parfois donner lieu à la mise en place de régimes autoritaires instaurant une paix sociale par la force au lieu d'y répondre par des solutions appropriées. Le contexte de montée de l'extrême droite en Europe est un signe d'inquiétude et d'absence de réponses efficaces à ces dernières par les politiques face à différents problèmes économiques et sociaux notamment (le chômage, le pouvoir d'achat, les inégalités sociales et régionales et urbaines, l'insécurité,...) d'une part, face aussi à la décroissance du pouvoir des États-nations. A l'opposé, l'impact de la mondialisation a pour effet croissant un multiculturalisme auquel les politiques nationales ne répondent pas toujours non plus. Désormais, les politiques s'inscrivent dans des logiques régionales et internationales du fait de l'interdépendance économique et financière mais demeurent nationales pour toutes les questions sociales. On peut ainsi réfléchir sur le devenir de l'Union européenne qui favorise au mieux les biens publics comme la paix sociale interne mais, dans le même temps, qui garantisse aussi la paix mondiale. Il ne faudrait pas non plus former des

---

[600] Barrington Moore, *Social Origins of Dictatorship and Democracy: Lord and Peasant in the making of the Modern World*, 1966, http://oldweb.northampton.ac.uk/ass/soc/nws/postmodernity/soc_origins_sum.pdf.

régions capables ou ayant intérêt à s'affronter (une ligue européenne chrétienne contre une ligue islamique par exemple).

Bibliographie

ALBERT Michel, *Capitalisme contre capitalisme*, Editions du Seuil, Points, 1991.

ALLARD Julie et GARAPON Antoine, *Les juges dans la mondialisation. La nouvelle révolution du droit*, Seuil, La République des idées, 2005.

AVGERI Parthenia, MAGILLAT Marie-Pierre (dir.), DE GLAS Catherine, JAGODNIK Edouard, LAGIER Pierre-Jean, LARRIEULE Martine, ODIER Jeannick, VAISSIERE Thierry, *Enjeux et rouages de l'Europe actuelle*, Paris, Sup'Foucher, 2009.

BERTHU Georges, *L'Europe sans les peuples : l'essentiel sur le projet de constitution européenne*, Paris, François Xavier de Guibert, 2004.

CALVET Louis-Jean, *Le marché aux langues. Les effets linguistiques de la mondialisation*, Plon, 2002.

CARPANO Eric, MAZUYER Emmanuelle, *Les grands systèmes juridiques étrangers*, Paris, Gualino, Memento LMD, 2009.

DENHEZ Frédéric, *Atlas du réchauffement climatique. Un risque majeur pour la planète*, Edition Autrement, collections Atlas/Monde, 2007.

DE PONCINS Etienne, *Le Traité de Lisbonne en 27 clés*, Paris, Editions lignes de repères, 2008.

DE WAELE Jean-Michel et MAGNETTE Paul (dir.), Kalliope Agapiou-Josephides, Attila Agh, François Bastien, David S. Bell, Magnus Blomgren, Irena Brinar, Isabelle Calleja Ragonesi, Marina Costa Lobo, Antonio Costa Pinto, Maurizio Cotta, Bretislav Dancak, Christopher Green-Pedersen, Vit Hlousek, Janis Ikstens, Iphigénie Kamtsidou, Algis Krupavicius, Thomas Larue, Pedro Magalhaes, Grigorij Meseznikov, Gary Murphy, Anton Pelinka, Santiago Pérez-Nievas, Vello Pettai, Jean-Benoit Pilet, Philippe Poirier, Cristian Preda, Jacek Raciborski, Luis Ramiro, Thomas Saalfeld, Asbjorn Skjaeveland, Sorina Soare, Anthony Todorov, Mitja Zagar, Luca Verzichelli, Matti Wiberg, *Les démocraties européennes*, Paris, Armand Colin, 2010.

FITOUSSI Jean-Paul, *La démocratie et le marché*, Paris, Grasset, 2004.

FROMONT Michel, La justice constitutionnelle dans le monde, Paris, Editions Dalloz, 1996.

GOSSELIN Guy et FILION Marcel, *Régimes politiques et sociétés dans le monde*, Laval, Pul, 2007.

HUGHENON Jacques et MARTINAT Patrick, *Les régions entre l'État et l'Europe. Toujours plus de compétences ? Enquête de stabilité politique. Une difficiel réforme électorale. A l'écoute des « pays ».*, Le Monde Editions, 1998.

KARPENSCHIF Michaël, NOURISSAT Cyril, *Les grands arrêts de la jurisprudence de l'Union européenne*, PUF, Thémis droit, 2010.

LEBRUN François, *L'Europe et le monde XVIe, XVIIe, XVIIIe siècle*, Paris, Armand Colin, Histoire moderne, 1987.

LEGEAIS Raymond, *Grands systèmes de droit contemporain, approche comparative*, Paris, Litec, 2004.

LEMOSSE Michel, *Le système éducatif anglais*, Paris, PUF, 2000.

MAGNETTE Paul, *Le régime politique de l'Union européenne*, Paris, Sciences po. Les presses, 2003.

MÉNY Yves, SUREL Yves, *Politique comparée. Les démocraties Allemagne, États-Unis, France, Grande Bretagne, Italie*, Paris, Montchrestien, Domat politique, 2009.

OWEN Bernard, *Le système électoral et son effet sur la représentation parlementaire des partis : le cas européen*, Paris, L.G.D.J., 2002.

PONTHOREAU Marie Claire, *Droit(s) constitutionnel(s) comparé(s)*, Economica, Corpus droit public.

QUERMONNE Jean-Louis, *Le système politique de l'Union européenne*, Paris, Montchrestien, Clefs politique, 2010.

QUERMONNE Jean-Louis, *Les régimes politiques occidentaux*, Paris, Seuil, Essais, 2006.

RAWLS John, *La justice comme équité*, Paris, La Découverte, 2006.

REYNIÉ Dominique, *L'opinion européenne en 2009*, Paris, Éditions lignes de repères, 2009.

SEN Amartya, *Un nouveau modèle économique. Développement, justice, liberté*, Paris, Odile Jacob, 2003.

TEISSIER Bruno, *Géopolitique de l'Italie*, Éditions complexe, 1996, p.78-80.

TOULEMONDE Gilles, *Institutions politiques comparées*, Paris, Ellipses, Mise au point, 2006.

VAN CAENEGEM Raoul, *Le droit européen entre passé et futur*, Paris, Dalloz, 2010.

VAUGHAN-WHITEHEAD Daniel, L'Europe à 25 Un défi social, Paris, La documentation française, 2005.

VERGNIOLLE DE CHANTAL François, *Fédéralisme et antifédéralisme*, PUF, Que sais-je ?, 2005.

WHITOL DE WENDEN, *L'immigration en Europe*, La documentation française, 1999.

http://europa.eu

http://epp.eurostat.ec.europa.eu

http://www.europarl.europa.eu

L'Europe aux éditions L'Harmattan

Dernières parutions

RÔLES TRANSFRONTALIERS JOUÉS PAR LES FEMMES DANS LA CONSTRUCTION DE L'EUROPE
Sous la direction de Guyonne Leduc, préface de Suzan Van Dijk
Depuis des siècles, des Françaises ont eu une certaine idée de l'Europe et de l'ouverture européenne de la France. Contrairement aux préjugés qui accordent aux femmes le seul domaine de leur maison, certaines mirent ces idées en pratique, anticipant ainsi une Europe unie. Quel fut le rôle du genre dans cette ouverture européenne ? Ce volume apporte la démonstration pour la période allant du XVIIe au XXIe siècle (Suzan Van Dijk).
(Coll. Des idées et des femmes, 40.00 euros, 422 p.)
ISBN : 978-2-296-99745-5, ISBN EBOOK : 978-2-296-51174-3

DISCRIMINATIONS RELIGIEUSES EN EUROPE : DROIT ET PRATIQUES
Sous la direction de Frédérique Ast et Bernadette Duarte
Faisant suite à *Manifester sa religion : droits et limites*, cet ouvrage définit le cadre juridique applicable à la lutte contre les discriminations religieuses au niveau international et européen, et ce dans une perspective de droit comparé. Il présente des cas concrets de discriminations religieuses en Europe, décrit des initiatives pour protéger le pluralisme religieux et nous informe sur le programme européen RELIGARE.
(Coll. Droit, Société et Risque, 28.50 euros, 294 p.)
ISBN : 978-2-296-99794-3, ISBN EBOOK : 978-2-296-51123-1

POUR UNE RÉELLE CULTURE EUROPÉENNE ? – Au-delà des canons culturels et littéraires nationaux
Sous la direction de Ralf Zschachlitz et fabrice Malkani
Au-delà des identités et normes nationales, un canon de valeurs européennes est-il concevable ? La multiplicité des cultures et valeurs nationales au sein de l'Europe, souvent comprise comme un obstacle à son unité, peut-elle aboutir à une culture supranationale non contraignante ? L'étude des échanges interculturels permettra la mise en lumière des points de convergence ou de résistance, de la porosité ou de la rigidité des frontières culturelles.
(Coll. De L'Allemand, 19.00 euros, 188 p.)
ISBN : 978-2-336-00516-4, ISBN EBOOK : 978-2-296-51210-8

COMMÉMORATIONS DE LA CHUTE DU MUR DE BERLIN À TRAVERS LES MÉDIAS EUROPÉENS
Sous la direction de Gloria Awad et Carmen Pineira-Tresmontant
Vingt ans après la chute du mur de Berlin, quels regards peut-on porter sur les médias de l'époque ou ceux qui ont commémoré le 20e anniversaire de cet événement ? On trouvera ici des réflexions sur l'histoire européenne récente, l'écho de la chute du mur au sein du monde communiste occidental, l'avant et l'après de la chute du mur vus par la peinture, et l'analyse de la place que les journaux français et allemands ont bien voulu accorder à cet événement vingt ans plus tard.
(Coll. Communication et Civilisation, 12.00 euros, 106 p.)
ISBN : 978-2-336-00404-4, ISBN EBOOK : 978-2-296-51109-5

CLÉMENT ATTLEE – Un Premier ministre «normal» pour une Angleterre en crise
Heckly Christophe - Préface de James Moore
Entre le flamboyant Winston Churchill et l'ultralibérale Margaret Thatcher, Clement Attlee a, à sa manière, profondément marqué l'histoire de l'Angleterre. Churchill avait gagné la guerre, Attlee allait gagner la paix sociale et assurer le redressement du pays. L'homme, modeste et

consensuel, est beaucoup moins connu que le bilan de son action, largement positif : il a très efficacement réussi à faire reculer la pauvreté et à améliorer les conditions de vie des Anglais.
(Coll. Figures de proue, 13.00 euros, 130 p.)
ISBN : 978-2-336-00139-5, ISBN EBOOK : 978-2-296-51055-5

CLAUDE DE SAINLIENS – Un huguenot bourbonnais au temps de Shakespeare
Berec Laurent
Sainliens, né en 1534, était connu dans l'Angleterre de Shakespeare. Calviniste intransigeant, mais quelque peu hédoniste, il traversa l'Europe déchirée, et fit de l'espionnage pour la reine Elizabeth. Auteur prolifique de traductions, de traités, de dictionnaires et de savoureux manuels d'apprentissage du français et de l'italien, qui sont des sources précieuses pour retracer la vie quotidienne au XVIe siècle.
(Editions Orizons, Coll. Universités - Domaine littéraire, 29.00 euros, 512 p.)
ISBN : 978-2-296-08837-5, ISBN EBOOK : 978-2-296-51115-6

SOUVENIRS DU MAMELUCK ALI SUR LA CAMPAGNE DE RUSSIE EN 1812
Manuscrits déchiffrés, établis, présentés et annotés par Jacques Jourquin
Le mameluck Ali (de son vrai nom Louis-Etienne Saint-Denis) est un des plus intéressants mémorialistes de son temps. De 1812 à 1821, il a vécu dans l'intimité de Napoléon, en particulier à Saint-Hélène. C'est le récit complet en très grande partie inédit de sa campagne de Russie qui est ici exhumé. Le texte est précédé d'une longue introduction sur le mameluck Ali et son travail de rédaction enrichi de notes et d'illustrations.
(SPM, Coll. Institut Napoléon, 12.00 euros, 110 p.)
ISBN : 978-2-901952-96-1, ISBN EBOOK : 978-2-296-51190-3

TERREUR PRUSSIENNE – Episodes de la guerre de 1866
Alexandre Dumas – Texte établi et présenté par Alain Chardonnens
Roman publié en 1867, *La Terreur prussienne* évoque l'inquiétante montée du nationalisme prussien. A la croisée du récit d'histoire immédiate et du reportage journalistique, ce récit commence à Berlin en 1866. A travers ses personnages, Alexandre Dumas raconte la bataille de Langensalza, l'annexion du Royaume de Hanovre et la brutale occupation de Francfort, neutre et sans défense, par les soldats prussiens.
(Coll. Littérature classique textes et commentaires, 29.00 euros, 358 p.)
ISBN : 978-2-336-00586-7, ISBN EBOOK : 978-2-296-51196-5

VILLE (LA), LA NATION ET L'IMMIGRÉ – Rapports entre grecs et Turcs à Bruxelles
Seraïdari Katerina
Cette étude sur les relations entre les communautés grecque et turque de Bruxelles permet de mieux comprendre cette dialectique qui semble traverser la ville. Le choix de Bruxelles comme terrain n'est pas anodin : ce haut lieu du rassemblement européen est aussi un espace disputé entre Belges de traditions linguistiques et culturelles différentes. La capitale est aussi habitée par des groupes issus de l'immigration qui neutralisent ou réactivent des conflits géopolitiques autres, comme les différends gréco-turcs.
(Coll. Compétences interculturelles, 22.00 euros, 218 p.)
ISBN : 978-2-336-00325-2, ISBN EBOOK : 978-2-296-51030-2

JEU, COMPÉTITION ET POUVOIR DANS L'ESPACE GERMANIQUE
Sous la direction de Mechthild Coustillac et Françoise Knopper
Qu'ont de commun le jeu, que l'on pourrait croire enfantin et gratuit, la compétition, généralement sportive ou intellecuelle, et le pouvoir, enjeu sérieux aux graves conséquences ? Leur intrication est analysée ici dans des champs disciplinaires aussi divers que la psychanalyse, les sciences de l'éducation, la sociologie, l'économie ou encore les sciences de la culture.
(34.00 euros, 336 p.) *ISBN : 978-2-336-00376-4, ISBN EBOOK : 978-2-296-50937-5*

EUROPE (L') MÉDIÉVALE EN 50 DATES – Les couronnes, la tiare et le turban
Bloeme Jacques
Cinquante «tranches d'histoire» nous font parcourir le continent de l'Atlantique à l'Oural et de la Scandinavie à la Méditerranée, pour revivre quelques-uns des grands événements qui ont

infléchi le cours de l'histoire de l'Europe entre 476 et 1492 : naissance et déclin des empires et des royaumes, montée en puissance de la chrétienté et ses difficultés, succès et insuccès de l'Islam conquérant, grandes querelles politiques, Croisades, la Grande Peste, la guerre de Cent ans...
(47.00 euros, 476 p.) *ISBN : 978-2-296-96284-2, ISBN EBOOK : 978-2-296-50467-7*

INSTITUTIONNALISATION (L') DU PARLEMENT EUROPÉEN
Cultures et Conflits 85, 86
Collectif
La création des assemblées parlementaires supranationales a profondément transformé les relations interétatiques et consacré l'importance du «mandat» européen. Ce dossier s'inscrit dans une perspective sociohistorique pour comprendre la sélection sociale qui s'opère à l'entrée des parlements supranationaux, les modes de constitution de capitaux politiques transnationaux, les interdépendances entre espaces institutionnels internationaux et les encastrements entre logiques nationales et supranationales.
(24.00 euros, 228 p.) *ISBN : 978-2-296-99408-9, ISBN EBOOK : 978-2-296-50124-9*

POLITIQUE (LA) EUROPÉENNE DE SÉCURITÉ ET DE DÉFENSE
Quel bilan après 10 ans ? Quelles nouvelles orientations ?
Türke Andras Istvan
La construction européenne a garanti, pendant 60 ans, la paix et la stabilité sur le continent. Mais l'Europe n'est pas une forteresse et elle ne saurait se satisfaire d'un monde où subsistent tant de déséquilibres. Dans quelle mesure l'UE peut-elle devenir un acteur international ? Comment transformer sa puissance économique en une puissance politique dans le système international du XXIe siècle ? Comment concevons-nous la coopération entre les institutions de l'UE et celles de l'OTAN ?
(Coll. Questions contemporaines, 31.00 euros, 300 p.)
ISBN : 9782-296-96580-5, ISBN EBOOK : 9782-296-50057-0

CHANSON (LA) POPULAIRE EN GRANDE-BRETAGNE PENDANT LA GRANDE GUERRE 1914-1918 – The show must go on !
Mullen John
Comment faisait-on pour chanter et vendre des chansons en Angleterre pendant la Grande Guerre ? Que chantait-on pour oublier la peur de la guerre ? Quels étaient les modes de diffusion et de mise en scène du divertissement ? A travers l'analyse de centaines de chansons, cet ouvrage offre un aperçu fascinant de la vie des Anglais ordinaires de l'époque.
(Coll. L'Aire anglophone, 29.00 euros, 290 p.)
ISBN : 978-2-296-99666-3, ISBN EBOOK : 978-2-296-50122-5

ÉLECTIONS (LES) DE 2010 EN GRANDE-BRETAGNE : CONTEXTE ET ENJEUX
Sous la direction de Michael Hearn
Succédant à plus de 10 ans de travaillisme, le parti conservateur a remporté les élections de 2010, avec cependant une majorité insuffisante pour former un gouvernement uniquement conservateur. S'en est donc suivi une alliance avec les Libéraux-démocrates. Dans l'urgence d'une réorganisation de l'économie et de la société, les deux partis ont réussi à surmonter certaines différences, ceci étant sans doute facilité par les personnalités de David Cameron et de Nick Clegg.
(Coll. Langue et parole, 13.00 euros, 90 p.)
ISBN : 978-2-336-00137-1, ISBN EBOOK : 978-2-296-50493-6

SCENA DEL CRIMINE
Stokman Walter
Mieux derrière les barreaux que mort. Les adolescents enfermés sur l'île-prison de Nisida, située devant la côte de Naples, le répètent comme une plaisanterie ironique pour donner une prospective à leur existence désespérée. *Scena del Crimine* est un recit cadré en sept «scènes» qui commence et se termine sur cette île-prison. Entre les deux, on voit cinq vues de la ville qui ont été déterminées par la pègre... Une plongée dans un monde souterrain qui est aussi insaisissable que réel.
(20.00 euros) *ISBN : 978-2-296-56744-3*

VIVRE ET TRAVAILLER AVEC LES RUSSES
Petites idées pour approcher un grand peuple
De Loeper Catherine
Ce livre cherche les ressorts de la culture russe et ses manifestations dans les interactions entre Français et Russes, en particulier dans le travail. Il aborde les façons de dire et de faire en Russie, dans la religion orthodoxe, la famille et les réseaux sociaux, les manières de table, l'espace et le temps, la notion de destin ou encore la représentation du pouvoir et le rapport à la terre. Un chapitre est aussi consacré au travail de l'auteur avec la Russie et avec les Russes.
(33.00 euros, 324 p.) *ISBN : 978-2-296-99469-0, ISBN EBOOK : 978-2-296-50286-4*

MAGISTRATS (LES) ET L'ADMINISTRATION DE LA JUSTICE
Le Portugal et son empire colonial (XVIIe-XVIIIe siècle)
Camarinhas Nuno
Ce livre reconstruit le groupe des juges lettrés au service du roi au Portugal et dans ses territoires d'outre-mer. Ces juristes, assistant le roi de leur compétence technique et scientifique, constituent un groupe bureaucratique puissant. Sont ici croisées histoire politique et institutionnelle, histoire sociale et analyse des réseaux, pour retracer les origines sociales et géographiques de ces magistrats, leur recrutement et les parcours professionnels ouverts par le service de la couronne.
(Coll. Mondes Lusophones, 33.00 euros, 320 p.)
ISBN : 978-2-296-99602-1, ISBN EBOOK : 978-2-296-50173-7

FÊTE (LA) DES GARÇONS – A festa dos rapazes
Primetens Pierre
Depuis plusieurs années, Aveleda - petit village reculé du nord-est du Portugal - se meurt. Pourtant, à l'heure du solstice d'hiver, les jeunes garçons célibataires qui vivent et travaillent dans la ville voisine de Bragança, mais aussi à Porto, Lisbonne, et à l'étranger, rentrent. Ils viennent célébrer le village et ses ancêtres, en perpétuant un rite d'initiation à l'âge d'homme : A Festa dos Rapazes.
(20.00 euros, 0 p.) *ISBN : 978-2-296-56746-7*

SYMBOLES FRANCO-ALLEMANDS (1963-2013) – Construction d'un champ transnational
Rittau Andréas
Les relations franco-allemandes, comme tout échange, se construisent sur des représentations positives, négatives, inventives ou stéréotypées. Leur histoire a été marquée par deux stades concomitants de fascination et de rejet, suivis d'une acceptation fraternelle (1963) ayant donné naissance à de nombreux symboles. Cette étude développe la notion en mouvement du symbole franco-allemand puis analyse des exemples.
(Coll. Allemagne d'hier et d'aujourd'hui, 12.00 euros, 96 p.) *ISBN : 978-2-296-99598-7*

DER STÜRMER, INSTRUMENT DE L'IDÉOLOGIE NAZIE
Une analyse des caricatures d'intoxication
Keysers Ralph - Préface de Yamina Benguigui
Cet ouvrage nous fait découvrir l'hebdomadaire le plus nauséabond de l'époque nazie : *Der Stürmer.* Édité de 1923 à 1945 par Julius Streicher, qui fut condamné à mort par le tribunal de Nuremberg, le but exclusif de ce journal d'importante diffusion était de démontrer que « Les Juifs « étaient à l'origine de tous les malheurs de l'Allemagne. Pour ce faire, l'abjection ne connaissait aucune limite.
(Coll. Allemagne d'hier et d'aujourd'hui, 37.50 euros, 376 p.) *ISBN : 978-2-296-96258-3*

GUÉRILLA ET CONTRE-GUÉRILLA EN CATALOGNE (1808-1813)
Gallice Thierry - Préface de Jacques-Olivier Boudon
Lors de l'épopée napoléonienne, la campagne d'Espagne se singularise par le développement d'une guérilla extrême aux multiples facettes qui joue un rôle essentiel dans le conflit. Ce livre revient sur les particularismes locaux qui inscrivent la révolte catalane parmi les plus violentes et montre les tentatives de l'armée française de mettre en place une politique de contre-guérilla visant à rattraper les erreurs des premiers mois de 1808.
(Coll. Recherches et documents Espagne, 28.00 euros, 276 p.) *ISBN : 978-2-296-96268-2*

L'HARMATTAN, ITALIA
Via Degli Artisti 15; 10124 Torino

L'HARMATTAN HONGRIE
Könyvesbolt ; Kossuth L. u. 14-16
1053 Budapest

ESPACE L'HARMATTAN KINSHASA
Faculté des Sciences sociales,
politiques et administratives
BP243, KIN XI
Université de Kinshasa

L'HARMATTAN CONGO
67, av. E. P. Lumumba
Bât. – Congo Pharmacie (Bib. Nat.)
BP2874 Brazzaville
harmattan.congo@yahoo.fr

L'HARMATTAN GUINÉE
Almamya Rue KA 028, en face du restaurant Le Cèdre
OKB agency BP 3470 Conakry
(00224) 60 20 85 08
harmattanguinee@yahoo.fr

L'HARMATTAN CAMEROUN
BP 11486
Face à la SNI, immeuble Don Bosco
Yaoundé
(00237) 99 76 61 66
harmattancam@yahoo.fr

L'HARMATTAN CÔTE D'IVOIRE
Résidence Karl / cité des arts
Abidjan-Cocody 03 BP 1588 Abidjan 03
(00225) 05 77 87 31
etien_nda@yahoo.fr

L'HARMATTAN MAURITANIE
Espace El Kettab du livre francophone
N° 472 avenue du Palais des Congrès
BP 316 Nouakchott
(00222) 63 25 980

L'HARMATTAN SÉNÉGAL
« Villa Rose », rue de Diourbel X G, Point E
BP 45034 Dakar FANN
(00221) 33 825 98 58 / 77 242 25 08
senharmattan@gmail.com

L'HARMATTAN TOGO
1771, Bd du 13 janvier
BP 414 Lomé
Tél : 00 228 2201792
gerry@taama.net

573829 - Août 2014
Achevé d'imprimer par